독일어 동작상 연구

R. Steinitz 저

이 점 출 역

한국문화사

Renate Steinitz

Der Status der Kategorie "Aktionsart" in der Grammatik

역자의 말

이 책은 Renate Steinitz 박사의 4편의 논문 「Sind alle Inchoativa inchoativ?」(1975), 「Zur Semantik und Syntax durativer, inchoativer und kausativer Verben」(1977), 「Der Status der Kategorie "Aktionsart" in der Grammatik」(1981), 「Die Kopula *werden* und die Situationstypen」 (1999)과 Sanja Glavina-Ivanus의 논문 「Aspekte und Aktionsarten als Möglichkeiten zur Unterstützung des temporalen Ausdrucks in der Sprache」(1995)를 번역한 것이다.

Steinitz(1936~) 박사는 1987년 대학교수자격(Habilitation)을 취득하였으며 오랫동안 일반언어학연구소(FAS)에서 연구원 겸 조정관으로 일하다가 1996년부터는 일반언어학연구소(Zentrum für Allgemeine Sprachwissenschaft : ZAS)에서 연구원으로 일하고 있다. 그녀의 주요 관심분야는 부사 및 동사의 통사·의미론과, 통사론과 의미론의 교점으로서의 어휘부이다. 그리고 시제, 상 및 동작상과의 상호관계를 간단명료하게 잘 기술하고 있는 Sanja Glavina-Ivanus의 논문은 1995년 겨울학기에 에센대학에서 Ulrich Schmitz 교수의 지도하에서 작성된 세미나 논문이다.

문장의 구조적 중심은 동사이다. 동사를 다른 문장성분들과 구별해주는 활용, 일치, 시제, 서법, 상(동작상) 및 태 따위가 동사의 구조적 특성에 속한다. 언어학에서 특히 시제, 상 및 동작상은 이들의 상호관계를 규명하기가 상당히 어려운 분야이다. 상(相 Aspekt)은 본래 슬라브어 'vid' (=Draufsicht (附瞰 부감) - 높은 곳에서 멀리 아래를 내려다 봄)에 해당하는 것으로서 화자가 장면에 대해 갖는 동작의 주관적인 관점을 말한다. 상은 일정한 시간영역 안의 상황에 대한 시간적 양상을 나타내는 문법범주이다. 상은 이동의 전개과정에서 동적 상황이 나타내는 움직임의 모습을 문법범주화한 것으로서 상황의 내적인 시간구성을 말한다. 이러한 내적인 시간구성을 하나의 전체로서 파악하면 완료상이요, 여러 국면으로 세분하여 그 중에서 어느 한 국면만을 보여준다면 미완료상이다. 그리고 미완료상은 일시적으로 동작이 계속되는 진행상과 그 행위가 반복되어 일어나는 반복상, 그리고 가까운 미래에도 진행과정이 펼쳐질 것을 기대하는 예정상으로 구분된다. 상은 문법상과 어휘상으로 구분할 수 있는데, 한국어의 문법상에는 완료상, 진행상, 예정상 및 반복상이 있다.

　시제(時制 Tempus)란 일반적으로 사건이나 상태 등의 시간적 위치를 일정한 시점을 기준으로 현재, 과거 및 미래로 구분하여 나타내는 문법범주를 말한다. 시제 범주는 의미적 관점에서는 현재, 과거 및 미래로 3분되고, 형태적 관점에서는 과거와 현재(또는 비과거)로 2분되며 미래 시제는 일정한 형태가 마련되어 있지 않다. 상은 지시적인 것이 아니라 어떤 장면의 내적인 시간구성에 관련되며, 시제는 발화와 장면과의 관계에서 장면의 시간위치를 정하는 것이기 때문에 지시적인 개념이다. 즉 상이 상황의 내적 시간이라면 시제는 상황의 외적 시간이라고 할 수 있다. 시제를 몸으로 비유한다면 상은 옷으로 비유할 수 있으며 시제와 상은 항상 더불어 존재하는 것으로 볼 수 있다. 시제와 상은 모두가 시간에 관련된다. 시간이라는 하나의 선상에 장면이 있다면 그 장면의 시간적 위치를 제시하는 것이 시제이며, 그 장면 내에서 동사의 동작이 어떻게 전개되는가를 보여주는 것이 상이다.

　동사의 동작상(動作相/動作(種)類/動作方法/動作態 Aktionsart)은 동사에 의해 표현되는 사건의 진행방식과 단계를 의미한다. 사건은 시간적 진행(진행, 완료; 시작, 변화, 끝)과 내용적 진행(사역, 강화, 반복, 축소

등)에 따라서 구별된다. 동작상은 상황의 내적인 시간구조와 관련된다. 동작상은 사건을 시간적으로 연장하거나 연장하지 않거나, 목표 지향적으로나 목표 비지향적으로 특징짓는다. 상황은 시점적·지속적이 되거나, 제한적·비제한적이 되거나, 정태적·동태적이 된다. 동작상은 개념적으로 동사의 특정한 파생형태론적인 진행에 대한 의미표시를 위해서 사용된다. 시간구성이라는 개념이 동작상의 구별에 사용되는데, 이때 두 가지 유형, 즉 제한적 시간구성과 비제한적 시간구성이 구분된다. 제한적 동사는 종결이 있는 상황을 표현하고 비제한적 동사는 종결이 없는 상황을 표현한다.

원칙적으로 형태범주인 상과 동작상은 최근에 와서 비로소 집중적으로 언어학적 탐구의 대상이 되었다. 상과 동작상은 사건이나 사태의 기술에 관한 내재적인 시간특성이 언어적으로 표현될 수 있는 관점을 기술한다. 이때 동작상은 어휘·의미적인 관점을 표현하고, 상은 문법·기능적인 관점을 표현한다. 동작상은 동사부류에 따른 어휘범주이며, 상은 동사형태에 따른 문법범주이다. 문법상은 형태·통사적 차원과 의미적 차원이 결합된 상이며, 동사의 어휘의미에 의해 실현되는 어휘상이 바로 동작상이다.

서법(敍法/樣相/樣態/話法/法 Modus)과 상(相)과의 구별도 상당히 어려운 분야이다. 서법이란 화자가 발화문장의 내용에 대하여 가지는 정신적인 태도를 말한다. 즉 사상(事象) 그 자체의 양상에 관한 언어적 표현이 상이라면 우리의 주관적인 심리작용의 양상에 관한 언어적 표현(예컨대 추측, 가능, 의도 등)이 서법이다. 시제가 단순히 발화시간과 관련된 장면의 시간적 위치를 결정하는 외적 구성이라면, 상은 동작이 그 장면에 어떻게 전개되어 있는가를 결정하는 내적 구성이라 할 수 있다. 그리고 서법은 내적인 행위 없이 발화내용과 관련하여 화자 자신의 주관적인 심리적 태도를 말한다. 한국어에서는 시제와 서법에서도 상의 의미가 파악된다. 예컨대 '철수는 벌써 학교에 갔다'라는 문장에서의 '았/었'은 과 거시제이면서 완료상을 표현하고 그리고 서법형태로서는 사태인식이 과 거에 완결되었음을 단정적으로 표현하므로 완결법(확정법)이 된다. 그리 고 '오늘 오후에는 비가 오겠다'라는 문장에서의 '겠'은 미래시제/예정상/ 추측법을 표현한다.

역자가 이 논문들을 한국어로 번역해 보겠다는 의사를 전달했을 때 쾌 히 승낙해주시고 또한 최근의 논문 세 편을 함께 보내주신 R. Steinitz 박사님께 진심으로 감사의 말씀을 드린다. 보내주신 세 편의 논문 중에 서 제4부의 논문(1999)은 제1부의 논문(1975)과 연관성이 있기 때문에 이 것도 함께 번역해 보았다. 그리고 이 책의 출판을 맡아 주신 한국문화사 김진수 사장님과 편집부원 여러분께 감사 드리며, 러시아어와 스웨덴 어의 번역을 도와주신 중앙대학교 외국어대학 노어학과 박춘은 교수님 께도 심심한 사의를 표한다. 끝으로 자료 정리와 교정을 도와준 중앙대 학교 김수남 교수와 석·박사과정 중에 있는 이영미 양, 홍석영 군, 이대 규 군, 김민정 양, 이재영 양에게도 고마움을 전한다. 이 책이 관련 분야 의 연구에 조그마한 보탬이 될 수 있다면 역자로서는 더 이상의 기쁨이 없을 것이다. 이 책은 국어학자들과 특히 대조문법 연구(영어/독일어 등 의 게르만어와 러시아어/크로아티아어 등의 슬라브어)에 관심이 있는 사 람들에게는 상당한 도움을 줄 수 있으리라고 생각한다. 독일어에 익숙하 지 못한 독자들을 위해서 예문과 설명에 사용된 모든 어휘들을 한국어로 번역하여 독자들이 이해하는 데 도움을 주도록 노력하였다. 역자가 평소 에 관심을 가져온 분야라서 번역을 시도해 보았으나 미흡한 점이 많으리 라고 본다. 잘못된 부분은 앞으로 수정·보완해 나갈 것이므로 독자 여 러분의 아낌없는 조언과 충고를 바란다.

2000년 9월 20일 李点出

차 례

제 1 부

모든 기동동사가 다 기동적인가?

(동사의 의미성분으로서
"시작", "종결", "진행", "상태" 및 "변화")

Sind alle Inchoativa inchoativ?
("Anfang" – "Ende" – "Prozess" – "Zustand" – "Wechsel" als
Komponente der Verbsemantik)

Renate Steinitz(1975)

0. 서 론

0.1. 이 논문의 제목이 제기하는 질문은 60년대 말부터 시작된, 언어학적 기술에서 통사론(Syntax)과 의미론(Semantik)의 토대관계에 대한 토론과 관련해서만 이해할 수 있으며 또 의미가 있다. 좀더 좁은 의미에서 이 질문은 기동동사(inchoatives Verb)의 분석을 토대로 하여 하나의 문법모형을 세워 발전시킬 수 있는 가능성 내지는 불가능성에 대한 질문과 관련된다. 이 문법모형에서는 기술되는 구조의 의미특성이 하나의 표현형태에 고정되어서 이 표현형태를 통해서 동시에 이 구조의 통사적인 행동이 결정된다. 다시 말해서 통사구조는 의미구조로부터 도출될 수 있다.

이러한 이론적인 결과를 설명하기 위해서 기동동사의 구조에 대해 갖는 관심은 기동동사의 기본적인 의미특성과 통사특성을 기술하고 있는 Lakoff(1965)의 논문으로 소급된다. 더욱이 이들은 J. Erben(1964), W. Jung(1966), Duden-문법(1962), 소백과사전 "독일어"(1970) 등과 같은 독일어 전통문법에서는 설명은 말할 것도 없고 전혀 언급도 되지 않은 특성들 및 관계들이다. '기동동사'(Inchoativum)란 altern(늙다), reifen(익다), erkranken(병나다), sterben(죽다) 따위와 같은 동사들을 위해서 차용한 범주의 명칭이다. 위의 문법서들에서는 빠져 있으나 기술되어야 하는 것은 다음과 같은 종류의 사실들이다.

1. 다음 문장들 사이에 있는 관계들의 종류가 설명되어야 한다.

(1) Bei wechselnden Zielen *ermüdet* man schnell.
　　(우리가 목표를 바꾸면 빨리 피로해진다/지친다)

(2) Bei wechselnden Zielen *wird* man schnell *müde*.
　　(우리가 목표를 바꾸면 빨리 피로해진다)

모든 독일어 화자들은 이 문장들이 동의어(Synonym)라는 사실을 알고 있다. 즉 이들은 이탤릭체 부분을 자유로이 선택하여 사용한다. 그러나 이에 대해 아무런 언급이 없는 문법은 화자의 이러한 "지식"에 관해 기술하는 것을 방치했을 뿐만 아니라 기동동사 자체의 체계적이며 엄밀하고 검증 가능한 분석에 대한 가능성을 포기한 것이다.

2. 기동동사와 기동구조인 형용사+werden 사이의 동의관계에 대한 체계성(Systematik)이 이러한 분석에 대한 발상을 제공한다. 다른 언어에서처럼 독일어에서도 다음과 같은 종류의 규칙적인 대응관계가 존재한다.

altern　　= alt werden (늙다)

verarmen = arm werden (가난해지다)

ermüden = müde werden (피로해지다)

dämmern = dämmerig werden (밝아지다)

dunkeln　= dunkel werden (어두워지다)

erstarken = stark werden (강해지다)

reifen　　= reif werden (익다)

faulen　　= faul werden (부패하다/썩다)

gesunden = gesund werden (건강해지다)

erkranken = krank werden (병나다)

verblöden = blöde werden (우둔해지다)

erröten   = rot werden (얼굴을 붉히다)

여기서 쌍의 성분들이 가끔 아주 다르게 해석될 여지가 많다는 사실을 명심해야 한다. 동사의 해석이 형용사구조의 해석 안에 완전히 포함되어 있다는 것이 하나의 규칙으로 간주될 수 있는 것처럼 보인다. 이러한 사실로부터 다음의 분할이 설명된다.

Das Obst wurde faul = Das Obst faulte (과일이 썩었다)

Peter wurde faul   - *Peter faulte

Das Mädchen wurde rot = Das Mädchen errötete (그 소녀가 얼굴을
붉혔다)

Der Apfel wurde rot   - *Der Apfel errötete

Der Mann wurde schnell alt = Der Mann alterte schnell (그 남자는
빨리 늙었다)

Das Brot wurde schnell alt - *Das Brot alterte schnell

3. 모든 기동동사에 대해 해당 형용사구조가 진부다 증명될 수 있는 것도 아니고 또한 그 역도 성립한다는 의미에서 2.에서 제시된 쌍의 형성에 대한 완전성(Vollständigkeit)이 존재하는 것은 아니다. 이때 우연한 여백(Lücke)과 체계적인 여백을 구별하는 것이 중요하다.

다음 (a), (b)의 경우가 우연한(zufällig) 여백, 즉 독일어에서만 특수한 여백이라는 사실을 러시아어와 영어에서의 해당 구조 쌍들에 대한 비교

(e), (f)가 보여준다. 형태론이 풍부한 슬라브어에서는 이 체계가 강력하게 형성되어 있다.[1]

모든 기동적인 형용사구조에 대해 기동동사가 전부다 존재하는 것은 아니다.

(a) hart werden (딱딱해지다)   - *harten
    weich werden (연해지다)   - *weichen
    schartig werden (날이 빠지다) - *verscharten
    traurig werden (슬퍼지다)   - *ertrauern
    warm werden (따뜻해지다)   - *erwarmen

독일어에서는 특정한 형용사 반의어 쌍들 중에서 각각 한 성분만이 기동동사로서도 나타나는 일종의 하위규칙이 존재하는 것처럼 보인다.

(b) arm werden   = verarmen : reich werden   - *verreichen
    stark werden   = erstarken : schwach werden - *erschwachen
    trocken werden = trocknen : nass werden   - *nassen
    kalt werden   = erkalten : warm werden   - *erwarmen

이러한 유표현상(Markiertheit)을 설명할 수 있는 방법에 대해서는 특별히 연구되어야 할 것이다.

몇몇의 경우에서는 (a), (b)에 있는 여백이 재귀적인 기동동사로 채워질 수 있다.[2]

---

1) 여기에 제시된 자료들이 "동작상"(Aktionsart)의 개념에도 관련될 수 있다는 것은 틀림없는 사실이다. 그러나 이 관계에서 "기동성"(inchoativ)이 단순히 특정한 동작상의 명칭이 되는 것으로 이해되어서는 결코 안 된다. 이 관계는 더욱 복잡하며 필자가 보기에는 처음에 언급된 독일어문법에서 이들이 잘못 기술되어 있다. 이에 대해서는 주석 9 참조.

(c) warm werden = sich erwärmen (따뜻해지다)

hart werden = sich verhärten (딱딱해지다)

steif werden = sich versteifen (굳어지다)

schmutzig werden = sich beschmutzen[3] (더러워지다)

---

2) 재귀적인 기동동사에 관한 기술은 지금까지 불명료한 상태에 있다. 그래서 기술된 체계적인 관계가 이들에서도 적용되는지를 확인하는 것은 아주 중요하다.

3) 재귀적인 기동동사에는 몇 가지 다른 문제들이 결부되어 있다.

1. 재귀적인 기동동사와 결합할 수 있는 주어는 다음 문장이 보여주는 바와 같이 여러 가지 선택제약(selektive Beschränkung)에 따른다.

(i) Peter wurde schmutzig beim Hinfallen. (페터는 넘어질 때 옷을 더럽혔다)
Peter beschmutzte sich beim Hinfallen. (페터는 넘어질 때 옷을 더럽혔다)
(ii) Der Fußboden wurde schmutzig. (마루가 더러웠다)
*Der Fußboden beschmutzte sich.

여기서 – 그러나 결코 일반적인 것은 아니다 – 동사는 주어가 생명체일 것을 요구한다. 그러나 다음 문장에서는 이와 다르다.

(iii) Das Wasser wurde warm. (물이 더워졌다)
Das Wasser erwärmte sich. (물이 더워졌다)

2. 재귀적 기동동사가 다른 문맥에서는 사역동사(kausativ)로서도 해석될 수 있다((i)과 비교). 다음 문장 (iv)를 의역하면 (v)와 같다.

(iv) Peter beschmutzte sich das Gesicht, um mitleiderregend auszusehen. (페터는 동정심을 유발하기 위해서 얼굴을 더럽혔다)
(v) Peter machte sich schmutzig, um mitleiderregend auszusehen. (페터는 동정심을 유발하기 위해서 얼굴을 더럽혔다)

3. 이러한 종류의 재귀동사에 해당하는 형용사구성이 모든 경우에서 전부다 원급의 형용사+werden 형태를 갖는 것은 아니다. 비교급의 형태도 역시 가능한 의역을 나타내는 점에서 동사는 중의적이 될 수 있다.

(vi) sich verengen = eng werden (oder:) = enger werden (좁아지다)
다음의 예는 – 다수의 경우에서 적용되는데 – 전적으로 비교급의 형태를 통해서만 비교될 수 있다.
(vii) sich erweitern = weiter werden (확장되다)
sich verbreitern = breiter werden (넓어지다)
sich verlängern = länger werden (연장되다)
sich vergrößern = größer werden (확대되다)
sich verkleinern = kleiner werden (축소되다)
sich abkühlen = kühler werden (냉각되다)

위의 (a)에 대한 반대로서 모든 기동동사에 대해 해당 형용사구조가
전부다 존재하는 것은 아니다.

(d) sterben (죽다)　　　　　　- *tot werden
　　sich entblößen (털어놓다) - *bloß werden

여기서 이에 대한 예를 발견하기가 어렵다는 사실은[4] 아마도 이 형태
의 고립성(Isoliertheit)을 암시할 것이다. 그러나 필자가 알고 있는 어떤
언어에서도 *tot werden에 대한 규칙적인 직접적 대응물이 존재하지 않
기 때문에(*become dead, *stat′ mërtvym, *devenir mort, *bli död), 이
여백은 심층에 있는 의미에 그 원인이 있을지도 모른다.

러시아어 및 영어와의 비교에서 나타나는 것은 (a), (b)에서 제시된 독
일어의 여백이 이들 언어에서는 발견될 수 없다는 점이다(그러나 아마도
다른 여백은 발견할 수 있을 것이다).

(e) hart werden　　: *harten　　　:: tverdet′ :: harden
　　weich werden　: *weichen　　:: mjaknut′ :: soften
　　traurig werden : *ertrauern　:: zagrustit′:: sadden

---

　　　　sich erwärmen　= wärmer werden (더워지다)

　　비교급 구성은 2.2.와 4.에서 더욱 자세하게 다루어진다. 이들을 기동동사에 넣을 수
없는 충분한 이유들이 있다.
4) 다음 쌍의 분포도 역시 이 관계에서 흥미롭다.

vergangen sein　　- vorbei sein : vergehen　　- *vorbei werden
verschwunden sein - weg sein　 : verschwinden - *weg werden
zerbrochen sein　 - kaputt sein : zerbrechen　 - *kaputt werden

　　부사적인 표현이라는 데에 그 원인이 있을 것이라는 추측은 적절하지 않다. 왜냐하면
anders werden(달리 되다), so werden, wie ...(...처럼 되다), wieder ganz werden(다시
완전하게 되다), mehr werden과 같은 일반적인 결합들이 항상 존재하기 때문이다.

dick werden	: *dicken	:: tol'stet'	:: thicken
schwarz werden	: *schwarzen	:: černet'	:: blacken
(f) verarmen	: *verreichen	:: bednet'	:: bogatet'
erstarken	: *erschwachen	:: krepnut'	:: slabet'
erkalten	: *erwarmen	:: cholodet'	:: teplet'
dunkeln	: *hellen	:: temnet'	:: svetet'

독일어 '형용사＋werden'에 해당하는 구조인 러시아어 stat'＋도구격 형용사와 영어 become＋형용사는 완전히 채워져 있다. ((d)만 예외이다: *tot werden)

4. 이에 반해 이동동사(Bewegungsverb)와 종종 기동동사에 포함되는 다른 동사군에 대해서 대응물이 존재하지 않는 점은 **체계적**(systematisch)인 여백을 나타낸다.

losrennen (출발하다) – ($^{??}$rennend werden)
abfahren (출발하다) – ($^{??}$fahrend werden)
aufsteigen (오르다) – ($^{??}$steigend werden)
erblühen (꽃이 피다) – ($^{??}$blühend werden)
einschlafen (잠들다) – ($^{??}$schlafend werden)

'werden＋동사 분사형'의 구조가 독일어에서는 아주 인위적이다. 여기에 알맞은 진정한 형용사는 독일어에서뿐만 아니라 필자가 알고 있는 한 비교 가능한 다른 언어들에서도 존재하지 않는다. 이 체계적인 여백의 가능한 원인에 대해서는 1.에서 보다 자세히 논의할 것이다.

5. 기동적인 구조에 대한 포괄적인 기술은 기동동사와 - 앞에서 제시된 - 형용사＋werden으로 구성된 구조들뿐만 아니라, 술어명사＋werden 및 부사＋werden 따위로 구성된 구조들도 포함해야 한다. 필자는 몇몇 주석에서 이 문제에 대해 논의할 것이다.

0.2. 앞 절의 1.-5.에서 약술한 경험적인 자료는 Lakoff(1965)가 시도했던 기동동사의 분석으로 우리들을 직접 이끌어 갈 수 있다. 오늘날 우리는 이 논문에서 적용하고 있는 기술방법을 결국 생성의미론(generative Semantik)이 발전해 나왔던 원천들 중의 하나로 간주할 수 있다. Lakoff (1965)에서의 분석기술이 우리의 관계에서는 관심을 끌지 못한다. 중요한 것은 그때까지 일상적이었던 것보다 훨씬 추상적인 단위들이 이 논문에 도입되었으며, 이 추상적인 단위들을 가지고 문법기술에 대한 보다 높은 단계의 일반화에 도달했다는 점이다. Lakoff는 다음과 같은 문장들을 비교한다.

(3) The sky blackened.
   The sky became black.
   The sky came to be black.
   The sky got black.

이 문장들은 상호 동의어이다. 독일어에서보다는 영어에서 기동구조에 대한 보다 많은 변이형들이 존재한다.

　　Lakoff는 네 문장 모두에 대해 원칙적으로 동일한 심층구조를 설정하고, 이를 위해서 추상적인 기동적 대동사(Pro-Verb) "INCHOATIV"를 도입한다. 그의 분석의 핵심은 모든 기동적 구조들이 다음의 연쇄(Kette)

로 소급될 수 있다는 것이다.

$$(4) \ (\text{It (for the sky to be black)}) \left\{ \begin{array}{l} \text{INCHOATIV} \\ \text{become} \\ \text{come about} \\ \text{get} \end{array} \right\}$$

(시제관계는 Lakoff에서도 무시된다.) 괄호 안에 있는 대안적인 구성성분들 중에서 어느 것이 선택되었느냐에 따라서 결국 (3)에서 언급된 네 기지 표층구조의 문장으로 다양하게 변형된다.

생성통사론과 해석의미론에서는 이 분석이 계속적으로 진행될 수가 없다. (4)에서 분명한 일반화에 대한 계속적인 발전은 필연적으로 의미에 기초한 이론이 된다.

0.3. Lakoff의 분석은 생성의미론 내에서 다음과 같이 재형식화되었다. "INCHOATIV"는 원소술어(primitives Prädikat), 즉 더 이상 분석될 수 없는 의미술어(semantisches Prädikat)에 대한 명칭이다. 그것은 모든 기동적 구조의 기술에 포함되어 있다. 기호에 대한 전통적인 관습에 따라서 Lakoff에 의해 의미적으로 재형식화된 분석은 다음의 형태를 갖는다. ("S"는 "명제"(Proposition), "V"는 "술어"(Prädikat)를 나타내고, 통사화 과정에서는 동사, 형용사, 전치사 등으로 어휘화되며, "NP"는 "논항"(Argument)을 나타낸다.)

(5)

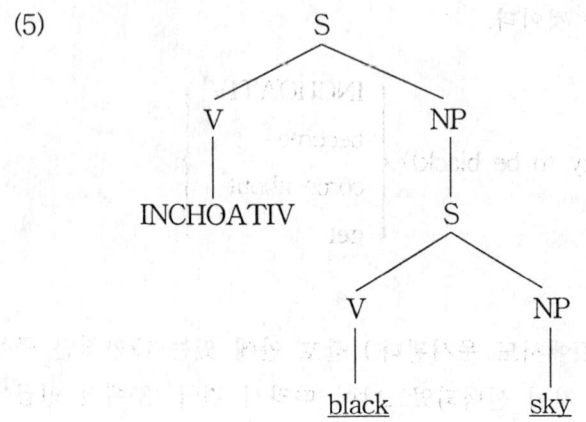

　(black과 sky는 물론 계속적으로 분석될 수 있으며 사용된 기호는 아주 단순화되어 있다.)

　이 의미구조의 통사화는 - 개별 변형과정에 대한 기술은 이 논문에서 아주 무시된다 - (3)에서 인용된 네 문장에서 다르게 진행된다. 구체적인 설명을 위해서 필자는 모형에서 0.1.의 독일어 문장 (1)과 (2)에 해당하는 처음의 두 문장만을 끌어온다. 기동동사(blacken 내지는 ermüden)는 해당 형태론적인 결과를 초래하는, 두 술어 black+INCH 내지는 müde+INCH의 응축(Kondensierung)의 결과이다.

　기동적인 형용사구조(become black 내지는 müde werden)는 응축이 아니라 모든 개별술어의 특수한 어휘화를 통해서 구성된다. 이에 따라서 become과 werden은 원소술어 INCHOATIV의 직접적인 어휘화이다. 따라서 이들은 가끔 술어 자체에 대한 명칭으로서도(즉 "BECOME" 내지는 "WERDEN") 사용된다. 필자는 다음에 WERDEN이라는 명칭도 사용할 것이며, 이 술어의 해석에 대한 상이한 견해는 현장에서 규명할 것이다.

"단언"(Behauptung, Assertion), "전제"(Vorausetzung, Presupposition), "함축"(Implikation, Implication)의 개념을 통해서 의미에 관한 이론을 풍부하게 함으로써 우리는 기동적인 구성을5) 적절하게 해석하는 방향으로 나아갈 수 있을 것이다.

우리는 이제 (5)를 통해서 완전하게는 파악되지 않는, 기동동사에 관한 화자의 잠재적인 "지식"(Wissen)을 보다 명시적으로 기술할 수 있다. 기동동사는 여러 가지 상태들(Zustände), 즉 주어에서 명명된 개체(Individuum)가 특정한 시간구간(Zeitintervall) 안에 있는 상태들을 포괄하는 일종의 진행(Prozess)을 표현하는 것이 분명하다. (5)에 유추하여 다음의 문장 (6)은 우선 의미해석 (7)을 갖는다.

(6) Peter wird dick. (페터가 뚱뚱해진다/뚱뚱하게 된다)

(7) (WERDEN (dick, Peter))

이 기술방법은 (5)의 그것과 등가이다. 필자는 여기서 그리고 다음에서도 구조를 단순화하기 위해 지표를 사용하지 않는다. 그밖에 (7)로부터 다음이 추론된다.

1. 주어에서 명명된 개체가 변화(Veränderung, Übergang)의 상태 안에 있다.
2. 이 변화상태는 변화가 추구하는 목표("Peter ist dick")가 이루어지는 후상태(Nachzustand)로 들어간다.

---

5) 필자는 2.3.에서 이 용어에 결부된 개념군에 관해서 몇 가지를 설명할 것이다. 그러나 이 논문 자체가 그 문제에 대한 어느 정도의 친숙함을 전제로 하기 때문에, 필자는 독자를 위해서 해당하는 사전지식 없이 부록에 있는 논문의 참고문헌을 제시한다. 이 참고문헌은 "특정한 문맥 내에서의 문장의 적절성"이라는 테마에 관한 개념형성의 체계에 대해 이해할 수 있으며 단순화한 분류와 예증을 제시하는 관점에서 선정되었다.

3. (7)이 사태(Sachverhalt)의 적절한 기술이라면 이로써 또한 그 개체
가 2.에서 약술된 그러한 상태에 이전에는 있지 않았다는 사실도 주
어진다. 개체는 그것에 상보적인 상태 안에 있었다(페터의 키가 크
게 된다면 그는 이전에 이미 키가 컸었다고 볼 수는 없을 것이다).6)

이러한 통찰은 단언(A), 전제(P), 함축(I)이라는 도구를 이용하여 기동
동사의 의미기술에 수용될 수 있으며 본질적인 변화를 경험할 수 있다.
(이 용어들의 논의에 대해서는 주석 5 참조.)

이러한 사실은 기동동사를 취하는 문장들의 전체적인 해석에서 1.-3.

---

6) 이러한 사실들이 분석에 포함되면 이상하게 여겨졌던 많은 관찰들이 아주 자연스럽게
설명될 수 있다. 예컨대 다음 문장들이 제시하는 것처럼 외관상 아주 동질적인 명사
Vater와 Kind가 기동구성으로 통합되는 관점에서 아주 상이하게 행동하는 이유가 무엇
인가?

(i) Peter wurde Vater. (페터는 아버지가 되었다)
(ii) *Peter wurde Kind. (페터는 아이가 되었다)

이에 대한 대답은 다음과 같다: 상보적인 전상태(Vorzustand)가 존재할 수 있는 상태
만이 후상태(Nachzustand)로서 수용될 수 있다. 그런 상태로 향해서만 변화가 일어날
수 있다. 즉 우리가 다음 (iii)의 상태를 생각할 수 있기 때문에 (i)이 가능하다. 이에 반해
다음 (iv)가 의미상 불가능하기 때문에(페터가 아직도 태아이기 때문에?) (ii)도 역시 불
가능하다.

(iii) Peter ist noch nicht Vater. (페터는 아직 아버지가 아니다)
(iv) *Peter ist noch nicht Kind. (페터는 아직 아이가 아니다)

그러나 다음 (v)가 다시 완전히 옳은 문장이라는 사실은, 우리가 거기에 속하는 전상
태와 변화의 방향(Richtung)을 명백하게 의식하는 경우에는 즉시 분명해진다.

(v) Peter wurde wieder zum Kind. (페터는 다시 아이가 되었다)
(vi) Peter war vorher erwachsen. (페터는 이전에 성인이었다)

결과: 우리는 처음부터 이미 존재하고 있는 상태로는 변화할 수 없다.
leben(살다), ganz sein(온전하다), kosten(값이 얼마다) 등과 같은 동사들에 대한 기동
동사의 대응물이 존재하지 않는 이유도 아주 비슷한 논증으로써 설명할 수 있을 것이다.
이들의 여백은 체계적으로 동기화되어 있지 않다(예컨대 wieder ganz werden(다시 온전
하게 되다)은 있지만 ganz werden(온전하게 되다)은 없다). 이들은 의미적(semantisch)
인 토대 위에서 확정된 체계적인 여백(systematische Lücke)이다.

까지의 위상에 일차적으로는 관련되지만 이들만이 관련되는 것은 아니다. 필자는 다음의 사실은 질문해볼 가치가 있는 것으로 생각한다.

a) 기동동사에서는 시간적으로 구분할 수 있는 상태가 몇 개 포함되어 있는가?
b) 전체적인 해석에서 개별적인 상태들은 어떤 위상을 가지고 있는가?
c) 개별적인 상태들에 대한 적절한 기술은 어떤 모습을 하고 있는가?
d) 상태의 기술을 전제, 단언 및 함축의 체계에 배열하는 관점에서 상태의 기술은 어떤 위상을 가지고 있는가?
e) Lakoff와 다른 저자들에서 "기동동사"라는 명칭하에서 인용되는 모든 동사들이 동일하게 처리되는가? 즉 모든 기동동사가 다 기동적인가?

독자들은 다음에서 특히 이들 질문에 대한 생각들을 고려해야 한다.

0.4. 이 논문은 0.3.에서 기술한 배경에서 기동동사를 분석하려는 유일한 시도는 아니다.

Kiparsky/Kiparsky(1970)는 "단언" 및 "전제"에 관한 자신의 견해를 다음 문장 (8)에서 예시하고 있다. 이 문장은 의미구조에 근접하는 형태 (9)에서 기동동사를 포함하고 있다.

(8) Mary cleaned the room.
(9) Mary caused the room to become clean.

1970년도에는 기동동사가 동독 중앙언어학연구소 연구팀의 여러 회의에서 논의의 대상이었다. Bierwisch가 Kiparsky/Kiparsky(1970)와의 의견교환을 통해서 기동동사의 의미론에 대한 하나의 개념을 자세하게 제안하였다.

이 두 개념의 몇 가지 기본가정들 사이의 대조가 이 논문에서 강조된다. 따라서 Kiparsky의 견해와 Bierwisch의 견해가 먼저 제시되어야 한다.

Kiparsky/Bierwisch의 분석을 다음과 같이 요약할 수 있다.

정해진 시간단계 위에서 세 가지 연속적인 시간구간(= Zeitintervall)이 포함하는 세 가지 상이한 상태가 기동동사의 의미론에 수용된다. 이 경우 t_0는 행위시(Aktzeit)이고, t_{-n}은 행위시로부터 n만큼 과거에 놓여있는 시간이며, t_{+m}은 행위시로부터 m만큼 미래에 놓여 있는 시간을 의미한다.

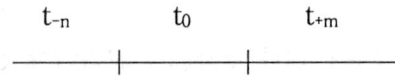

누군가가 기동동사가 포함된 하나의 문장을 말한다면 그는 다음을 의미한다.

◇ 그는 주어에서 지칭된 개체가 t_0에서는 어떤 상태로의 변화 중에 있다는 것을 단언한다(behaupten). (의미적으로는 명제(Proposition)를 통해서 표현된다: (WERDEN(S)))

◇ 그는 전상태가 t_{-n}에서는 이 상태의 여집합(=보집합 Komplement)을 표현한다는 사실을 전제한다(voraussetzen). ((NEG(S)))로 표현된다.)

◇ 그는 이 단언을 통해서 t_{+m}에서는 후상태로서 상태 (S)가 실제로 나타난다는 것을 함축한다(implizieren).

이것을 간단히 표현하면 다음과 같다.

A : 행위시 상태 (t$_o$) : (WERDEN(S))
P : 전 상태 (t$_{-n}$)   : (NEG(S))
I : 후 상태 (t$_{+m}$)   : (S)

Kiparsky/Bierwisch의 개념에 따라서 모든 기동적인 구성들이 분석되는데, Bierwisch에 따라서는 dick werden과 erkranken이, Lakoff에 따라서는 near도 기동적인 구조에 포함된다.

1. Kiparsky/Bierwisch의 분석에 반대하는 10가지 논증

I. 다음 두 문장은 동의어는 아니지만 의미적으로 밀접한 관계가 있다.

(10) Peter wird dick. (페터가 뚱뚱하게 될 것이다/뚱뚱해진다)

(11) Peter nimmt zu und er wird (bald) dick sein. (페터가 체중이 점점 늘어서 (곧) 뚱뚱한 상태가 될 것이다)

문장 (10), (11) 사이의 관계에 대한 기술은 Kiparsky/Bierwisch의 기술에서는 불가능하다. 왜냐하면 zunehmen과 같은 동사는 dicker werden (점점 뚱뚱하게 되다/체중이 점점 늘다)과 동의어이며, dick werden(뚱뚱하게 되다/뚱뚱해지다)은 이 개념에서는 상호 아무런 관계도 없기 때문이다.

II. 여기서 도출된 사실은 "dick werden"의 의미 안에는 "dicker werden"의 의미가 모두 포함되어 있지만 그 여은 성립히지 않는다는 것이다. 나음 두 문장을 비교하기 바란다.

(12) Peter wird dicker, aber nicht dick.

(13) *Peter wird dick, aber nicht dicker.

이에 대한 설명은 Kiparsky/Bierwisch 분석의 외부에 놓여 있다. 구성 dick werden과 krank werden 사이에는 일련의 중요한 차이점들이 있지만, Kiparsky/Bierwisch에서처럼 이 둘을 똑같이 취급하는 분석에서는 이 차이점들이 고려되지 않는다.

Ⅲ. "krank werden"(병나다/병들다)과 "kränker werden"(병이 더욱 악화되다) 사이에서는 (12)와 유사한 관계가 존재하지 않는다. 다음의 변칙적인 문장이 보여주는 바와 같이 "krank werden"은 "kränker werden"을 함의하지 않는다. 그리고 그 역도 역시 배제되어 있다.

(14) *Peter wird kränker, aber nicht krank.
(15) *Peter wird krank, aber nicht kränker.

Ⅳ. 이에 반해 형용사 krank의 원급과 비교급에서는 dick에서는 적용되지 않는 다른 종류의 관계가 존재한다. "kränker werden"(병이 더욱 악화되다)은 "(schon) krank sein"((이미) 병든 상태)의 상태를 전제로 한다. 즉 이 두 서술어(Prädikation) 사이에는 단언(A)과 전제(P)의 관계가 성립한다.

(16) Hoffentlich wird Peter nicht kränker. (페터의 병이 더욱 악화되지 않기를 바란다)

이 문장은 페터가 이미 병든 경우에만 적절하게 사용될 수 있다.

이에 반해 "dicker werden"(점점 뚱뚱해지다)은 "(schon) dick sein"(이미 뚱뚱한 상태)을 전제로 하는 것이 아니라, "(noch) nicht dick sein"(아직 뚱뚱하지 않은 상태)을 전제로 한다. 상태 "dick sein"(뚱뚱한 상태)의 전제 하에서는 체중의 증가가 "noch dicker werden"(더욱 뚱뚱해지다)으로 동사화되어야 할 것이다.

이것을 요약하면 다음과 같다.

dick werden : dicker werden ≠ krank werden : kränker werden
dicker werden : dick sein ≠ kränker werden : krank sein

V. 기동성(inchoativ)으로 지칭된 모든 구성에 대해 (12)와 같은 종류의 바꿔쓰기(Umschreibung)가 존재하는 것은 아니다. 그 자체가 이미 의미적으로 모순적인 다음 문장 (17)을 문징 (18)의 동의어로 보거나, 이들이 유사하다고 주장하는 것은 무의미한 일이 될 것이다.

(17) *Peter wird kränker und er wird (bald) krank sein.
(18) Peter wird krank. (페터가 병이 나다/병들다)

문장 (18)은 오히려 다음 문장 (19)에 관련될 수 있다.

(19) Peter beginnt, krank zu sein. (페터가 아프기 시작한다/페터의 병이 시작된다)

문장 (19) 역시 약간 변칙적이라면 그것은 VI.에서 통찰할 수 있는 바와 같이 의미적인 토대에서가 아니라 통사·어휘적인 토대에서 변칙적이다. 필자가 보기에는 우선 두 문장이 적어도 동일한 사태를 말한다는 사실이 중요하다.

문장 (18)이 (17)에 비교될 수 없는 것처럼 문장 (10) Peter wird dick (페터가 뚱뚱하게 될 것이다)은 다음 문장 (20)에 관련될 수 없다.[7]

(20) Peter beginnt, dick zu sein. (페터가 뚱뚱한 상태가 되기 시작한다)

Ⅵ. 필자의 주장은 표층동사 werden이 가능한 의미해석들 중의 하나에서 beginnen과 밀접한 관련이 있다는 것이다.

그러나 이 해석들은 통사적으로 상이한 분포를 갖는다. 즉 werden은 형용사(및 명사)를 통해서만 정확하게 결합될 수 있지만 동사를 통해서는 결합될 수 없다. beginnen은 그 반대로 행동한다. 다음의 대조가 이것을 보여준다.

(21) erkranken   = krank werden   = ?beginnen krank zu sein

     verstummen = stumm werden   = ?beginnen stumm zu sein

     erwachen   = wach werden   = ?beginnen wach zu sein

     einschlafen = *schlafend werden = beginnen zu schlafen

     abfahren   = *fahrend werden   = beginnen zu fahren

     verstummen = *schweigend werden = beginnen zu schweigen

이에 따르면 wach werden(잠을 깨다)과 beginnen zu schlafen(잠자기 시작하다)은 진정한 반의어 쌍이며, stumm werden(침묵하다)과 beginnen zu schweigen(침묵하기 시작하다)은 하나의 해석에서 동의어가 될 수 있다. werden이 선택되어야 하는지 혹은 beginnen이 선택되어야 하는지는 각각의 통사범주가 결정한다.

다른 의미해석에서는 werden이 beginnen과 아무런 관계가 없다. dick werden 이외에 다음의 예들이 여기에 속한다.

---

7) 반론을 미연에 방지하기 위해서: 올바른 다음 문장은 3.3.에서 설명되는데 반론으로서 입증되지는 않는다.

 (i) An der Hüfte beginnt Sieglinde dick zu sein. (지크린데는 히프에 살이 붙기 시작한다)

(22) altern = alt werden   ≠ *beginnen alt zu sein

       verarmen = arm werden ≠ *beginnen arm zu sein

       ermüden = müde werden ≠ *beginnen müde zu sein

       reifen = reif werden   ≠ *beginnen reif zu sein

동사 beginnen이 어떤 형태로든지 분석에 포함되어야 한다는 확신에
서 필자의 견해는 러시아어와의 - 필연적으로 아주 표층구조적인 - 비교
를 통해서 후에 강화되었다.[8]

---

8) 러시아어에서는 "동작상"이라는 개념으로 알려진, 출발동사와 접사화를 통해서 추가적
으로 의미가 수식되는 통사형 사이에 규칙적인 대응체계가 존재한다. "행위의 출발점에
관심이 집중되는"(Isačenko 1962:388) 시동상(始動相 ingressive Aktionsart)의 동사는
Kiparsky/Bierwisch에 따르면 기동적(起動的 inchoativ)임에 틀림없다.

> zabolet'   erkranken (병이 나다)
> zabyt'sja   einschlafen (잠이 들다)
> zakričat'   losschreien (소리지르기 시작하다)
> pobežat'   loslaufen (달리기 시작하다)
> zamolknut'   verstummen (입을 다물다/침묵하다)

그러나 우리가 많은 러시아어 시동상의 형성들을 독일어로 표현하려면 즉시 보조구성
들을 이용하지 않을 수 없다. 이 보조구성들은 특히 beginnen+zu+기본동사로 구성된
다.

> zagovorit'   zu sprechen beginnen (말하기 시작하다)
> zakačat'   zu schaukeln beginnen (흔들리기 시작하다)
> zakolychat'sja sich zu bewegen beginnen (in Bewegung geraten)
>   (움직이기 시작하다)
> zakašljat'   zu husten beginnen (in Husten ausbrechen)
>   (기침하기 시작하다)

이와 유사하게 On zabolel이 Er erkrankte(그가 병들었다)로 번역될 수 있지만 독일어
동사가 모든 문맥에서 다 사용될 수 있는 것은 아니다. 다음 문장 (i)을 독일어로 번역하
면 문장 (ii)와 같다.

(i) U menja zaboleli glaza.

(ii) Meine Augen *fingen an* zu schmerzen. (내 눈이 아프기 시작하였다)

이 관계에서 관심을 끄는 것은 예컨대 Lochovic(1948)에서는 zarabotat'에 대해서 독
일어의 번역 anfangen zu arbeiten(일하기 시작하다) 이외에 또한 러시아어의 분석적인

Ⅶ. 동사 beginnen이 dick werden((22)에서 인용된 다른 동사들)과 krank werden((21)에 있는 다른 동사들) 사이의 차이점을 다시 한 번 보여준다. 처음의 경우에서는 beginnen이 전체의 구성과 결합할 수 있지만 두 번째의 경우에서는 불가능하다.

(23)

Peter begann
$$
\begin{cases}
\text{zu altern} & = \text{alt zu werden} \\
\text{zu ermüden} & = \text{müde zu werden} \\
\text{zu verarmen} & = \text{arm zu werden} \\
& \quad\text{dick zu werden} \\
& \quad\text{groß zu werden} \\
& \quad\text{berühmt zu werden}
\end{cases}
$$

(24)

*Peter begann
$$
\begin{cases}
\text{zu erkranken} \\
\text{zu verstummen} \\
\text{zu erwachen} \\
\text{einzuschlafen} \\
\text{abzufahren} \\
\text{einzutreten}
\end{cases}
$$

우리가 동사를 allmählich와 결합시키면 동일한 구별에 도달한다.

형태 načat′ rabotat′도 온다는 사실이다.

끝으로 다시 한 번 지적하고 싶은 것은 한 말(einsprachig) 러시아어 사전에서는 종종 한 동사의 설명으로서 두 가지 분석적인 형태, 예컨대 zabolet′에 대해 (1) stat′ bol′nym 과 (2) načat′ blolet′가 온다는 점이다.

한 언어 내에서 형태들 사이의 관계에 대한 해석과 언어들 사이의 관계에 대한 해석은 - 번역가능성의 문제 - 러시아어 동사 stat′ 자체가 이미 동의어들의 다발이며, 동의어들 중에서 독일어로 번역하면 두 동사(werden과 beginnen)가 생겨남으로써 어려움이 더욱 가중된다.

(iii) On stal učitelem : Er wurde Lehrer (그가 선생이 되었다)
     On stal čitat′ : Er begann zu lesen (그가 읽기 시작했다)

(25) Peter wurde *allmählich* dick. (페터가 점점 뚱뚱해졌다)

이 문장은 Peter wurde dicker und dicker로 바꿔 쓸 수 있으며 얼마 후에 Peter *war* dick가 된다.

그러나 다음 문장은 다르다.

(26) ?Peter wurde allmählich krank. (페터가 점점 병이 났다)

이 문장의 수용여부를 떠나서(확실히 불가능한 동일한 유형의 다른 문장 *Peter trat allmählich in den Verein ein(페터가 점점 클럽에 가입했다)과 비교), 이 문장은 어떠한 경우에서도 (25)와는 다르게 바꿔 써야 한다. 즉 Peter *wurde* krank(이에 따라서: Peter trat in den Verein ein.)에 대한 전제조건이 성취되기까지는 얼마간의 시간이 소요되었다. Kiparsky/ Bierwisch는 이에 대해서 논의하지 않고 있다.

VIII. 형용사 dick은 평균값(Normwert, Durchschnittswert)에 관련되어 있지만(Doherty(1970)에 따르면 (dick, x_i)는 "Die Dicke von x_i übersteigt die Norm"(x_i의 체중이 평균을 초과한다)으로 분석될 수 있다), krank 에 대해서는 이런 평균값이 존재하지 않는다. 이것은 반의어 쌍 dick (뚱뚱한), dünn(마른)의 성분들이 상호 역관계(konträr)로 관련되어 있지만, 반의어 쌍 krank(아픈/병든), gesund(건강한)의 성분들은 상호 모순관계(kontradiktorisch)로 관련되어 있는 사실과 관계가 있다.

몇 가지 중요한 점에서 이들의 차이는 상대형용사와 절대형용사 사이의 차이와 비교될 수 있다.

IX. Lakoff(1965)에서는 기동동사에 대한 예로서 특히 near(sich nähern

접근하다)와 같은 동사들도 등장한다. 이들은 Kiparsky/Bierwisch의 개념에 따라서는 확실히 분석될 수 없다. 이것은 werden과 비교급 형용사와의 모든 결합에서 적용된다.

(27) Peter näherte sich. (페터가 접근했다/점점 가까이 왔다)

　　 Peter wurde dicker. (페터가 점점 뚱뚱해졌다)

이 문장들은 어떠한 경우에서도 "Peter war (dann) nahe"((그리고 나서) 페터가 가까이 있었다) 내지는 "Peter war (dann) dick"((그리고 나서) 페터가 뚱뚱해졌다/뚱뚱한 상태가 되었다)을 함축하고 있는 상태들의 기술은 아니다.

X. 결국 여기서 추론할 수 있는 것은 Kiparsky/Bierwisch에서처럼 동사 werden을 "순수한" 기동동사(Inchoativum), 즉 고정된 후상태(Nachzustand)로 들어가는 변화상태(Übergangszustand)의 표현으로 해석해서는 안 된다는 것이다.

2. 역제의: 기동동사에 대한 Steinitz의 분석
(A - 동사 = 변화동사)

2.0. 앞 장의 열 가지 사실들을 고려하는 분석은 몇 가지 중요한 점에서 Kiparsky/Bierwisch의 분석과 구별되어야 한다.

◇ 동사 dick werden의 상이한 규칙들(예컨대 의역의 유형 및 다른 단위들과의 결합가능성)은 (진정한) 기동동사에 대해 Kiparsky/Bierwisch에서와는 다른 의미기술을 요구한다.

◇ dick werden과 구별되는 구성들 krank werden과 sich nähern의 행동은 예컨대 Lakoff(1965)에서 기술된 기동동사의 부류를 3등분하게 한다. 이들은 앞으로 A-동사(예: dick werden), B-동사(예: krank werden), C-동사(예: sich nähern)라고 일컫는다.9) 따라서 이 세 범

---

9) 비록 인상깊은 명칭은 아니지만 필자는 이러한 잠정적인 명칭을 사용한다. A-동사 대신에 변화동사(變化動詞 mutatives Verb), B-동사 대신에 시동동사(始動動詞 ingressives Verb), C-동사 대신에 지속동사(持續動詞 duratives Verb)라고 말할 수 있다. 그러나 이로 인해서 "동작상"이라는 말이 주어지게 되며, 우리는 접근하기가 쉽지 않은 힌 넓은 분야 위에 서게 될 것이다.

Isačenko(1962:385-414)의 한 장을 읽고 난 후 우리가 분명히 알 수 있는 사실은, 대부분의 전통문법에서 독일어 동사를 동작상의 관점에서 다루는 것이 잘못된 문제설정과 그리고 또한 단순한 오해에 바탕을 두고 있다는 것이다. 분리해서 다른 논문에서 다루어야 하는 자세한 논평 대신에 필자는 여기서 예를 통해서 더 이상의 설명이 필요없는 두 가지 인용문만을 상호 대립시키고자 한다:

"동작상이란 과정의 진행방법에 대한 언어적인 포착, 사건의 단계에 관한 객관적인 기술, 즉 시작(예: erblühen 꽃피기 시작하다), 진행(예: blühen 피어 있다), 종결(예: verblühen 시들다), 또는 사건의 강도에 관한 기술, 즉 반복(예: flattern(날개를) 펄럭이

주는 다양하게 분석되어야 한다.

2.1. 두 시간구간 대 세 시간구간

Kiparsky/Bierwisch에서는 세 가지 상태인 전상태, 변화상태 및 후상태가 세 가지 연속적인 시간구간(Zeitintervall)에 배열되며, 이들은 상이한 방법으로 (전제, 단언, 함축으로서) 기동동사의 의미론에 관여한다 (0.4. 비교).

이러한 1 : 1 배열(=연결 Zuordnung)은 확고하지 않다. 예문 Peter wird dick에서 상태명칭과 시간구간의 배열에 대한 가능성은 필자의 대안적인 분석에서 도입되는 시간축(Zeitachse) 위에서 약술된다.

1. 동형의 변화에 대한 하나의 과정(Vorgang)인 "진행"(Prozess) 성분은 특수한 종류의 상태들의 연속체로 표현될 수 있으며, 다만 "시간" (Zeit) 차원에서만 일어나는 것으로 파악될 수 있다. 시간은 기본순서 (Grundordnung)이기 때문에 "진행"에는 필연적으로 "방향성"(Gerichtetheit) 도 결부되어 있다. 우리는 이것을 이를테면 다음과 같이 표현할 수 있다.

다), 약한 강화나 특별한 강화(예: hüsteln 잔기침을 하다, schnitzen 새기다)를 말한다."(Kleine Enzyklopädie 1970:865)

"... 동작상의 의미와 모든 개별동사의 아주 일반적인 어휘적인 특징에 관련되는 어휘적인 기본의미를... 원칙적으로 혼동해서는 안 된다"(Isačenko 1962:415). "동작상으로 표현되는 추가적인 의미차이는 전체 사건의 내부에 있는 한 단면에 관련되거나 - 시작(예: zagovorit' "zu sprechen beginnen"(말하기 시작하다)), 시간적인 제한(예: porabotat' "eine Weile arbeiten"(잠시동안 일하다)) 및 종결(예: perezimovat' "überwintern"(월동하다)), - 진행과정의 양적인 차이나 강도의 차이에 관련되거나 - (예: 일상어 golosnut' "einmal abstimmen"(한 번 투표하다), tolkanut' "jemanden anrempeln"(누구와 부딪치다)), - 또는 진행과정의 내부적인 분절에 관련된다 - (예: 반복상 govarivat' "zu sagen pflegen"(말하곤 하다), "oft sagen"(가끔 말하다)) (Isačenko 1962:386-87). 필자는 이 예들을 다음에 나오는 텍스트에 삽입하였다.

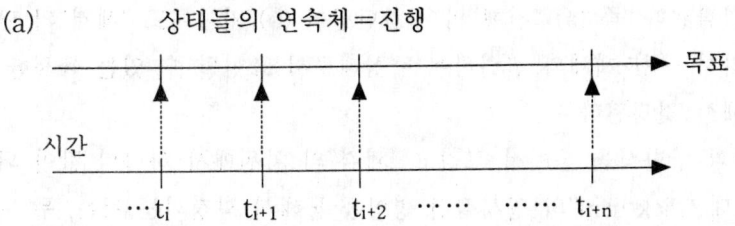

(a)   상태들의 연속체＝진행

목표

시간

···t_i t_{i+1} t_{i+2} ······ ······ t_{i+n}

2. 진행은 항상 무엇을 통해서나 또는 무엇을 거쳐서 일어나므로 시간 단면(Zeitabschnitt)의 연속체에서 변화되는 특정한 관계나 속성이 문제된다. 시간단면 자체는 언어적인 성찰에서 명명되지 않으며 직선적으로 제시된 관계값의 기술을 통해서 표지된다(우리의 예문에서: "dünn sein"(마른), "durchschnittlichen Umfang haben"(평균 체중), "dick sein"(뚱뚱한)과 같은 기본척도 "체격/체중"(Umfang)에 대한 값).

"진행"을 속성이나 관계에 대한 지속적인 값의 변화로서 세분하는 차원이 두 번째 성분을 포함한다. 우리의 경우에서는 "체격"(Umfang)의 차원이다. 이 차원은 개념상 상대적으로 상호 정의된 단면들로 나뉘어지며 이 경우에 관계점(Bezugspunkt)이 평균값이 된다. 이 관계점에 따라서 "dünn", "dick"의 값이 다음과 같이 분배된다.

(b)

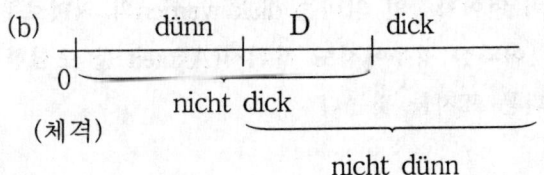

dünn   D   dick

0

nicht dick

(체격)

nicht dünn

이 주제에 관해서는 Doherty(1970) 참조.

dick werden이란 표현을 구성하기 위해서는 두 가지 개념적인 도식이

상호 연결된다. 즉 (a) "진행"의 시간단면이 (b) 기본척도 "체격"의 단계
에 따라서 – 한 개체와 관련하여 – 상태로서 표현될 수 있는 특정한 값
을 통해서 결정된다.

진행의 방향성을 통해서 그리고 "체격"의 차원에서 하나의 값이 되는
목표상태 "dick sein"의 명시적인 명명을 통해서 확정되는 것은, 두 도식
의 단면이 좌측에서 우측으로 배열되어서 (b) 안에 잇따라 놓여 있는 값
들이 시간상 연속적으로 놓여 있는 것으로 해석된다는 점이다. 도식 (a)
와 (b)의 배열을 다음과 같이 표현할 수 있다.

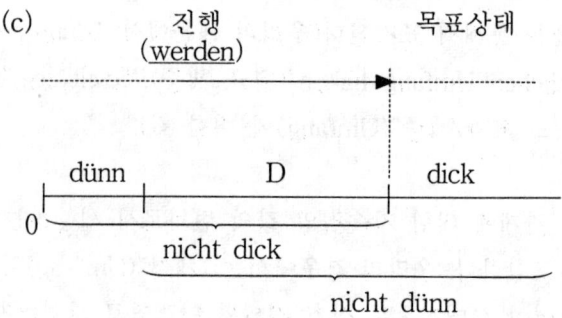

3. 두 도식의 배열을 통해서 과정 "dick werden"에 "전"(Vorher)과
"후"(Nachher)의 구별을 가능케 하는 상대적인 시간배열이 부과된다.
"전/후"의 차이와 그것의 언어학적인 의미는 dick werden의 의미로부터
도출될 수 있다. "전"은 어떠한 경우에서도 행위시(Aktzeit)를 포함한다.
따라서 도식 (c)는 또 다른 표지를 갖는다.

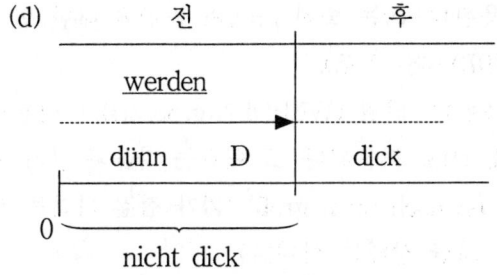

모든 도식 (a)-(d)는 다만 이해의 보조수단으로서만 고려되었으며 이러한 형태로서는 이론에 포함되지 않는다.

요약해서 말하자면, 지금까지 상론한 필자의 분석에서는 기동동사에 포함된 상태에 대한 시간적인 3등분 대신에 2등분이 사용되었다. 상대적인 시간배열 "후"와 관련될 수 있는 후상태(Nachzustand)(목표의 표지인 "dick" 또는 "groß"에 도달한 이후에 적용되는 목표상태)는 시간적으로 고정될 수 있는 하나의 상태에 대해서만 대립되는데(Kiparsky/Bierwisch에서처럼 행위시 상태와 전상태 대신에), 이 하나의 상태는 두 가지 속성으로 특징지어져 있다. 즉 이 상태는 진행의 특성("zunehmen")을 가지며, 후상태에서 언급된 속성의 여집합(Komplement)이 문제된다("nicht dick sein" 또는 "nicht groß sein"). 이 상태는 시간배열 "전"에 할당되는데, 우리는 이러한 사실을 도식 (d)에서 읽을 수 있다.

여기서 논의된 상태와 시간단면에 대한 배열이 Kiparsky/Bierwisch 분석에 대해 제안될 수 있는 다른 수정안들에 따르는 것은 아니다. Kiparsky/Bierwisch의 분석 내에서도 세 가지 상태의 시간적인 연속이 강제적인 것은 아니다. 속성 "nicht dick sein" 또는 "nicht groß sein"의 적용범위를 행위시로부터 n시간만큼 뒤로 옮기는 것은 시간적으로 대조를 이루는 두 상태의 실현으로 이어지며, 충분하지는 않지만 다음과 같이 형식화된다: 명제 (WERDEN(groß, x))가 적용되는 범위 내에서는,

명제 (NEG (groß, x))가 적용된다. (x는 술어 groß의 논항에 대한 변항
이다.) (Kiparsky/Kiparsky(1970:148) 참조).

그러나 똑같이 다음이 적용된다: 만일 (WERDEN(groß, x))가 적용되
면, 또한 동시에 (NEG (groß, x))도 적용된다. 그 이유는 다음과 같기 때
문이다: Wer groß *wird*, der *ist* noch nicht groß! (키가 점점 자라는 사
람은 아직도 키가 완전히 다 자란 상태는 아니다)

다른 말로 표현하면, 후상태 앞에 있는 전체 시간은 이 후상태에 대해
상보적(komplementär)인 하나의 상태에 의해 결정되어 있다. Kiparsky/
Bierwisch의 의미에서의 전상태는 행위시에 대한 상태와 구분할 수 없
다. 왜냐하면 두 상태에 동일한 조건이 적용되기 때문이다. 기동동사에서
도 후상태로 들어가는 진행에 대한 출발점이 표지되어 있지 않기 때문에
여기서도 전상태를 특별히 설정하는 데 대한 정당성이 존재하지 않는다.
부분진술을 세 가지 시간구간으로 배열하는 대신에 Kiparsky/Bierwisch
에서도 쌍 "전"/"후"(Vorher/Nachher)이면 충분하다.

2.2. 키가 점점 커지지 않고서는 키가 클 수가 없다

하나의 분석이 준수해야 하는 1장에서 제시된 사실들로부터 가장 먼저
다음과 같은 문장들 사이에 있는 동의구문(의역 Paraphrase) 관계가 언
급된다.

Peter wird dick. (페터가 뚱뚱하게 될 것이다)
Peter wird dicker und er wird (bald) dick sein. (페터가 점점 뚱뚱하
게 되어서 (곧) 뚱뚱한 상태가 될 것이다)

우리가 첫 번째 문장에서 추론할 수 있는 의미정보를 다시 한 번 정리해 보면, 두 번째의 병렬문장이 공통적인 의미기저에 근접하는 것으로 간주되는 하나의 의미분석이 아주 명백한 것으로 증명된다.

1. 아직 일어나지 않은 시간단면인 "후"(nachher)에는 상태 "Peter ist dick"이 적용된다.
2. 그때까지, 즉 "전"(vorher)에는 이와 상보적인 상태 "Peter ist nicht dick"이 적용된다.
3. 전체가 과정으로서 특징지어지는 특수한 종류의 상태들의 연속체 "Peter wird dicker"가 동일한 정도로 "전"에 적용된다.

dicker werden(및 zunehmen)은 위에서 언급된 의미에서는 결코 기동동사가 아니다. 그 이유는 목표상태가 포함되어 있지 않기 때문이다. 이것은 지속동사(Durativum)의 부류에 속한다.

이 관계에서 흥미가 있는 범위 내에서만 지속동사의 특징에 관해서 간단히 논의해 보자. 여기서는 다음의 예를 통해서 설명되는 적어도 두 가지 하위부류가 있다.

(i) schweigen(침묵하다), schlafen(잠자다), essen(먹다), breit sein(넓다), dick sein(뚱뚱하다), dunkel sein(어둡다), ...
(ii) zunehmen(증가하다), wachsen(성장하다), steigen(상승하다), sinken(가라앉다), älter werden(점점 늙어지다), breiter werden(점점 넓어지다), dunkler werden(점점 어두워지다), ...

이 동사들의 공통점(Gemeinsamkeit)은 이들이 각각 다음을 통해서 특징지어져 있는 상태들의 연속체를 표현한다는 점이다.

◇ 연속체의 요소들 사이에 있는 관계들의 동질성(Gleichartigkeit)을 통해서
◇ 이들의 시간적인 무제한성(Unbegrenztheit)을 통해서

상태들을 특징짓는 문제에 대해서는 2.1. 참조.

우리는 주로 범위(Dimension)의 형용사와 그것의 도출에 관심이 있기 때문에 일정한 범위를 표현하는 축 위에 값을 표지함으로써 상태(Zustand)가 특징지어진다고 말하면 충분하다. 개개 상태들 사이에 있는 관계의 동질성은 도식 (a)와 (c)의 "진행"을 통해서 암시된 바와 같이 시간단면에 대한 이들의 배열과 연이어 나타나는 이웃한 상태들의 비교를 통해서 확정된다. 시작과 끝이 특정한 값으로 표지되어 있지 않기 때문에 연속체는 무제한적이다. 예컨대 범위와 이에 속하는 양 극단의 값의 표지(반의어 쌍)는 다음과 같다.

Größe (크기)   : groß, klein
Länge (길이)   : lang, kurz
Breite (넓이)   : breit, schmal
Umfang (체격/체중)   : dick, dünn
Gewicht (무게)   : schwer, leicht
Stärke (강도)   : stark, schwach
Alter (나이)   : alt, jung
Helligkeit (밝기)   : hell, dunkel

위의 동사들의 차이점(Unterschied)은 다음과 같다.

◇ 부류 (i)의 동사들은 상태의 연속체를 표현하며, 이 연속체는 그 요

소들의 동질성(Identität)을 통해서 특징지어져 있다. 즉 시간적으로
정해진 상태들의 연속체(도식 (a))를 (b)의 예가 제시하는 바와 같
이 기본척도의 단계에 배열할 때, 이 범위 안에서 항상 동일한 값
의 표지가 연속체의 모든 상태에 관련된다. 따라서 개개 상태는 시
간의 변화에 따르지 않는다. 다음의 도식(dick sein에 적용되는)은
오로지 전술한 것을 구체적으로 예시할 목적으로만 사용된다.

(e)   상태들의 연속체

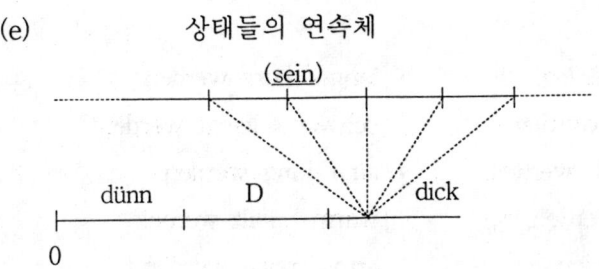

◇ 부류 (ii)의 동사들은 상태의 연속체를 표현하며, 이 연속체는 그 요
소들의 특수한 이질성(Verschiedenheit)을 통해서 특징지어져 있다.
시간적으로 정해진 상태들의 연속체를 (b)에서처럼 기본척도의 단
계에 배열할 때, 값의 표지와 시간지표가 나란히 증가한다. 따라서
연속체의 모든 부분상태에 더욱 높은 값의 표지가 할당됨으로써 앞
의 상태와 구별된다(역의 현상, 즉 dünner werden에서처럼 보다 높
은 값의 표지에서 보다 낮은 값의 표지로 나아가는 진행의 기술은
원칙적인 어려움을 동반하는 것이 아니라 다만 하나의 추가조건만
을 요구하는데, 이를 통해서 보조개념 "우측에 있는"(rechtsstehend),
"좌측에 있는"(linksstehend)이 상대화된다). 이에 따라서 연속체의 개
개 상태는 시간의 변화에 따르고 범위(Dimension)에 대한 값의 끊임
없는 증가로나 또는 진행(Prozess)으로서 바꿔 쓸 수 있다. 이에 대
해서는 도식 (a) 참조.

요약해서 말하자면, 모든 A-동사(기동동사의 나머지 부류)는 부류 (ii)
의 지속동사를 포함하는데, 그것은 무제한적인 진행동사이거나 또는 C-
동사이다. (앞으로 4장에서 제시되는 바와 같이 그 역은 성립하지 않는다.)
동시에 후상태가 C-동사에서 언급된 진행을 명백히 제한하기 때문에
A-동사를 우측 제한적인 진행동사(rechtsbegrenztes Prozessverb)라고
일컫는 것은 옳다.

A-동사에 대한 다른 예들은 다음과 같다.

groß / klein werden,	lang / kurz werden
breit / schmal werden,	schwer / leicht werden
stark / schwach werden,	alt / jung werden
hell / dunkel werden,	warm / kalt werden
eng / weit werden,	arm / reich werden
laut / leise werden,	billig / teuer werden
hart / weich werden,	schnell / langsam werden

문장에서는 Peter wird dick가 Kiparsky/Bierwisch와 필자의 두 가지
개념에 대한 첫 번째 대조를 제공한다.

Kiparsky/Bierwisch : 행위시 상태 : WERDEN(dick, x)
　　　　　　　　전 상태　　: NEG(dick, x)
　　　　　　　　후 상태　　: dick, x

Renate Steinitz : "전" : WERDEN(dicker, x)
　　　　　　　　　　NEG(dick, x)
　　　　　　"후" : dick, x

술어에서 언급된 속성("dick", "dunkel" 등)에 대한 하나의 조건은 이들이 등급이나 강도의 상승을 취할 수 있어야 한다는 것이다. 달리 말해서 이들은 기본척도로서 상승하는 값의 표지를 통해서 표현될 수 있다. 무엇보다도 이것이 의미하는 바는 술어에 해당하는 형용사 어휘소가 비교변화를 할 수 있어야 한다는 것이다. 이것은 예컨대 tot(죽은), eckig (모난)에서보다도 groß(큰), hoch(높은)에서 더욱 현저하게 나타난다. 형용사의 비교변화 가능성이 A-동사의 구성에 본질적이다.10)

A-동사에 대한 두 번째 구성요소, 즉 2.1.에서 언급된 모든 A-동사 안에 포함된 - 대체로 형용사로서도 존재하는 - 술어의 속성 역시 이것과 밀접한 관계가 있다. 이 술어는 - 값의 척도와 관련하여 - 모든 경우에서 중간값 D를 관계점으로 취하는 하나의 값을 표지한다.

2.3. 단언, 전제, 함축, 모사 및 함의

의미기술에서 문장의 의미가 명제(Proposition)로 표현된다고 가정할

---

10) 물론 비교변화 가능성의 조건이 결코 적용되지 않는 werden+명사로 구성되는(예: Arzt werden 의사가 되다, Lehrer werden 선생이 되다) 기동적인 구성이 존재한다. 그러나 다음 (i)의 두 문장 사이에는 필자가 보기에는 (ii)의 두 문장 사이에서와 비슷한 관계, 즉 기동적인 술어와 진행적-지속적인 술어의 관계가 존재한다.

(i) Peter wird Arzt. (페터는 의사가 될 것이다)
Peter studiert. (페터는 공부한다)
(ii) Der Baum wird groß. (그 나무는 큰 나무가 될 것이다)
Der Baum wächst. (그 나무는 성장한다)

이런 사실은 나란히 구성된 두 문장에서 분명해진다.

(iii) Peter studiert (Medizin) und wird (einmal) Arzt sein. (페터는 (의학)을 공부하여 (후에) 의사가 될 것이다)
Der Baum wächst und wird (einmal) groß sein. (그 나무는 성장하여 (후에) 큰 나무가 될 것이다)

즉 형용사적 어휘화가 아니라 명사적 어휘화만을 포함하는 의미술어도 역시 "기동동사는 진행적인 지속동사를 포함한다"는 가정된 모형에 따른다.

때, 우리는 첫 번째 접근에서 이 네 가지 개념이 명제들 사이의 관계 (Beziehung)를 내용으로 하고 있다고 말할 수 있다. 기동구조의 의미기술에서 이들의 고려는 Kiparsky/Bierwisch와 필자 사이에 있는 또 다른 차이점을 제공한다.

우리는 우선 모든 언어적인 통보(Mitteilung)가 하나의 단언(Behauptung)과 이 단언에 조건을 붙이거나 또는 이 단언에 조건지어지는 특정한 조건(Bedingung)들로 나뉘어질 수 있다는 사실에서 출발하고자 한다. 따라서 하나의 통보, 즉 한 문장의 의미구조에서는 다른 명제에 대한 관계에서 단언된 각각 하나 또는 여러 명제들이 분리될 수 있다. 다른 명제들은 단언되지는 않지만 이들이 단언된 명제에 관련되어 있는 방법에 있어서는 아직도 서로 구별된다. 여기서 결과로 나타나는 것은 이러한 방법으로 결정된 명제들이 한 문장의 전체적인 의미해석에서는 상이한 위상(Status)을 갖는다는 사실이다.[11] 이제 우리의 분석에서 요구되는 범위 내에서 이 위상을 기술해야 하겠다.

2.3.1 함축관계

우리는 단순한 예로서 다음 문장 (28)과 (29)를 가지고 각각의 의미표현, 즉 연결된 명제들의 집합을 해당 지표가 있는 P를 통해서 간단히 표현한다고 가정해보자.

(28) 1. Peter gelang es, das Problem zu lösen   (P_0)

      (페터는 그 문제를 해결하는 데 성공하였다))

    2. Peter löste das Problem   (P_1)

---

11) 다음의 기술과 개념군(Begriffsapparat)의 이용은 비교적 초기에 완성된 대상을 반영한다는 점을 여기서 언급해둔다. 그 동안에 다음과 같은 기본적인 질의에 대해 보다 정확한 고려가 있었다: 한 문장의 의미구조에 속하는 것이 무엇인가? 전제와 단언은 문장의 의미구조에 어떤 역할을 하는가?

(페터는 그 문제를 해결하였다)

(29) Peter löste das Problem nicht   ($\sim P_1$)

(페터는 그 문제를 해결하지 못했다)

누군가가 (28.1)의 발화를 통해서 P_0가 적용된다는 단언을 한다고 가정해보자. 이 발화를 통해서 그는 - (28.2)를 발화하지 않고서도 - 직접 P_1이 적용된다는 사실 역시 단언하였다. 그 반면에 (28.1)의 발화에서는 이를테면 (29)도 동시에 단언될 수 있다는 사실이 완전히 배제되어 있다. 따라서 P_0가 P_1을 함축하는 관계가 성립한다. P_0를 단언하는 사람은 P_1도 동시에 단언하였다. 이에 반해 (29)를 발화함으로써 $\sim P_1$을 단언하는 사람은 대우법(Kontraposition)의 법칙에 따라서 동시에 P_0가 적용된다는 사실을 배제한다.

(A) $P_0 \supset P_1$

$\sim P_1 \supset \sim P_0$

논리적인 함축(logische Implikation)에 유추하여 우리는 P_0의 적용이 P_1의 적용에 대한 충분조건이라고 말할 수 있다.

그러나 P_1에 대한 P_0의 관계는 계속해서 분석되어야 한다. 이를테면 (28.1)의 부정을 단언하는 사람은 동시에 (29)도 단언하는 것이다.

(28) 3. Peter gelang es nicht, das Problem zu lösen   ($\sim P_0$)

(페터는 그 문제를 해결하는 데 성공하지 못했다)

(29) Peter löste das Problem nicht   ($\sim P_1$)

따라서 다음이 적용된다.

(B) $\sim P_0 \supset \sim P_1$

$\quad\quad P_1 \supset \quad P_0$

여기서 추론되는 것은 P_0의 적용이 P_1의 적용에 대한 필요조건뿐만 아니라 충분조건도 된다는 사실이다. 따라서 P_1에 대한 P_0의 관계는 (A)와 (B)의 동시적인 적용에서 알 수 있는 바와 같이 두 가지 방향에서 함축적이다. 이러한 사실은 논리적인 등가(logische Äquivalenz)에서 유추된다.

P_0와 P_1 사이의 관계에 대한 이 양 방향의 함축적인 속성은 gelingen (성공하다)의 의미로 소급될 수 있다. 이 동사는 Karttunen(1969)의 일련의 다른 술어들과 더불어 'if-and-only-if(=iff)'-동사로 배열된다.

우리는 (A) 그리고 (B)가 적용되는 두 명제 사이의 관계를 앞으로 함축(Implikation)이라고 일컫는다.

우리는 다만 (A)에만 적용되고 (B)에는 적용되지 않는 두 명제 사이의 관계를 함의(Entailment)[12]라고 일컫는다. 이에 대한 예는 다음과 같다.

(28) 4. Ich zwang Peter, das Problem zu lösen $\quad\quad\quad\quad\quad$ (P_0)

$\quad\quad$ (나는 페터에게 그 문제를 해결하도록 강요하였다)

$\quad\quad$ 2. Peter löste das Problem $\quad\quad\quad\quad\quad\quad\quad\quad\quad\quad$ (P_1)

(29) Peter löste das Problem nicht $\quad\quad\quad\quad\quad\quad\quad\quad$ ($\sim P_1$)

여기서 P_0의 적용은 P_1의 적용에 대한 **충분조건**(hinreichende Bedingung)이다. 즉 P_0을 단언하는 사람은 P_1을 동시에 단언한다. 이에 반해 다음 (28.5)를 단언하는 사람은 P_1이나 또는 $\sim P_1$의 적용에 관해서 어떤

---

12) 영어에서는 '함축'(implication)과 '함의'(entailment)가 가끔 동의어로서 사용된다. 그러나 '함축'을 다루는 언어학 문헌에서는 다른 사태가 증명되어 있기 때문에 필자는 용어상의 혼란을 피하기 위해서 '함의'라는 용어를 사용한다.

요구도 하지 않는다.

(28) 5. Ich zwang Peter nicht, das Problem zu lösen (~P$_0$)

(나는 페터에게 그 문제를 해결하도록 강요하지 않았다)

따라서 zwingen(강요하다)과 같은 술어들은 'if'-동사의 부류에 속한다(Karttunen 1969).

결국 (B)에만 적용되고 (A)에는 적용되지 않는 두 명제들 사이의 함축관계가 있다. 우리는 이런 함축을 논리적인 용어에 따라서 모사(Replikation)라고 일컫는다.

(28) 6. Peter kann das Problem lösen (P$_0$)

(페터는 그 문제를 해결할 수 있다)

7. Peter kann das Problem nicht lösen (~P$_0$)

(페터는 그 문제를 해결할 수 없다)

2. Peter löste das Problem (P$_1$)

(29) Peter löste das Problem nicht (~P$_1$)

여기서 P$_0$의 적용은 P$_1$의 적용에 대한 **필요조건**(notwendige Bedingung)이다. 따라서 ~P$_0$를 단언하는 사람은 동시에 ~P$_1$도 단언하지만, (28.6)의 단언을 통해서 P$_1$이나 또는 ~P$_1$의 적용은 미해결인 채로 남아있다.

따라서 이러한 종류의 술어들은 'only-if'-동사의 부류에 속한다(Karttunen 1969).

지금까지 논의한 세 가지 함축관계(함축, 함의, 모사)는 다같이 우리가 다음 절에서 논의하게 될 명제들 사이의 다른 관계, 즉 전제(Voraussetzung)와 대립되어 있다. 세 가지 함축관계에 대해 공통적이며 또 이들을 전제와 구별해 주는 표지는 부정(Negation)의 역할이다. (A)와 (B) 그리고 물론 이 둘의 결합에서 P_1의 적용 또는 단언은 각각 P_0의 부정 여부에 따른다.

2.3.2. 전제관계

전제관계를 설명하기 위해서 다음 문장을 고찰해보자.

(28) 7. Peter bedauert es, das Problem gelöst zu haben   (P_0)
(페터가 그 문제를 해결한 것을 후회한다)

8. Peter bedauert es nicht, das Problem gelöst zu haben
(페터가 그 문제를 해결한 것을 후회하지 않는다)   ($\sim P_0$)

(29)' Peter hat das Problem gelöst   (P_1)
(페터가 그 문제를 해결하였다)

여기서 화자가 P_1이 주어져 있는 것으로 간주하는 경우에만 (28.7)과 (28.8)의 화자발화가 정당하다고 볼 수 있다. 달리 말해서, P_0의 단언은 $\sim P_0$의 단언과 똑같이 P_1이 적용되는 조건에 달려 있다. 이러한 의미에서 P_1은 P_0와 $\sim P_0$에 대한 **전제**(Voraussetzung)이다. (28.7)이나 (28.8)이 옳게 발화되었다는 가정 하에서 우리는 이들로부터 P_1을 추론할 수 있다. 논리학에 대한 유추를 여기서도 계승하기 위해서 전제관계를 다음과 같이 특징지울 수 있다.

(c) $P_0 \supset P_1$
   $\sim P_0 \supset P_1$

(A), (B) 및 이 둘의 결합과는 달리 여기서는 P_0의 부정이 P_1의 추론에 영향을 주지 않는다. 이와 같이 부정에 대해 영향을 받지 않는 것이 한 문장의 전체적인 의미해석에서 하나 또는 여러 명제들이 '전제되어 있다'고 규정하는 데 대한 결정적인 표지가 된다. 문장들 중의 하나가 다른 문장의 전제를 설명하는 문장들의 결합은 잉여적(redundant)이고, 그 반면에 한 문장이 다른 문장의 전제를 분명히 부정하는 그 반대의 경우가 모순(Kontradiktion)이 되는 점에서 전제의 추론은 필수적이다.

(28.7)+(29)'

??Peter bedauert es, das Problem gelöst zu haben und er hat es gelöst. (페터가 그 문제를 해결한 것을 후회하며 그리고 그는 그 문제를 해결하였다)

(28.7)+(29)

??Peter bedauert es, das Problem gelöst zu haben und er hat es nicht gelöst. (페터가 그 문제를 해결한 것을 후회하며 그리고 그는 그 문제를 해결하지 않았다)

2.3.3. 부정

2.3.1.과 2.3.2.에서의 논의를 설명하고 검토하기 위하여 기동동사 및 Kiparsky/Bierwisch와 필자의 해석에 대한 제안으로 되돌아 가보자.

부정(Negation)에 대한 기준을 동일하게 이용해 보자. 두 구상에서 나타나는 명제(전상태: NEG(dick, Peter))가 문장부정에 대해 영향을 주지 않는 것은 이 명제가 문장 Peter wird dick에 대한 전제임을 입증한다. 이 점에서 우리는 의견이 일치한다. 그밖에 어떤 관계들이 관여되어 있으며 이들이 단언을 포함하여 제안된 명제에 분배될 수 있는 방법에 대한 결정에서는 의견이 일치하지 않는다.

Bierwisch는 다음과 같이 말하고 있다: 기동동사를 통해서 단언, 부정 또는 질문되는 것은 후상태가 아니라 후상태로의 변화(Übergang)이다. 따라서 행위시 상태(WERDEN(dick, Peter))는 단언되고 후상태(dick, Peter)는 함축되어 있다.

필자는 이러한 분할을 확정된 것으로 간주하지 않으며 이에 대한 몇 가지 이유를 제시해 보겠다.

1) 만일 독자들이 2.2.에서의 논의를 수용한다면(모든 A-동사는 그 의미에서 진행적인 지속동사, 즉 C-동사를 포함한다), 필연적으로 다른 해석이 생겨난다. 그렇다면 후상태(Nachzustand)가 단언되어 있어야 한다. 왜냐하면 후상태는 행위시에 일어나는 무제한의 진행으로부터 추론될 수 없기 때문이다. 그러나 다음과 같은 사실들의 논의로부터 도출될 수 있는 이유들 역시 동일한 결정을 유도한다. 행위시의 상태를 배열할 때 몇 가지 고려해야 할 사항이 있다.

2) 그러나 2.2.에서의 논증과정이 아직도 독자들을 확신시키지 못하고 계속해서 Kiparsky/Bierwisch의 분석에 따른다면, 이 분석은 다음과 같은 질문을 통해서 계속해서 공격을 받을 수 있다.

a) 문장 Peter wird nicht dick에서 후상태로의 변화가 정말로 부정되는가? 이 문장이 바로 행위시(Aktzeit)에 적용된다고 말하는 것은 어떤 의미가 있는가? 필자의 직관으로는 이 문장이 우선 페터가 후상태 "dick sein"에 도달하게 되는 것을 부인하며 행위시 그의 상태의 변화 여부는 결정되어 있지 않다. 아마도 (30)에 있는 두 문장이 Peter wird nicht dick에 대한 보다 명시적인 형태가 될 수 있을 것이다.

(30) Peter nimmt zwar zu (wird zwar dicker), aber dick wird er
nie sein. (페터의 체중이 점점 늘어나지만 결코 뚱뚱한 상태
로 되지는 않을 것이다)

Peter wird nicht dick, er nimmt doch nicht einmal zu. (페터
는 뚱뚱하게 되지 않을 것이며 그의 체중은 결코 늘어나지 않는다)

b) 아주 유사한 방법으로 필자는 다음 문장에서 변화상태(WERDEN
(dick, Peter))가 질문된다는 사실에 대해서는 의심이 간다.

(31) Wird Peter dick?

문장 (31)은 오히려 다음과 같이 바꿔 쓸 수 있다: Bemerkst du an
Peter eine Veränderung (nimmt Peter zu), so dass du glaubst,
dass er (bald) dick sein wird? (당신은 페터한테서 어떤 변화를
목격하여 그가 (곧) 뚱뚱한 상태가 되리라는 것을 믿는가?)

c) 특별히 행위시 사건의 보충의문문에 대한 가능한 대답들은 결국 질문
되는 행위시 상태를 의미적으로 WERDEN(dick, Peter)로 표현하는
Kiparsky/Bierwisch의 가정에 반대하고 필자의 표현인 WERDEN
(dicker, Peter)에 찬성하는 논증으로 간주될 수 있다.

(32) Wie steht es jetzt mit dem Patienten Peter? (환자인 페터의
상태는 현재 어떤가?)

그 이유는 위의 질문에 대한 적당한 대답은 (33)이 아니라 (34)가
될 수 있기 때문이다.

(33) Ach, Peter wird leider dick. (유감스럽게도 페터는 뚱뚱하게 될
    것이다)

(34) Ach, Peter nimmt leider zu. (유감스럽게도 페터의 체중이 늘
    어난다)

Ach, Peter wird leider dicker.[13] (유감스럽게도 페터는 점점
    뚱뚱해진다)

두 개념들 사이에 있는 일부의 차이점들은 개념체계에 대한, 아직도
상대적으로 완성되지 않은 상태에 기인할 수도 있다. 그래서 예컨대 두
명제가 단언과 함축(내지는 함의)의 관계에 있는지 또는 두 단언문 상호
간의 관계에 있는지를 결정하는 데 어떤 기준이 결정적인가를 확인할 수
있다. 부정은 여기서 검사기준(Testinstanz)으로서 그 가치를 상실한다.
"의미적인 독립성"이 한 문장에 대한 단언문의 집합을 가정하기 위한 하
나의 조건이 되는가? 그렇다면 이 특성을 어떻게 기술할 수 있겠는가?

Kiparsky/Kiparsky는 Bierwisch와는 달리 보다 자세한 규명 없이 단언문
집합을 가지고 처리하고 있다. 이들은 사역동사의 분석에서 다음 문장 (35)
를 잉여규칙(Redundanzregel)의 적용에 따라서 다음과 같이 연접적으로 결
합된 단언문의 집합(=문장 36)을 포함하고 있는 의미구조와 관련시킨다.

(35) Mary cleaned the room.

(36) 'Mary caused the room to become clean' *und* 'The room
    became clean'.

---

13) 이와 아주 유사하게 Was macht Peter jetzt?(페터가 지금 무엇을 하고 있는가?)라는
    질문에 대해서 Der wird Arzt(그는 의사가 될 것이다)라고 대답할 수는 없지만, Der
    studiert Medizin(그는 의학을 공부하고 있다)이라고는 대답할 수 있다. 이것은 Arzt
    werden과 (Medizin) studieren 사이의 관계와 dick werden(뚱뚱하게 된다)과 zunehmen
    (체중이 증가한다) 사이의 관계를 비교할 수 있다는 주석 10에 있는 생각에 대한 또 다
    른 논증이다.

이들에 의하면 문장의 부정에서는 드 모르간(De Morgan)의 법칙에 따라서 단언문 집합의 원소들에 대한 연접(Konjunktion)으로부터 부정된 원소들의 이접(Disjunktion)이 형성된다. 이에 따라서 문장 (37)은 (38)에 관련될 수 있다.

(37) Mary didn't clean the room.

(38) 'Mary didn't cause the room to become clean' *oder* 'the room didn't get clean.'

우리는 여기서 이 공준(公準 Postulat)에 대한 보다 자세한 고찰은 피하고 WERDEN(dicker, x)의 위상에 관한 우리의 질문에 대해서만 논의해보자.

이에 따라서 (37)의 해석은 다음과 같다.

(39) a. X didn't cause Y to become clean and Y didn't get clean.

    b. X didn't cause Y to become clean but Y get clean.

    c. X caused Y to become clean but Y didn't get clean.

이 세 문장 중에서 (39c)는 연접으로 결합된 단언문의 집합 (36)이 근거를 두고 있는 공준에 저촉된다: "(긍정적인) cause의 목적어는 그 자체가 (긍정적으로) 단언된다"(Kiparsky 1970:147). 따라서 (39c)는 (37)의 가능한 해석이 아니다.

따라서 우리는 드 모르간의 법칙을 가지고 부정의 가능한 영역을 확정할 수 없으며 두 명제는 부정에 대하여 동일한 방식으로 행동하지 않는다. 즉 배열된 표층문장이 (37)에서처럼 부정되어 있을 때 첫 번째 명제는 반드시 부정되어 있어야 하지만 두 번째 명제는 부정되어 있을 수도 있다.

2.3.장에 따라서 우리는 여기서 "함의"에 대한 조건들을 가지고 있지만, 2.3.에서는 가능한 대안으로서 "단언문의 집합"에 관해서는 아직 언급이 없었다. 우리가 항상 사용하는 용어로 결정하여 표현하면, 두 명제는 부정에 대하여 상이하게 행동한다.

이 말은 실제로 논의되고 있는 두 명제 WERDEN(dicker, Peter)와 (dick, Peter)에도 적용된다.

◇ (dick, Peter)는 위의 1)에서 단언된 후상태로서 확정되며 2a), 2b)에 의해 지지되고 표층문장을 부정할 때 부정되어 있어야 한다.

◇ (WERDEN(dicker, Peter))는 이에 반해 부정되어 있을 수도 있다. 필자가 볼 때 문장 Peter wird nicht dick의 적절한 바꿔 쓰기인 (30)이 이것을 잘 보여준다. (39)에 유추하여 올바른 형태는 다음과 같다.

(40) a. Peter wird dicker und wird nicht dick sein. (페터의 체중이 점점 늘어나지만 뚱뚱한 상태로 되지는 않을 것이다)

　　 b. Peter wird nicht dicker und wird nicht dick sein. (페터의 체중이 점점 늘지는 않으며 뚱뚱한 상태로 되지는 않을 것이다)

　　 c. Peter wird nicht dicker und er wird dick sein. (페터의 체중이 점점 늘지는 않으며 뚱뚱한 상태로 될 것이다)

여기서도 문장 (40.c)는 Peter wird nicht dick[14]에 대한 가능한 해석이

---

14) 다음 문장 안에 있는 nicht alt werden에 대한 해석의 변이형 역시 부정에 대해서 약술한 특수한 행동을 취하는 단언문 집합에 대한 가정을 인정한다.

　(i) Kluge Kinder werden nicht alt. (영리한 아이들은 나이가 들기 전에 일찍 죽는다)
　(ii) Sportler sterben zwar, aber sie werden nicht alt. (운동선수들은 죽기는 하지만 병들고 허약한 상태가 되지는 않는다)

　필자의 생각으로는 논의되는 문장들이 부정에서 - 긍정적인 비교문장에서 단언된 - 진행 "älter werden"이 부정에 관련되느냐 되지 않느냐 하는 의미에서 원칙적으로 중의

아니다.

우리가 이제 여기서 "함의"(Entailment)에 관해서 언급하든지, 아니면 두 번째의 단언문에 관해서 언급하여 - 그 결과로서 원소들이 부정에 대해 상이한 행동을 취하는 단언문의 집합을 가정하든지 하는 것은 다만 명칭상의 문제일 뿐이다. 필자는 후자를 선택한다. 그렇게 함으로써 1장에 열거된 사실들 중에서 I, II가 언어학적 기술에 통합된다. 다음 두 문장의 유사성은 의미적 등가(semantische Äquivalenz)로 설명된다.

(41) Peter wird dick. (페터가 뚱뚱해진다/뚱뚱하게 될 것이다)

Peter wird dicker und er wird (bald, schließich) dick sein. (페터가 체중이 점점 늘어서 (곧) 뚱뚱한 상태로 될 것이다)

두 문장에 하나의 공통적인 기저 의미구조가 배열된다. 이 기저 의미구조는 단언문의 집합으로서 두 가지 명제를 포함하며 이들 중에서 (41)에 있는 보다 명시적인 변이형이 직접적인 반영체(Reflexion)이다.[15]

적이다. 이제 이 두 가지 해석의 가능성이 일반 대중들의 두 가지 지혜 (i), (ii) 안에 분포되어 있다. 각각 하나의 해석만이 허용되는 점에서 의미는 분리되며 이를 통해서 두 문장은 분명해진다.

(ii)는 필자의 용어로 다음과 같이 바꿔 쓸 수 있겠다. 즉 운동선수들은 점점 나이가 들어가지만 이 진행은 각각 기준값을 초과하지 않고서 진행의 자연적인 종말을 맞는다. 기대된 후상태 "alt sein"(="kränklich und gebrechlich sein"(병들고 허약한 상태가 되다))에는 결코 도달하지 않는다. 후상태만이 부정되고 진행은 부정되지 않는다.

(i)은 이에 반해 다음과 같이 바꿔 쓸 수 있다. 즉 영리한 어린이들은 나이가 들기 전에 일찍 죽는다. 여기서는 후상태 이외에 또한 진행도 부정에 관련된다. 이러한 해석에 대한 제안이 아무리 거칠고 부정확하더라도, "진행"(Prozess)이라는 용어를 관련시키지 않고서는 두 문장에 대한 좋은 설명이 거의 불가능할 것이다.

15) 등가(Äquivalenz)에 대한 증명된 도식적인 예: "Was wird Ihr Sohn?"이라는 의문문은 유대인적인 위트에서는 - (41)의 두 번째 문장과 아주 유사하게 - 다음과 같이 형식화된다: "Herr Kommerzienrat, Ihr Sohn studiert in Wien? Was wird er sein, wenn er fertig ist?"(상업고문관님, 아드님이 빈에서 공부하고 있다고요? 그가 학업을 마치면 무엇이 됩니까?)(다만 핵심적인 내용과 관련하여: "Ich fürchte, ein alter Jud."(나도 격정이요)). studieren : 명사＋sein의 관계에 대해서는 주석 10과 13을 비교하기 바람.

3. B-동사(=시동동사)

3.0. 이제 필자는 대표자로서 dick werden이 자세히 논의된 한 집단의 동사들을 분석에서 '기동동사'의 범주에 포함되어 있는 다른 집단의 동사들과 대조시킨다. 이 다른 집단의 동사, 즉 B-동사라고 일컫는 동사들에 대한 예는 다음과 같다.

erkranken   = krank werden (병이 나다)
verstummen   = stumm werden (침묵하다)
aufwachen   = wach werden (잠깨다)
sich beleben = lebendig werden (소생하다)
sich bräunen = braun werden (갈색으로 변하다)
zerbrechen (부서지다)
eintreten (들어가다)
abfahren (출발하다)
losgehen (출발하다)
abflicgcn (출발하다)
aufhorchen (경청하다)
anheben (zu sprechen) ((말하기) 시작하다)
erblühen (피기 시작하다)
jemanden liebgewinnen (누구를 좋아하게 되다)

A-동사에서처럼 여기서도 두 가지 어휘화변형, 즉 동사 또는 형용사

+werden이 있는데, 이들 중에서 일부는 둘 다 실현되고 일부는 각각 하나의 변이형만이 실현된다(0.1. 참조). A-동사와 B-동사 사이의 이러한 공통점이 틀림없이 하나의 통일적인 기술로 유도할 것이다. 그밖에 또한 차이점을 간과해서는 안 되는 두 집단 사이의 밀접한 관계 때문에 B-동사가 A-동사와 계속적으로 비교·분석된다.

3.1. 몇 가지 중요한 차이점

1. 2.2장에서 A-동사를 위해 설정된 정보의 사용에서 상태표현 (42)는 두 가지 상태를 포함한다고 말할 수 있다.

(42) Peter wird krank. (페터가 병이 나다)

a) "후"에 배열될 수 있는 하나의 상태가 "Peter ist krank"의 의미를 통해서 파악된다.
b) 처음의 상태에 대해 상보적인 위치에 있고 "전"에 배열되어 있는 다른 상태가 "Peter ist nicht krank"의 의미를 갖는다.

그러나 A-동사와는 달리 krank werden은 세 번째 동사로서 "kränker +werden"을 포함하지 않는다. 다시 한 번 1장의 사실들에 대한 목록을 살펴보자. 형용사+werden의 원급형태와 비교급형태 사이에 있는 상이한 관계는 III.과 IV.에서 두 대표적인 형용사 dick과 krank의 예문에서 설명되어 있다. dick werden의 진행적인 성분으로서의 "dicker werden"이 krank werden에서는 어떤 대응물도 갖지 않는다면(필연적으로 "kränker werden"이 되는 것은 아니다), 그것은 다음을 의미한다: krank werden은 진행적인 것은 아무 것도 포함하지 않으며 여기서 중요한 것은 오로지 상보적으로 배열된 두 상태뿐이다.

A-동사와 B-동사 사이에 있는 이러한 중요한 차이는 두 가지 상이한 기본개념으로 소급될 수 있다.

2. A-동사는 연속체(Kontinuum)의 개념에 바탕을 두고 있다. 즉 A-동사는 한 과정(Vorgang)을 개체에 의해 진술된 속성이 그 강도에서 증가하는 하나의 연속적인 진행(Prozess)으로 표현한다(2.1.에서 "체격"이 명시적으로 언급된 목표 "dick"에 이르기까지 기본척도에 따른 값의 증가로 예시된다. 도식 (c) 참조). 그리고 강도(=값)가 정의된 규범을 초과하지 않는 상태에서 출발하여 상태의 연속체를 거쳐서 속성의 강도가 규범을 초과한 상태로 끝난다. 따라서 모든 A-동사는 생각할 수 있는 진행의 (상대적인) 종단점을 표현하는 하나의 형용사를 포함한다. 2.1.과 2.2.에서의 보다 자세한 기술을 참조하기 바란다.

이에 반해서 B-동사는 두 가지 **불연속적**(diskontinuierlich)으로 배열된 상태의 개념에 바탕을 두고 있다.

3. 이 상태의 특성은 다음과 같다. 즉 이들은 A-동사처럼 역(konträr)의 반의어 쌍(groß(큰) → nicht klein(작지 않은), klein(작은) → nicht groß(크지 않은))으로 표현되지 않고, **모순적**(kontradiktorisch)인 반의어 쌍(krank(병든) ↔ nicht gesund(건강하지 않은), gesund(건강한) ↔ nicht krank(병들지 않은))으로 표현된다. 이것은 물론 반의어 형용사가 존재하는 경우에만 적용된다. 모든 형용사가 다 쌍으로 배열될 수 있는 것은 아니다. 첫 번째 경우에서 관계를 역으로 표현할 수 없는 것은 부정된 성분에 포함되어 있는 평균값(Durchschnittswert: D)의 존재에 기인한다(nicht klein = groß oder D). 모든 A-동사와 이들 안에 포함된 형용사

(=A-형용사)는 반의어로 표현된 양 최대값 사이에 놓여 있는 중간값 (Mittelwert)에 관련되어 있다. D는 양 최대값의 어느 것도 적용되지 않는 표지로 바꿔 쓸 수 있지만(Peter ist weder klein noch groß(페터는 크지도 않고 작지도 않다) = Er ist durchschnittlich(그는 평균 키다)), (2.1. 의 도식 (b)에서처럼) 척도와 관련하여 0에서 시작하여 그 값이 점점 증가하는 동일한 기본척도(Grundabmessung)가 항상 문제된다.

B-동사와 B-형용사에서는 이와 다르다. 여기서는 한 형용사와 그 형용사의 부정된 반의어 사이에 등가관계가 있으며 이들의 영역은 일치한다. 평균값이 없으며 모든 형용사는 다만 그 반의어와 관련해서만 0에서 시작하지 않고 양 방향으로 무제한적인 단계로 이동해 갈 수 있다. 영점 (Nullpunkt)을 통해서 비교될 수 있는 표지는 반의어로 표현된 상태들 사이의 경계표지이다(Doherty 1970:II-4). 따라서 A-형용사의 도식 (b)가 B-형용사의 도식 (f)에 해당한다.[16]

(f)   gesund   krank
—————————————————+—————————————————
    nicht krank   nicht gesund

도식이 시간적인 차원에 투사되면 (f)의 표지 좌우에 있는 형용사는 오차의 허용범위(Toleranzbereich)를 표현한다. 이 허용범위 내에는 각각 하나의 상태가 지배하며 한 상태(예컨대 gesund)의 끝은 이 상태에 대해 모순적으로 정의된 다른 상태(여기서 krank)의 시작과 일치한다.

---

16) 개념쌍 "역/모순"(konträr/kontradikorisch)으로 표현된 구별은 본질적인 관점에서 개념쌍 "관계형용사/절대형용사"가 지칭하는 구별과 일치한다. Leisi(1953)는 구별기준으로서 비교변화 가능성/불가능성 및 기준값 관계/무관계를 사용하였다. Doherty(1970)는 반의어 형용사의 비교급에 관한 주제와 관련하여 변화(Modifikation)를 구별에 도입하고 있다. 따라서 개개 형용사를 두 범주로 평가하여 할당할 경우에 - 적어도 우리의 관계에서는 - 원칙에 결정적이 아닌 구별들이 나타난다. 3.4.에서 필자는 개념형성에 대해 다시 한 번 논의할 것이다.

(43) Wer nicht mehr gesund ist, ist krank. (더 이상 건강하지 않은
   사람은 병든 사람이다)

여기서도 "변화상태"(Übergangszustand)에 관해서는 과정의 형태로 전
혀 언급되지 않는다.

4. 여기서 약술한 기술이 자동적으로 실제(faktisch)의 과정과 동일시
될 수는 없다는 사실을 강조하는 것이 중요하다. 실제로 한 상태에서 다
른 상태로의 변화가 B-동사에서도 어느 정도 시간적인 연장을 가질 수
있지만,17) 다만 이 연장이 A-동사에서처럼 필수적인 것도 아니고 또한
언어적인 연관성을 요구하는 것도 아니다.

두 동사부류에서는 한 상태에서 다른 상태로의 변화에 대한 실제적인
지속이 언어적인 연관성이 아니라 두 개념에서 명백하게 되는 상이한 관
점(Sichtweise)을 요구한다.

5. A-동사에 대한 연속체의 개념이 말하는 것은 언어적으로 하나의
진행(기준값을 아직 초과하지 않은 속성의 강도 증가)과 - 그 한계값 및
결과(기준값의 초과)로서 - 후상태가 포함되어 있다는 것이다.

B-동사에 대한 개념이 말하는 것은 상태변화(Zustandswechsel)가 불
연속적인 방법으로 일어나서 교체상태가 적용되기 시작한다는, 즉 통용
(gültig)된다는 것이나. 이 상태와 - 교체상태로서 - 이전에 통용된 상보

---

17) 시간적인 연장이 경우에 따라서는 A-동사에서보다는 오히려 B-동사에서 더 길어질
   수도 있다.
   (i) Peter *knipste* das Licht *aus*. Es wurde dunkel im Zimmer. (A-동사)
      (페터가 전기 스위치를 껐다. 방안이 어두워졌다)
   (ii) Die mächtige Eiche *fiel* durch den Sturm krachend zu Boden. (B-동사)
      (거대한 참나무가 폭풍우에 쿵하고 소리를 내면서 땅바닥으로 쓰러졌다)

적인 상태만이 언어적으로 관련되어 있다.

6. 따라서 B-동사에서는 형용사에서 언급된 상태가 진행적인 변화상태에 대한 결과가 아니라 방금 일어난 변화에 대한 결과이다. 즉 상태 (Zustand)는 시작되며(beginnen) 여러 가지 성질을 가질 수 있다. 다음 문장 안에 있는 "schweigen"(침묵하다)처럼 동형(gleichförmig)의 상태가 시작될 수 있다.

(44) Peter verstummte. (페터는 침묵하였다)

우리가 하나의 가능한 해석에서 sprechen과 schweigen을 반의어 쌍으로 간주한다면, 한 개체의 상태를 "말하는"(sprechend) 것으로 결정하는 징후가 없는 것은 이미 반대의 결정이 적용된다는 것을 의미한다. 그러나 진행(Prozess)도 역시 시작될 수 있다. 예컨대 krank werden은 질병의 징후에 대한 증대도 역시 포함한다. 중요한 것은 여기서도 예 (44)에서와 동일한 것이 적용된다는 것이다. 즉 우리가 gesund sein을 "질병이 없음"(Abwesenheit von Krankheit)으로 바꿔 쓰면, 이 상태에서의 첫 번째 변화가 의미하는 것은 이미 "krank sein"의 결정을 정당화시켜 주는 징후가 존재한다는 것이다. 기준값이 없다는 것은 - 상태의 징후가 최소한으로 형성되어 있든지 또는 최대한으로 형성되어 있든지 간에 - 상태가 완전히 통용되는 허용범위 내에 이미 상태의 시작이 있다는 것을 의미한다.

7. A-동사는 명시적으로 언급된 목표상태 때문에 우측제한적(rechts-begrenzt)인 진행동사로 일컬어졌다. 진행의 시작, 즉 좌측제한은 표지되지 않는다(도식 (c) 참조).

이에 반해 B-동사에서는 오히려 좌측제한(Links-Begrenzung)에 관해서 말할 수 있는데, 좌측제한은 이전상태의 교체를 초래한 속성들의 변화를 통해서 형성된 제한이다. 여기서 우측제한은 결정되어 있지 않거나 표지되어 있지 않다. 왜냐하면 강도의 증가 역시 항상 속성을 통해 결정되는 영역의 내부(innerhalb)에 있기 때문이다.

경계(Grenze)는 A-동사와 B-동사에서 동일한 위상을 갖지 않는다. A-동사에서 우리는 기본척도에 대한 값의 꾸준한 증가를 통해서 도달되는 한 상태로 향한 소위 유동적인 변화에 관해서 말할 수 있다. 한 값에서 다음의 차상위 값으로 향하는 모든 동질의 변화들 중에서 하나의 변화가 한 상태, 즉 목표로 하는 후상태가 되는 바로 그 변화로서 부각되어 있다(여기서 질적인 도약이 일어난다!).

B-동사에서는 기본척도에 대한 값의 꾸준한 증가를 통해서 변화가 일어나는 것이 아니다. 변화는 갑작스레 일어나며 불연속적이고 명백한 중간휴지를 통해서 인지될 수 있다.

8. A-동사에서처럼 B-동사로 명명되는 과정에도 상대적인 시간배열이 부과될 수 있다. 그렇게 함으로써 참여하는 두 상태가 개념 쌍 "전/후"에 배열될 수 있다. 따라서 도식 (d)에 유추하여 B-동사에서도 3차원의 상호배열이 생겨난다.

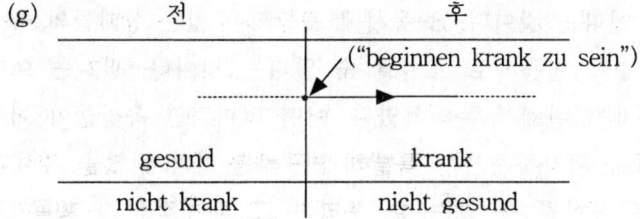

상태가 형용사로 표현되는 경우 werden이 기술된 상태변화에 대한 표층실현이 된다.

지금까지의 논의를 바탕으로 "후"에 적용되는 상태(내지는 과정)가 단언(Behauptung) 안에는 적어도 포함되어 있으며, 이에 반해 "전"에 적용되는 상태는 전제된다는 사실이 상당히 분명해졌다.

9. 지속적으로 사용되는 기술방법인 "상태의 시작"은 발화내용(das Gemeinte)에 관해 아직 확정되지 않은 형식적인 표현형태에 대한 빈약한 대용물로서만 이해될 수 있다. 여기서 적절한 기술방법에 도달하기 위해서는 깊이 있는 고려가 요구된다. 필자는 3.2.에서 본론에서 벗어나 간단히 논의함으로써 다음과 같은 종류의 결정에 대한 전 단계에 머물러 있겠다: BEGINN, WECHSEL 또는 제3의 술어가 WERDEN과 같은 원소술어인가?

비록 beginnen(시작하다)이 이러한 술어의 직접적인 어휘화가 아니라고 하더라도, 이 동사가 어떤 경우에서도 분석에 포함되어야 한다는 주장에 대해서 필자는 여기서와 1장의 V, VI 그리고 주석 8에서 논증들을 충분히 제시했다고 믿는다.

10. 지금까지의 논의에서 추론할 수 있는 것은 A-동사와 B-동사 사이의 구별에 대한 원래의 근원(Wurzel)은 각각 결과로서 생겨나는 상태들의 차이에 놓여 있다는 것이다. B-동사에 포함되어 있는 상태들의 특성은 이들의 상당수가 형용사로 표현될 수 없다는 것이다. 필자는 이미 0.1.4.에서 이 문제에 관해서 논의하였다. 어떤 의미적인 속성들이 어떤 통사적인 범주들을 제약하는가는 특별히 연구해볼 가치가 있을 것이다. 상태가 형용사로 표현될 수 있는 한, 우리는 그 차이점을 A-형용사와 B-형용사의 의미구성에서 찾아야 한다.

아직도 해석이 요구되는 몇 가지 매개변인(Parameter)을 언급하면 다음과 같다.

◇ A-형용사에서 중간값 D의 관계, B-형용사에서는 그런 관계가 없음
◇ 오직 A-형용사에 대해서만 조건으로서 비교변화 가능성
◇ A-형용사에서 반의어 쌍의 성분들 사이에 있는 역의 관계, B-형용사에서의 모순관계

공간적인 기본척도를 표현하며 이로써 비교할 수 있는 범위(또는 속성)를 표현하는 A-형용사에 대한 원형(Prototyp)을 제공하는 그러한 형용사들에서 해석을 시작할 수 있을 것이다.

3.2. 동사 beginnen

B-동사를 다른 측면에서 고찰하기 위하여 우리는 잠정적으로 beginnen +보충어(Complement)의 의미분석을 시도해 보자.

일단 원소적인 의미술어가 있다고 가정해 보면 기술은 다음의 성분을 포함할 것이다.

beginnen은 (2.3.1.에 따라서) 'if-and-only-if' 동사이다. 한 상태가 시작된다고 하는 단언은 이 상태도 역시 지속된다는 것을 함축한다. 그 상태가 시작되지 않는다고 하는 단언은 - 비강세적인 강조에서 - 그 상태도 역시 지속되지 않는다는 것을 함축한다. 그러나 두 경우에서 그 상태가 "전"에는 지속되지 않았다는 것이 전제된다. 다음 문장의 쌍 (45)의 분석은 (46)과 같을 것이다.

(45) Peter wird krank. (페터가 병이 나다)

　　Peter beginnt krank zu sein. (페터가 아프기 시작하다)

(46) A(단언) : BEGINN (krank, x)

　　I(함축) : krank, x

　　P(전제) : "vorher" : NEG(krank, x)

3.1.에서 언급한 B-동사의 특성을 이번에는 beginnen+보충어의 관점에서 다시 한 번 검토해 보자.

1. 분석 (46)이 보이는 바와 같이 두 상보적(komplementär)인 상태가 의미 안에 포함되었다. 이에 반해 "진행"(Prozess)과 같은 개념들은 관여하지 않는다.

2. beginnen+보충어는 분명히 한 상태(NEG(S))에서 다른 상태(S)로 불연속적인 변화의 개념에 근거한다.

(47) Peter beginnt zu essen. (Er aß vorher nicht.)

　　(페터가 먹기 시작한다) (그가 이전에는 먹지 않았다)

3. 관련된 상태는 상호 모순관계에 있다(어휘화로서 반의어 쌍이 있든지 없든지 상관없이). (47)에는 "먹지 않은"(Nichtessen) 상태와 "먹은"(Essen) 상태가 존재한다.

4. 3.1.의 4, 5, 6에서 진행된 논증은 이미 직접적으로 "BEGINN"의 개념을 가지고 실시하였기 때문에, 여기서 B-동사와 beginnen+보충어 사이의 일치는 자명하다.

5. 우측제한이 동시에 표지되어 있지 않을 때, B-동사에서 언급된 상태에 관해 7.에서 확정된 좌측표지는 동사 beginnen에서도 정확히 적용된다. 이것은 즉시 분명해질 것이다.

6. 결국은 3.1.의 8.도 역시 동사 beginnen에 적용된다. "시작된" 상태나 과정에 대해 "전"에 적용되는 상태로서 그것에 모순적인 상태가 대립된다. 따라서 도식 (g)는 다음 (48)에서와 똑같이 문장 (47)에서도 적용된다.

(48) Peter begann zu wachsen. (페터가 성장하기 시작했다)

한 상태나 진행 역시 시작될 수 있다. 그러나 모든 경우에서 하나의 상태가 전제되어 있다: "후"에 적용되는 상태의 부정으로서 정의되어 있는 상태((47)에 대해서: Peter hat vorher nicht gegessen(페터가 전에는 먹지 않았다)) 또는 "후"에 적용되는 진행의 부정으로서 정의되어 있는 상태((48)에 대해서: Peter wuchs vorher nicht(페터가 전에는 성장하지 않았다)).18)

---

18) 물론 "전"에 적용되는 진행이 한 상태에 의해 교체되는 전환도 역시 존재한다. 일반적으로 이런 상황은 반의어 beginnen, aufhören을 통해서 표현된다.

(i) Peter hört auf zu wachsen. (페터는 성장하기를 멈춘다)
   (P: Peter wuchs vorher, I: Peter wächst jetzt nicht mehr)
   (전제: 페터가 전에는 성장했다. 함축: 페터가 지금은 더 이상 성장하지 않는다)
원칙적으로 두 반의어 사이에는 대략 다음과 같은 종류의 등가관계를 설정할 수 있다.

Peter beginnt zu schweigen - Peter hört auf zu reden
(페터는 침묵하기 시작한다) - (페터는 말하기를 멈춘다)
Peter beginnt zu schlafen   - Peter hört auf wach zu sein
(페터는 잠자기 시작한다)   - (페터는 깨어있는 상태를 멈춘다)

두 변함 없는 과정(Vorgang)이 서로 교체되는 한, 두 반의어 중에서 어느 것이나 동사화에서 어려움 없이 선택될 수 있다. 그러나 변함 없는 상태를 진행으로 교체하고,

3.3. 동사 beginnen의 보충어

다른 의미적인 이유에서 beginnen과 결합할 수 없는 kosten(비용이 들다), ragen(높이 솟다) 따위와 같은 동사들을 무시하면(주석6 참조), beginnen과 함께 하나의 구조를 형성하는 동사는 하나의 중요한 조건을 충족시켜야 한다. 즉 beginnen은 시간적인 연장(Ausdehnung)을 갖는 하나의 과정을 표현해야 한다. 이러한 이유로 해서 다음 예와 같이 소위 순간동사(Momentanverb)가 beginnen의 보충어로 올 수는 없다.

(49) *Peter begann aufzuschreien.

시간적인 연장이 결합가능성에 대한 필요조건은 되지만 충분조건은 아니다. 그밖에 표현된 과정은 그 시작(Anfang)과 관련하여 표지되어 있어서는 안 된다. aufschreien(소리치기 시작하다)에서는 전적으로 시간을 요구하는 하나의 과정을 표현하는 aufhorchen(경청하기 시작하다)과 똑같이 시작이 표지되어 있다. beginnen 자체는 시작, 즉 보충어에서 언급된 시간적으로 연장된 과정의 시작에 대한 표지를 갖는 동사의 순수한 어휘화이다. 시작을 표지하는 동사와 beginnen과의 결합은 허용되지 않는 동의어 반복(Tautologie)을 포함한다.

진행을 변함 없는 상태로 교체하는 것은 각각 단지 하나의 동사화만을 허용한다. 즉 첫 번째 경우에서는 beginnen만으로, 두 번째 경우에서는 aufhören만으로 동사화된다.

(ii) Peter begann, sich zu nähern. (페터가 접근하기 시작했다)
　　*Peter hörte auf, sich nicht zu nähern.
(iii) Peter hörte auf, zuzunehmen. (페터의 체중 증가가 멈추었다)
　　*Peter begann, nicht zuzunehmen.

(50) *Peter begann mit dem Essen zu beginnen.
    *Peter begann aufzuhorchen.

이미 시작이 표지된 과정에서는 시작점이 다시 한 번 표현될 수 없다. 동사 aufhorchen은 전적으로 이 관계에 적합하며, 다른 한편으로는 aufhorchen이 진정한 B-동사이다. 필자는 다시 한 번 이러한 사실들을 다음과 같이 분류한다.

(51) $\underline{\text{beginnen}} + \begin{cases} \text{동사} \\ \text{형용사} + \underline{\text{sein}} \end{cases}$

(보기에서는 A-동사나 B-동사의 구성성분이 될 수 있는 그러한 형용사들만이 문제가 될 수 있다. A-동사와 B-동사에 유추하여 구성구조 (Konfiguration)에서는 – 모든 경우에 다 실현될 수는 없는 – 어휘화 변이형인 표층동사가 있다. 우리가 추구하는 목표를 위해서 이 두 변이형 사이에 있는 의미차이는 무시될 수 있다.)

a) *Peter beginnt groß/dick/alt zu sein.
   *Die Lage beginnt normal zu sein.

b)
   $^?$Peter beginnt $\begin{cases} \text{krank} \\ \text{stumm} \\ \text{nass} \\ \text{wach} \end{cases}$ zu sein.

   = ... zu kränkeln
   = ... zu schweigen

   = ... zu schlafen
   = ... zu horchen
   = ... zu blühen

(52) <u>beginnen</u> + $\left\{\begin{array}{l}\text{동사} \\ \text{형용사} + \underline{\text{werden}}\end{array}\right.$

a) Peter beginnt groß/dick/alt zu werden.   = ... zu altern

    Die Lage beginnt normal zu werden.   = zu normalisieren

b) *Peter beginnt $\left\{\begin{array}{l}\text{krank} \\ \text{stumm} \\ \text{nass} \\ \text{wach}\end{array}\right\}$ zu werden.

    *zu erkranken

    *zu verstummen

    *zu erwachen

    *einzuschlafen

    *aufzuhorchen

    *zu erblühen

    *einzutreten

이 분류로부터 다음과 같은 원칙을 추론할 수 있다.

◇ 구성구조 (51)은 A-형용사에서는 불가능하지만, B-형용사에서는 가
능하고 B-형용사+sein에 해당하는 지속동사에서는 전적으로 옳다.

◇ 구성구조 (52)는 A-형용사와 A-동사에서는 가능하지만, B-형용사
와 B-동사에서는 불가능하다.

A-부류와 B-부류는 다시 한 번 대립적인 방식으로 행동한다. A-동사,
B-동사 및 beginnen에서는 전제된 명제들이 "후"(nachher)에 적용되는
부정(Negation)이지만, 바로 부정의 해석이 중요하다. 여기서 지금까지
언급한 차이들은 분류 (52)에 있는 개별적인 결합들이 왜 진술된 문법적
인 평가를 받아야 하는지를 명백히 해준다. 따라서 이 평가는 진술된 것

에 대한 일종의 엄밀한 검사로 이해할 수 있다.

A-부류(A-Klasse) :
형용사의 부정이 명명하는 상보적인 영역이 해당 반의어(Antonym)와 중간값(Mittelwert)이 포착하는 영역과 등가이면 이것은 A-형용사이다. 그렇다면 이것은 다음과 같다.

1. 연결부분으로서 최대값으로서 파악될 수 있는 두 반의어를 연속적으로 상호 결합하는 공집합이 아닌 변화단계(Übergangsphase)에 대한 가능성이 주어진다. 두 최대값이 동일한 토대에 근거하며 범위에서만 차이가 난다는 사실을 명심해야 한다. 이러한 이유에서 A-형용사는 "잠재적으로 진행적"이다. 이로부터 다음과 같은 결론이 나온다.

2. 개별 상태들 사이에 명확한 중간휴지(Zäsur)가 삽입될 수 없으며, 중간휴지의 반대편(jenseits)에서 질적으로 어떤 대립적인 것이 시작된다. 상태 "dick sein"의 시작은 바로 앞에 놓여 있는 아주 유사한 하나의 상태를 전제로 한다.

B-부류(B-Klasse) :
그러나 부정된 형용사가 명명하는 상보적(komplementär)인 영역이 이 형용사의 반의어와 등가이면 다음이 성립한다.

1. 반의어 사이에는 두 최대값 사이의 변화에 대처할 수 있는 제3의 자질은 아무 것도 없다. 다음 사항은 두 상태의 불연속적인 순서와 관계가 있다.

2. 두 상태 사이에 명확한 중간휴지를 삽입할 수 있다.

이것을 (52)의 구성구조가 지배를 받고 있는 조건과 비교해 보자.
beginnen+보충어는 B-동사에서처럼 모순적으로 대립되는 전상태를
전제로 하고, 명백한 중간휴지가 있는 새로운 상태로의 변화가 급작스레
일어나는 것을 포함한다.

(51)에 대한 보충: $\underline{\text{beginnen}} + \begin{cases} \text{동사} \\ \text{형용사} + \underline{\text{sein}} \end{cases}$

a) 증명된 바와 같이 A-형용사에 의해서는 조건들이 충족되지 않는다.
b) 이에 반해 B-형용사에 의해서는 조건들이 정확히 충족된다.

(51)의 a)의 평가뿐 아니라 b)의 평가에 대해서도 쉽게 의혹이 제기될
수 있어서 b)의 몇몇 문장은 a)의 문장 못지 않게 변칙적인 것으로 느껴
진다. 이와 반대로 분명히 A-동사를 포함하고 있는 다음 문장들은 전적
으로 옳은 문장들이다.

(53) An den Hüften begann Sieglinde dick zu sein.
(지크린데는 히프에 살이 붙기 시작했다)
In Adorf beginnt der Fluss tief zu sein.
(그 강은 아도르프에서 깊어지기 시작한다)

다만 (53)의 beginnen은 논의되고 있는 모든 다른 문장들에서와는 다
른 기능을 갖는다. 일차적으로는 이 동사가 시간적인 차원을 갖지만, 이
차적으로는 이 동사가 장소의 기능을 가질 수 있다. 예컨대 우리는 특정

한 속성을 찾으려고 어떤 공간적인 범위를 갖는 대상을 훑어보고 이 속성을 특정한 시점부터 발견한다. 그러면 우리는 이 속성이 이 시점부터 적용되기 "시작한다"고 말할 수 있다. 이 경우 대상은 순수하게 정태적으로 고찰되고 속성의 전개가 시간차원에서는 무시된다.[19]

(51b)의 beginnen＋형용사＋sein의 구성은 언급된 조건을 충족시키지만 의문부호가 기입되어 있다. 여기서 다시 의미에 관한 통사적인 (또는 어휘적인) 일탈(Abweichung)과 의미적인 일탈 사이의 구별이 있다. 동사＋werden의 비양립성과 유사하게(동사쌍 비교 : erblühen : *blühen werden), 여기서는 동사 beginnen과 sein 사이의 통사적인(어휘적인) 비양립성(Unverträglichkeit)이 있다고 필자는 믿는다. 이에 반해 (51a)의 구성은 추가적으로 또한 의미적인 일탈도 포함한다. 왜냐하면 이 구성은 조건들(모순적인 전상태, 급작스런 상태변화)을 충족시키지 못하기 때문이다.

(51b)의 모든 상태기술이 beginnen과 의미적으로 양립할 수 있다는 바로 그 사실이 정확한 어휘화 변이형을 보여준다(예컨대 ?Peter beginnt krank zu sein; Peter beginnt zu kränkeln(페터가 아프기 시작한다); 문장의 명사화인 der Beginn seines Krankseins(그의 병의 시작)).

(52)에 대한 보충: beginnen＋$\left\{ \begin{array}{l} \text{동사} \\ \text{형용사＋\underline{werden}} \end{array} \right.$

a) beginnen과 결합되어 있는 조건들은 A-동사에 의해 충족된다. 우측 제한적인 과정인 "dick werden"의 시작은 이 과정을 바로 부정하는 직전에 있는 하나의 상태를 전제로 한다.

---

19) 소위 관찰자의 관점을 포함한 시간적인 차원과 공간적인 차원 사이의 유사한 관계가 순수한 부사에서 제시될 수 있다. Steinitz(1969 : 161ff.)에서는 vorn : hinten과 같은 쌍에 대한 기술이 시도되었다.

b) B-동사에서도 우리는 우선 동일한 것을 말하고 싶은 강한 유혹을 느낄 수 있다. 하지만 (52)의 a)와 b)의 문장들에 대한 명백히 상이한 평가는 지금까지 다루어 온 두 동사부류 사이의 차이점에 대한 또 다른 지지가 된다. B-동사에서는 모든 경우에서 좌측 제한적인 동사와 관련이 있다. 우리가 이제 제한을 의미상 동사에서 언급된 상태의 "시작"으로서 전체의 해석 안으로 통합하느냐 하지 않느냐에 따라서, B-동사와 beginnen의 비양립성에 대한 두 가지 명백한 설명이 있다.

1. 두 문장 Peter verstummte와 Peter begann zu schweigen이 의미상 동일한 것으로 간주된다면, B-동사의 의미기술에 술어 BEGINN이 포함되어 있다. 그렇다면 beginnen 자체가 두 번 올 수 없는 것처럼, 동일한 종류의 어떤 두 번째 술어도 추가되어서는 안 된다. 이 경우에서는 Peter begann zu schweigen beginnen이 부적당한 것과 동일한 이유에서 Peter begann zu verstummen도 부적당하다.

2. BEGINN이 B-동사의 의미에 직접 포함되어 있지 않으면, 즉 verstummen과 zu schweigen beginnen이 동일한 사태를 기술하지만 의미상 동일하지 않다면, 동사 beginnen과의 비양립성은 순간동사(Momentanverb)의 비양립성에 유추하여 기술될 수 있다. (3.3. 참조). 과정의 시작은 이미 (함축적으로) 좌측표지를 통해서 표시되어 있으며 다시 한 번의 명시적인 진술은 배제된다(예문 (49), (50) 비교).[20]

---

20) 1971년 3월 4일자 "Neues Deutschland"지에 실린 다음과 같은 올바른 문장은 aufhorchen의 선택에 대한 반박이 아니다.

(i) Der Prolet im Waffenrock begann aufzuhorchen. (유니폼을 입은 프롤레타리아들은 경청하기 시작했다)

두 동사부류가 allmählich(점점) 및 다른 부사들과의 결합가능성에서 상이한 것은 위와 동일한 경향을 보여준다. 1장의 VII.에서 차이점이 언급되었으므로 필자는 이에 대해 많은 것을 첨부할 필요성을 느끼지 않는다. allmählich는 어떤 상태에 관련되어 있으며 그 상태가 어느 정도의 시간이 지난 후에는 도달되리라는 것을 의미한다. allmählich는 A-동사와는 무제한적으로 결합하고, B-동사와는 다만 추가적인 조건 하에서만 결합할 수 있다.

문장 Peter wird allmählich dick(페터는 점점 뚱뚱하게 될 것이다)에서 목표상태 "dick sein"이 적용되는 시점(Zeitpunkt)은 늦추어지며 거기로 향하는 진행은 그 시간적인 척도에서 연장된다.

이에 반해 약간 변칙적인 문장 Peter wurde allmählich krank에서의 allmählich는 상태변화 그 자체가 아니라 상태변화까지의 시간을 연장한다. 다음 문장 (54)에 대한 분명한 바꿔쓰기는 문장 (55)이다.

(54) Wir gehen *allmählich* weg.
(55) Wir treffen jetzt Vorbereitungen, so dass die Zeit des Aufbruchs

---

이 경우에서 단수명사는 한 개인이 아니라 다수의 개인을 지시하며 동사 beginnen은 그 해석에서 추가적으로 변화한다. 그 자체 한 번의 과정을 기술하는 동사 aufhorchen은 복수 주어에서는 분포적으로 해석될 수 있다. 즉 여러 지시체가 동시에 경청하기 시작하는 것은 아니다. 문장 (i)은 이를테면 다음과 같이 기술될 수 있다.

(ii) Die Proleten im Waffenrock horchten einer nach dem anderen auf (die Zahl der Aufmerksamen nahm zu). (유니폼을 입은 프롤레타리아들은 하나 둘씩 경청하기 시작했다 (주의를 기울이는 사람들의 숫자가 증가하였다))

여기서는 단 한 번의 과정 대신에 시간차원에서 다양한 시작점을 가지고 있는 등종의 과정들의 연속체가 온다. 이를 통해서 전체 사건은 beginnen과의 결합가능성에 대한 조건들 중의 하나인 시간적인 연장을 얻게 된다.

이와 동일한 것이 복수 주어를 가지고 있는 다른 B-동사에서도 적용된다. 이 문장이 단수 주어를 취하면 틀린 문장이 된다.

(iii) Die Delegationen begannen abzufahren. (대표단원들이 출발하기 시작했다)

heranrückt. (우리가 지금 준비를 하고 있으며 출발시간이 곧 다
가온다)

이와 동일한 정도로 변칙적인 다음 문장에 대해서도 똑같은 것을 말할
수 있다.

(56) Peter begann *allmählich* zu essen.

여기서 부사는 다시 과정 "essen"의 시간이 아니라, 이 과정의 시작까
지의 시간, 즉 전상태 "nicht essen"의 종결까지의 시간을 연장한다.

우리는 allmählich를 다른 부사들, 예컨대 우리가 동일한 목록에 삽입
하고 싶은 강한 유혹을 느끼는 langsam(천천히), schnell(빨리), hitzig(조
급한)와 같은 부사들과 비교할 수는 없다. 이러한 부사들에서는 과정이
요구하는 시간연장의 변화가 문제되는 것이 아니라 이 과정 자체의 변화
가 문제된다. 페터는 천천히 또는 빨리 방으로 들어갈 수 있으며, 그것은
첫 걸음을 내딛는 시간이 아니라 다만 페터의 독특한 걸음걸이와만 관련
된다. 다음 문장들을 비교하기 바란다.

(57) Peter trat *langsam* ein. (페터는 천천히 안으로 들어갔다)
   Peter trat *langsamen Schrittes* ein. (페터는 느린 걸음걸이로 안
   으로 들어갔다)
   *Peter trat allmählichen Schrittes ein.

이로써 우리는 A-동사와 대조해서 구성구조 beginnen+보충어와 B-
동사와의, 가능한 한 상호 밀접하게 연관된 분석을 위한 또 다른 - 비록
간소하지만 - 논증을 가지고 있다.

따라서 몇 가지 사실들이 여기서 진정한 의역관계(Paraphrasenbeziehung)를 주장하는 것을 인정할 것이다. 3.2.의 서두에 있는 beginnen +보충어에 대한 의미기술 (46)을 참조하기 바란다. 이러한 종류의 의미 분석은 동사 werden의 상이한 의미표현에 대한 "결점"을 초래할지도 모른다. 동사 werden은 4.3.에서 다시 한 번 자세히 논의될 것이다.

3.4. B-동사의 반의어 쌍의 특수성

주석 16에서 개념 쌍 "역/모순", "관계형용사/절대형용사" 사이의 광범 위한 일치가 확정된다. 그러나 쌍이 등가이기 때문에 그것을 자유로이 교체할 수 있는 것으로 간주한다면 그것은 성급한 일이 될 것이다. 관계 형용사+werden은 모든 경우에서 A-동사이지만, 절대형용사에서는 특정한 반의어가 상호 대립되는 즉시 그것은 보다 복잡하게 나타난다.

예: krank werden : gesund werden

첫 번째 동사는 충분히 기술되었다. 형용사 krank는 하나의 진행 ("kränker werden")이 일어날 수 있는 허용범위를 진술하고, 그 과정은 좌측 제한적이며 우측으로는 무제한적이다(3.1.의 도식 (g) 참조). 두 번째 동사는 반대의 과정을 기술한다. 그러나 그 말은 두 번째 동사가 첫번째 동사에 내한 난순한 대응물이라는 의미는 아니다. 그 이유는 다음과 같다.

◇ gesund가 결여형용사(Privativum)로 기술될 수 있다(질병이 없음).
◇ 그러면 gesund werden은 영역 "gesund sein"의 반대편에서(jenseits), 즉 "krank sein"의 내부에서 일어나는 진행을 기술한다.

◇ "건강함"(Gesundsein)의 상태에서 **끝나는**, 즉 건강한 상태에 의해 제한되는 진행을 표현한다. 이 목표제한은 A-동사의 우측제한에 해당되며 3.1.의 krank werden에 대한 도식 (g)의 단순한 전환 (Umkehrung)에 의해서도 그렇게 기술될 수 있다.

◇ 이에 따라서 gesund werden은 필연적으로 "gesünder werden"이라 는 진행을 포함한다. 이 진행은 후상태로의 변화를 명명하며 이 상 태가 아직 존재하지 않는 것을 전제로 한다. 이러한 형용사의 비교 급에 대한 보다 자세한 기술은 다음 장을 참조하기 바란다.

이에 따라서 krank werden의 반의어에 적합한 도식은 틀림없이 다음 과 같은 모습을 할 것이다(이것을 단순히 전환시킨 도식 (g) 참조).

(h)

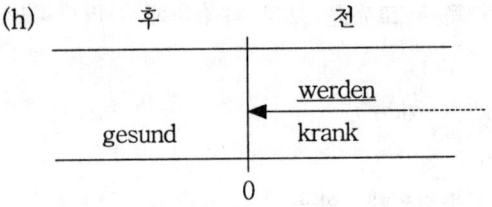

gesund werden에 대해 열거된 속성들은 독자들에게 알려져 있지 않 다. 이 속성들은 A-동사의 속성들과 본질적으로 일치한다. 다만 gesund 는 기준값(Normwert)이 없는 절대형용사이지만 dick은 관계형용사일 뿐 이다. 소위 영점(Nullpunkt)의 상이한 표지에서 발화되는 이러한 차이점 을 제외하고는 도식 (h)가 2.1.의 도식 (d)와 등가이다.

B-동사의 반의어이지만 A-동사처럼 행동하는 이 동사들의 속성 때문 에 이들을 "이차적인 A-동사"라고 일컬을 수 있다. 다음의 보기들이 언 급된 내용을 증명할 것이다.

(58) B-동사 　　　　　　　　이차적인 A-동사

krank werden = erkranken　: gesund werden　= gesunden
(병나다)　　　　　　　　　　　(완쾌되다)

lebendig werden (살아나다) :　　　　　　　　　sterben (죽다)

sehend werden　　　　　: blind werden　= erblinden
(눈뜨다)　　　　　　　　　　(눈멀다)

rot werden　= erröten(낯을 붉히다)

nass werden　　　　　: trocken werden = trocknen
(젖다)　　　　　　　　　　(마르다)

　　　　　　　　　　　rund werden　= sich runden
　　　　　　　　　　　(둥글게 되다/완성되다)

모든 B-동사들이 전부다 여기에 배열될 수는 없다.

두 성분들이 B-동사의 특성을 갖는 반의어 쌍들이 있다. 특히 형용사 +werden으로 의역될 수 없는 그러한 동사들이 여기에 속할 수 있다. 이들은 본질적으로 비교변화를 할 수 없다. 이것은 다음 동사들에서 적용된다.

(59) stumm werden = verstummen : losreden, anheben(시작하다)
　　　　　　eintreten　　: austreten(나오다)
　　　　　　ankommen　: abfahren, weggehen, losgehen
　　　　　　aufhorchen

이 동사들은 영점에서 시작하여 각각 상호 반대방향으로 진행하는 과정을 기술한다. 따라서 과정은 시작에서 두 번 제한되어 있다. 이러한 사실은 항상 좌측제한으로서도 기술될 수 있다.

관계형용사와 절대형용사 및 A-동사와 B-동사의 배열과 관련하여 형용사 내지는 형용사+werden의 십자표분류가 생겨난다. 이것을 도식으로 표현하면 다음과 같다.

(60)

	관계형용사	절대형용사		
A-동사	dick : dünn	gesund:		
B-동사			:krank	stumm: *redend
	1	2	3	4

$\left.\right\}$werden

네 가지 동사부류를 이러한 방법으로 설정하는 것이 언어학적으로 얼마나 중요한가에 대해서 필자는 여기서 결정을 내리지 않겠다. 중요한 것은 최소한 A-동사와 B-동사의 구별이 증명된다는 점이다.[21]

---

21) 몇 가지 수식어(Modifikation)에 대한 네 부류의 상이한 행동이 이러한 분류를 인정하는 데 대한 하나의 논증이 될 수 있겠다. 부류들이 이미 언급된 방식으로 행동하는(즉 1, 2(A-동사) : 3, 4(B-동사)) allmählich 이외에 예로서 ziemlich(상당히), fast(거의, 하마터면), etwas(조금, 약간)를 들 수 있다.

ziemlich: 1, 3과 결합할 수 있다.
  Peter wurde *ziemlich* dick. (페터는 상당히 뚱뚱해졌다)
  *Peter wurde ziemlich gesund.
  Peter wurde *ziemlich* krank. (페터는 상당히 아팠다)
  *Peter verstummte ziemlich.

fast: 2, 3, 4와 결합할 수 있다.
  *Peter wurde fast dick.
  Peter wurde *fast* gesund. (페터는 거의 건강해졌다)
  Peter wurde *fast* krank. (페터는 거의 병이 났다)
  Peter versummte *fast*. (페터는 거의 침묵을 지켰다)

etwas: 3과 결합할 수 있다.
  *Peter wurde etwas dick.
  *Peter wurde etwas gesund.
  Peter wurde *etwas* krank. (페터는 약간 아팠다)
  *Peter verstummte etwas.

---

ziemlich(동일한 방법으로 recht(아주), sehr(아주))는 현재의 상태에다 강도의 등급을 붙어 넣는다. 이것은 여러 가지 이유에서 "dick"와 "krank"에서는 가능하다. 질병이 없는 것으로 해석되는 상태 "gesund (sein)"은 "stumm"과 마찬가지로 등급을 나타낼 수 없다.

fast는 새로운 상태의 시작이 기대되었지만 일어나지 않았음을 함축한다. 변화는 산신히 저지되었다. 여기서는 변화의 불연속성이나 급작스러움이 전제되어 있기 때문에 dick werden의 관계가 배제되어 있는 것을 이해할 수 있다.

etwas는 비록 적은 징후만을 가지고 있지만 언급된 상태가 존재한다는 것을 말한다. 이러한 수식어는 일차적으로 B-동사에서만 가능하다. 왜냐하면 일차적인 A-동사는 이에 대한 표현으로서 평균값을 가지고 있기 때문이다. 이 수식어는 이차적으로 강화적인 과정을 기술하는, 즉 현재의 상태 내에서 등급을 명명할 수 있는 그러한 B-동사에서만 가능하다. 이것은 모든 동사들 중에서 krank werden에서만 적용된다. 여기서는 Er erwachte etwas(그는 잠시동안 눈을 떴다)에서처럼 "잠시동안"(für kurze Zeit)의 의미를 갖는 etwas를 의미하는 것은 아니다.

4. C－동사(=지속동사)

4.1. 비교분석

이 장에서는 1장의 사실들 Ⅸ.와 Ⅹ.을 다루어보기로 한다.

앞 장에서 필자는 형용사＋werden 내지는 이것의 동의어인 동사로 구성된 모든 구조들을 하나의 범주 "기동동사"(Inchoativ)로 포괄하는 것은 잘못된 일반화를 의미한다는 필자의 처음 주장을, 필자가 진정으로 기동적인 A－동사에 대해서 일단의 다른 동사들, 즉 의미적 및 통사적인 관점에서 다른 기능을 갖는 B－동사를 대립시킴으로써 증명하려고 시도하였다. 그러나 Lakoff(1965)에서 인용된 기동동사에 관한 몇 가지 예들은 A－동사로서도 B－동사로서도 확인될 수 없다. 예컨대 near(독일어: sich nähern(접근하다))는 nahe kommen[22](가까이 오다)으로 의역될 수 없다. 왜냐하면 과정 "sich nähern"이 결코 후상태 "nahe sein"(가까이 있다)으로 귀결될 필요는 없기 때문이다. 이 과정은 오히려 무제한적이며 동시에 진행의 특성을 지닌다. 구성구조 näher kommen(좀더 가까이 오다)이 동사 sich nähern(접근하다)에 대한 적절한 의역이다. 필자는 비교급 형용사와 werden으로 구성된 구조를 2.2.에서 A－동사를 통해 주어진 단언문 집합의 한 원소로서 무제한적인 진행동사(unbegrenztes Prozessverb) 또는 C－동사라는 이름으로 기술하였다. 따라서 sich nähern은 2.2.의 지속동사의 하위부류 ii)에서 열거된 동사들을 취하는 부류에 속한다. 다음의

---

22) 장소규정어의 문맥에서는 kommen이 술어 WERDEN의 어휘화 변이형이다.

도표가 또 다른 예들을 제공한다.

(61) a) dicker   werden   = zunehmen (증가하다)

      dünner   werden   = abnehmen (감소하다)

      größer   werden   = wachsen (성장하다)

      kleiner   werden   = schrumpfen (수축하다)

      älter   werden (늙어지다)

      jünger   werden   = sich verjüngen (젊어지다)

      schneller   werden   = sich beschleunigen (빨라지다)

      langsamer   werden   = sich verlangsamen (늦어지다)

      weiter   werden   = sich erweitern (확대되다)

      besser   werden   = sich verbessern (개선되다)

      schlechter   werden   = sich verschlechtern (악화되다)

      breiter   werden   = sich verbreitern (넓어지다)

      schmäler   werden (좁아지다)

   b) kränker   werden

      nässer   werden

      lebendiger   werden

      brauner   werden

   a)′ gesünder   werden

      trockener   werden

  Lakoff(1965)의 기동동사에 대한 예들 중에서 다른 예들은 이들이 각각 하나의 해석에서 A-동사나 또는 C-동사라는 점에서 중의적이다. 예컨대 다음 동사들이 중의적(ambig)이다.

(62) harden = become hard   oder become harder
     cool   = become cool   oder become cooler
     thicken = become thick   oder become thicker
     dunkeln = werden dunkel oder werden dunkler
     reifen = werden reif   oder werden reifer

2.2.의 분석에 근거하는 C-동사와 A-동사 및 B-동사와의 비교는 다음
과 같다.

1. A-동사는 (그것이 원소술어인지 또는 이차술어인지 상관없이) 필수
   적으로 C-동사(형용사의 원급에 상응하는 비교급)를 포함한다. B-
   동사에서는 이러한 조건이 성립하지 않는다. 다음의 문장들이 이에
   대한 예를 제공한다.

(63) Peter wird dicker, aber nicht dick.
     *Peter wird dick, aber nicht dicker.
     *Peter wird kränker, aber nicht krank.
     *Peter wird krank, aber nicht kränker.

2. C-동사가 기술되어야 하는 출발형태이면 다른 관계가 생겨난다. C-
   동사는 원칙적으로 단지 하나의 단언만을, 즉 형용사에서 언급된 범
   위에 대한 값의 지속적인 증가를 가진다. dicker werden을 통해서는
   도달될 수 있는 후상태, 이를테면 "dick sein"에 관해서는 어떤 것도
   진술되지 않는다(따라서 "무제한적인 진행동사"라는 표현을 쓴다).

즉 다른 동사부류에 관한 아무 것도 그 어떤 방법으로 C-동사의 단언이나 함축에 포함되어 있지 않다.

3. 그러나 C-동사는 동사 안에 포함되어 있는 형용사의 귀속에 따라서 A-형용사로 명명되거나 또는 B-형용사로 명명되는 전제에 결부되어 있다.

a) C-동사가 일차적인 A-형용사((61)의 집단 a)를 포함하면, 부정된 형용사로 표현되는 상태가 전제되어 있는지 또는 이 C-동사가 전제 없이 오는지 하는 것을 결정하는 것은 그리 간단치 않다. 다음 두 문장을 비교하기 바란다.

(64) 1. Der Baum, den ich voriges Jahr gesetzt habe, wird jetzt größer. (지난해에 심은 나무가 이제 점점 성장하고 있다)
   2. ?Der riesige Baum vor dem Haus wird jetzt größer. (집 앞에 있는 거대한 나무가 이제 점점 성장하고 있다)

필자의 견해로는 두 번째 문장이 변칙적이다. 그 이유는 größer werden (점점 성장하다)이 "(noch) nicht groß sein"을 전제로 하기 때문이다. 이 전제는 첫 번째 문장과는 양립하지만 두 번째 문장과는 양립하지 않는다. 이 전제는 형용사 riesig(거대한)와 모순관계에 있기 때문이다. noch(더욱)를 첨가하면 문장 (64.2)가 수용될 수 있다. 그러면 "der Baum ist schon groß"(그 나무가 이미 크다)가 전제된다. 비교: Der riesige Baum vor dem Haus wird jetzt noch größer(집 앞에 있는 거대한 나무가 이제 더욱 성장하고 있다). 이로써 전제와 값 "riesig" 사이의 모순관계가 삭제된다.[23] 이러한 결정에 따라서 집단

a)의 C-동사는 언급된 단언 이외에도 형용사에서 언급된 범위의 값이 아직 평균값 표지를 넘어서지 않았다는 전제를 갖는다.[24]

b) 이에 반해 C-동사가 B-형용사 또는 그 반의어의 비교급 형태를 포함하면(이것은 또한 이차적인 A-동사와 A-형용사를 포함한다), 다음과 같은 종류의 전제가 C-동사에 결합되어 있다. 즉 첫 번째의 경우(집단 b의 C-동사)에서는 원급의 형용사로 지칭된 상태가 현재 존재하는 것으로 전제된다. 즉 Peter wird kränker는 페터가 이미 아프다는 것을 전제로 한다. 속성의 강도가 증가하는 진행은 B-동사에서는 그것에 의해 명명된 영역의 이쪽편에서(diesseits) 진행되며, 또한 상태를 변화시키지(여기서 "krank sein") 않는다. 이러한 기술은 분명히 B-동사의 기술에 부합된다. 두 번째의 경우(집단 a′

---

23) 상태기술에서는 관계가 약간 다르다. 문장 Peter ist größer als Paul(페터는 파울보다 키가 크다)은 페터의 키에 대한 확정도, 파울의 키에 대한 확정도 전제로 하지 않는다. 문장 Peter ist noch größer als Paul(페터는 파울보다 키가 훨씬 크다) 안에 있는 부가어 noch가 비로소 하나의 전제, 즉 파울(물론 페터 역시)이 키가 크다는 전제를 문장해석 안으로 가져온다(Doherty(1970:Ⅱ-11ff. 참조). 이 점에서는 größer werden과 größer sein이 비슷하다.

24) 그러나 이 결론에 대한 반론도 역시 존재한다. 왜냐하면 그렇게 볼 경우에는 기동동사 groß werden과 진행동사 größer werden이 동일한 전제 "nicht groß sein"을 가질 수 있기 때문이다. 필자의 생각으로는 이것이 잘못된 의미를 산출하는 것처럼 보인다. 왜냐하면 조건들은 필자가 아직 통찰할 수 없는 방식으로 상이하기 때문이다. 전제된 상태가 단언된 상태의 부정이 아니라면, 즉 다음 문장에서 둘 다 "Peter ist (schon) groß"라면, 첫 번째의 경우에서는 단언에 대한 논리적 모순이 생겨난다.

(i) Peter wird groß.
(ii) Peter wird größer.

그러나 두 번째의 경우에서는 이 전제에도 불구하고 논리적으로 어떤 것도 페터가 성장한다는 사실에 반대하지 않는다. 여기서는 오히려 성장의 진행이 - 전제조건에 따라서 - 어휘화의 변이형 größer werden이나 noch größer werden을 갖는다는 것을 말해주는 어휘화의 조건이 침해되었다. groß werden에서는 이와 유사한 가능성이 존재하지 않는다. B-형용사를 포함하는 C-동사가 의미해석에 중요한 전제조건을 제공한다. 차이점이 분명해진다.

의 C-동사), 예컨대 gesünder werden(집단 b의 반의어로서 형용사 기본형의 대응물은 A-동사처럼 기능하는 gesund werden)에서는 단언된 과정이 (원급의) 형용사로 명명된 상태의 반대편에서(jenseits) 이 명명된 상태의 방향으로 일어난다. 다시 말해서 명명된 상태 ("gesund sein")가 "전"에도 "후"에도 지속되지 않음이 전제된다. 이것은 다음과 같은 표어(Losung)의 해석을 통해서 분명해진다.

(65) Gesünder leben! (좀더 건전하게 생활하십시오!)

이 문장은 피호소인들이 이미 건전하게 살고 있으며 오직 이들의 건전한 생활방식만을 증진시키는 것을 전제로 하지 않고, 전제된 불건전한(ungesund) 생활방식을 제한하려는 바로 그 호소이다. 동일한 방식으로 다음 문장은 단언된 진행이 상태 "nicht gesund sein" (건강한 상태가 아닌) 내부에서 시작하고 그리고 끝난다는 것을 전제로 한다.

(66) Peter wurde gesünder. (페터는 좀더 건강하게 되었다)

C-동사의 하위집단 b)와 a')가 집단 a)와 비교하여 공통적인 점은 모든 경우에서 상태변화가 배제되어 있다는 것이다. 진행은 형용사에서 제시된 영역의 내부에서나 또는 외부에서 일어난다. 이러한 조건은 집단 a)에서는 존재하지 않는다. 즉 Peter wurde dicker에서는 어떤 방법으로든지 고정되어 있지 않아서 단언된 과정은 표지 "dick"의 이쪽편에서 중단해야 한다.

다음의 도식들이 다시금 진술된 내용을 명확히 해줄 수 있을 것이다. 집단 a)의 동사들에 대한 도식은 다음과 같다.

(i)

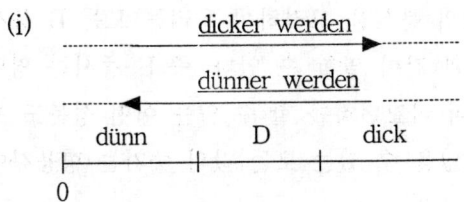

A-동사에 대한 2.1.의 도식 (d)를 위의 도식과 비교하기 바람. 집단 b)와 a')의 동사에 대한 도식은 다음과 같다.

(j)

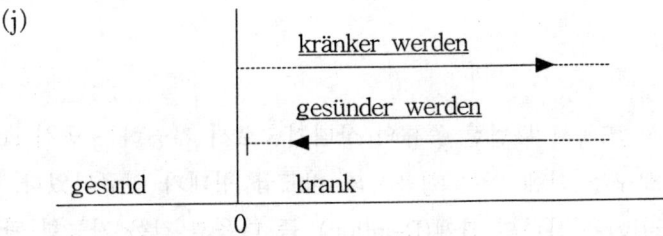

이 도식을 3.1.의 도식 (g)와 3.4.의 도식 (h)와 비교하기 바람.

C-동사의 집단 a)에 적용되는 것은 모든 동사가 A-동사에서 하나의 대응물을 가지고 있다는 사실이다. 이것은 형용사의 비교변화 가능성이 바로 A-동사를 구성하고 있기 때문이다. B-동사에서는 그렇지 않다. 즉 C-동사에서의 대응물(집단 b)은 여기서 다만 하나의 특수한 경우일 뿐이다. 다수의 B-형용사는 비교변화를 할 수 없다. 다만 stumm(말없는), lebendig(살아 있는), braun(갈색의) 등 일부만이 비교변화를 할 수 있다. 이미 werden+형용사로 구성된 하나의 대응물이 없기 때문에 비교변화를 할 수 없는 모든 B-동사, 즉 eintreten(들어가다), abfahren(출발하다) 등이 여기에 추가된다.[25]

---

25) 대응물 werden+형용사를 갖지는 않지만 진행을 기술하는, 즉 C-동사인 동사들이 물

C-동사의 집단 b)에 대한 위의 분석을 고려하여 우리는 모든 B-동사에 대해 동일한 방법으로 다음과 같이 말할 수 있다. 즉 B-동사는 명명될 수 있는 목표상태와 관련하여 비교변화를 할 수 있는 어떤 성분도 포함하지 않는다. 만일의 경우에 있을 수 있는 모든 값의 증가는 형용사에 의해 정해진 영역의 내부에 있다.

여기서 우리는 다시금 B-동사는 비교변화 가능성이 그 조건이 되는 진행동사가 아니라는 견해에 대한 작은 확신을 얻었다.

4.2. 비교급

앞 절의 주석 23에서 특별한 종류의 상태기술로서 기능하는 동사 sein을 취하는 구성구조 안에 있는 형용사의 비교급 형태가 언급되었다. 비교급(Komparativ)은 하나의 관계(Relation), 즉 다음과 같은 가능한 관계를 갖는 비교관계(Vergleichsrelation)를 명명한다.

1. 형용사에서 지칭된 범위나 속성에 대한 값과 관련하여 비교되는 두 가지 상이한 지시체(Referent).

(67) Peter ist dicker als Paul. (페터는 파울보다 더 뚱뚱하다)

론 존재한다. 예컨대 지속동사이면서 변화하는 부분상태의 연속체를 기술하는 동사들 lernen(배우다), studieren(공부하다), essen(먹다)이 그것이다. 이 동사들이 목적어를 통해서 보충되면 이들은 일종의 우측제한을 받게 된다. 이것은 동사의미 자체에서 도출되는 것이 아니라 화자의 세계지식으로부터 도출될 수 있다.

(ⅰ) Peter lernt.　　　　　Peter lernt das ABC.
　　 Peter studiert.　　　 Peter studiert Medizin.
　　 Peter isst.　　　　　 Peter isst den Apfel.

Doherty(1970)에 의하면 이 문장은 "페터의 체중값이 파울의 체중값을 초과한다"로 해석될 수 있으며 다음과 같은 의미구조에 배열될 수 있다 (Doherty 1970:II-11).

(68)

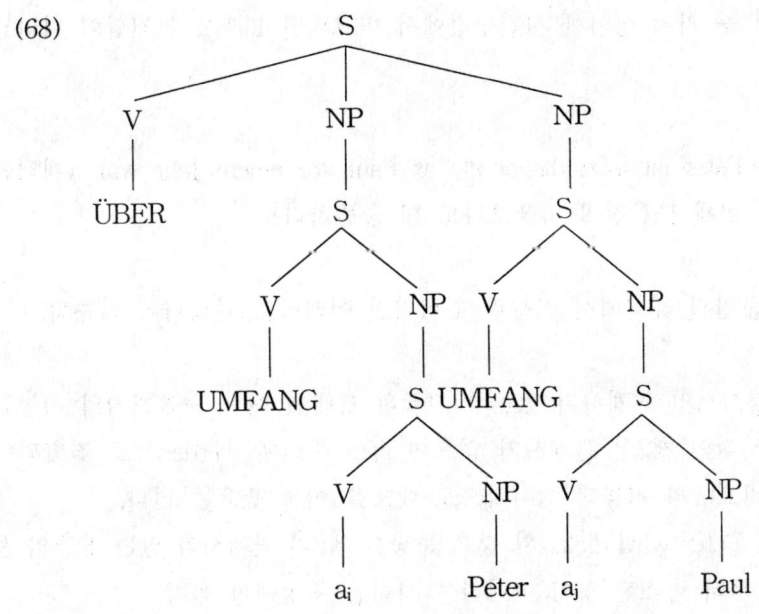

a_i, a_j는 범위 "체중"(Umfang)의 축에 있는 값에 대한 변항이다.

2. 한 지시체에 속하는 속성이나 범위에 대한 값이 비교되는 두 가지 상이한 시간구간(Zeitintervall)도 역시 관계사(Relat)가 될 수 있다. 이러한 사실은 예컨대 다음 문장에서 적용된다.

(52) Peter war nach der Kur dicker als davor. (페터는 요양 후에 이 전보다도 더욱 뚱뚱해졌다)

이 문장은 "t_i 시간에서 페터의 체중값이 t_{i-n} 시간에서는 페터의 체중값을 초과한다"로 해석될 수 있다. 따라서 구조 (68)은 수정되어야 한다.

3. 다음 문장에서처럼 두 지시체가 한 속성이나 범위에 대한 값과 관련하여 두 가지 상이한 시간구간에서 비교되면 1.과 2.의 결합이 나타난다.

(69) Peter ist jetzt dicker als es Paul vor einem Jahr war. (페터는 현재 1년 전의 파울보다도 더 뚱뚱하다)

이 문장의 해석에서 아무런 원칙적인 어려움도 나타나지 않는다.

4. 명시적인 관계사가 있는 비교급의 형태에 대한 1.-3.까지의 기능들이 명시적인 제2의 관계사가 없으며 sein 대신에 werden으로 결합되어 있는 비교급의 기능과 원칙적으로 대조를 이룰 필요는 없다.

우선 Peter wird dicker와 같은 문장은 제2의 관계사가 있는 심층의 문장으로부터 축소된 것이 아니라는 사실을 확정해야 한다.

(70) Peter wird dicker als er vorher war. (페터가 이전보다는 더욱 뚱뚱해질 것이다)

위의 문장은 Peter wird dicker의 보다 명시적인 표현도 아니며 또한 그것과 동의어 문장도 아니다.26)

---

26) 문장 (70) 역시 즉각적으로 의미 있게 해석될 수는 없으며 따라서 어떤 화자에 의해서는 일단 수용될 수 없는 문장으로 간주될 수도 있을 것이다. 그러나 동시에 복잡한 문장이 보여주는 정확한 해석은 다음과 같이 바꿔 쓴 문장이 될 수 있을 것이다: "Peter nimmt nach einer vorübergehenden Abmagerung wieder zu und wird seinen

그럼에도 불구하고 비교급에 대한 개념인 비교관계의 명명이 Peter wird dicker에서도 그대로 보존될 수 있다. 비교개념에서 필수적인 비교단계(Vergleichsinstanz)는 이 개념과 2.1.과 2.2.에서 약술한 WERDEN 개념과의 결합으로 이루어진다. 비교급 형용사+werden도 그 중의 하나인 앞에서 말한 무제한적인 진행동사는 다음과 같이 기술된다:

무제한적인 진행동사(unbegrenztes Prozessverb)는 그 원소들의 독특한 상이함으로 특징지어진 상태들의 연속체를 표현한다. 시간적으로 분류된 상태의 연속체를 특정한 기본척도의 단계에 배열할 때 상태의 값 표지와 시간지표가 나란히 증가한다. 연속체의 모든 부분상태는 그 앞의 상태와 비교될 수 있다. 즉 이웃한 두 상태가 비교단계(Vergleichs-instanz)가 되고, 비교단계의 값에 대한 표지를 토대로 하여 기본척도의 값에 대한 꾸준한 증가가 확정된다.

1.-3.까지와는 달리 4.의 비교단계는 구성구조 비교급+동사에 대해 구성적(konstitutiv)이 되며, 이미 말한 바와 같이 특별히 동사화될 필요는 없다(문장 (70)과 주석 26 참조).

---

einstigen Umfang übertreffen."(페터는 잠시동안 체중이 감소한 후에 다시 체중이 늘어서 이전의 체중을 초과할 것이다)

다음 두 문장에서 잠정적인 중간상태(Zwischenzustand)에 대한 가정은 아마도 더욱 분명해질 것이다. 여기서는 형용사에서 언급된 상태가 아주 축소된 범위 안에서만 존재했으며, 원래의 상태와 도달될 수 있는 상태는 간접적으로 비교된다.

(i) Dresden wird schöner als es war. (드레스덴은 이전보다 더 아름다워질 것이다)
Dresden wird so schön wie es war. (드레스덴은 이전만큼 아름다워질 것이다)

이 문장은 드레스덴이 파괴된 후에 재건되어 새로운 드레스덴이 이전의 드레스덴과 비교되는 조건 하에서만 수용될 수 있다.

4.3. 동사 werden

앞서 제시한 것은 다만 "시간"(Zeit) 차원에서만 일어나는 것으로 파악
될 수 있는 하나의 성분 "진행"(Prozess)이 A-동사에서뿐만 아니라 C-
동사에서도(dick werden 내지는 dicker werden) 관여한다는 것이다. 그
러나 필자가 보기에는 시간단면의 연속체에 대한 의미상태가 아직도 매
우 불명확하여 형식적으로는 표현할 수가 없다. 그러나 확실한 것은 표
층동사 werden 안에는 두 동사부류의 진행특성이 실현되어 있다는 것이
다. 이러한 확정은 좀더 명확히 표현되어야 한다. 즉 무제한적인 진행을
표현하는 C-동사 dicker werden에서는 개개 의미요소들이 두 가지 표층
성분에 따라 분류될 수 있다. 우리가 "진행"을 개개 상태를 표현하는 기
본척도의 서열 위에서 값들의 끊임없는 변화로 이해한다면, 형용사의 비
교급 형태는 다음을 명명한다.

1. 기본척도의 유형 (여기서는 "체중")
2. 값의 변화방향 (여기서는 "상승적")

그리고 werden은 오직 "진행"의 추상적인 의미특성에 관한 표층의 반
영체일 뿐이다.

A-동사 dick werden 안에 있는 형용사의 기본형은 다음을 명명한다.

1. 기본척도의 유형
2. 값의 변화방향. 이 둘은 비교급 형태에 포함되어 있는 표지이다.
3. 값의 척도 위에서 고정값의 명명으로서, 진행의 결과로 생겨나는 상
   태의 표현(여기서는 "dick sein")

werden은 다시 동사의 의미특성에 속하는 "순수한 진행"을 명명한다. 이러한 기술을 통해서 기동동사에 관한 Kiparsky/Bierwisch의 분석과의 차이가 다시 한 번 분명해졌다. 이들은 werden을 그 의미기술 안에 특수한 전상태와 후상태가 포함되어 있는 순수한 기동동사(Inchoativum)로 해석한다. 이에 반해 필자의 해석은 werden을 결국 순수한 진행동사(Prozessverb)(= C-동사)로 확정하는 것이다. werden은 진행의 특성과 무제한성이 확실한 sich verändern(변화하다), sich wandeln(변화하다), sich entwickeln(발전하다, 변화하다)과 같은 동사들과 함께 하나의 목록 안에 온다. 물론 이 동사들은 고유의미를 충분히 가지고 있어서 보충어에서 진행유형의 세분화를 포기할 수도 있다.

(71) Peter entwickelte sich. (페터는 발전하였다)
     Die Zeiten ändern sich. (시대가 달라진다)
(72) *Peter wurde.

문장 (72)의 werden에서 이런 가능성이 없는 것은 다른 모든 의미적인 명시화가 결여된 데에 그 원인이 있거나, 아니면 이 경우에서는 아주 특이하게 체계의 여백이 존재하는 것이다. 후자의 주장을 시인하는 것은 비술어적인 위치에서는(정형동사가 아니라 분사나 명사화로서) werden이 다른 동사들과 전적으로 동등하게 기능한다는 점이다.

(73) Wir sind alle Werdende! (우리 모두는 발전하고 있는 사람들이다)
     Welt im Werden (발전하고/변화하고 있는 세계)

werden과 sich entwickeln 사이에 있는 적어도 부분적인 동의어관계가 여기서 분명해진다. 다음 문장을 (73)과 비교하기 바란다.

(73) Wir sind alle in der Entwicklung begriffen. (우리 모두는 발전하
고 있는 중이다)

진보적인 작가 L. Feuchtwanger의 소설 "Jefta und seine Tochter"에
서 나온 다음 예문도 역시 werden에 기동적(inchoativ)인 특성(후상태
포함)이 아니라 지속적(durativ)인 특성이 부여되는 배경 하에서만 이해
될 수 있다.

(75) Die Stämme und Völker sind alle im *Werden* oder im
Vergehen. ... ein Gefühl der Geschichtlichkeit, Bewusstsein des
Werdens und Fließens, des Dynamischen, des Dialektischen...
Er gibt ihm Spürung des unendlichen *Werdens*. (모든 종족들과
민족들은 발전 중에 있거나 또는 소멸 중에 있다. ... 역사성에 대
한 감정, 변화하고 유동적인 의식, 동적인 의식 및 변증법적인 의
식 ... 그는 그에게 무한한 변화의 감정을 부여한다)

B-동사에서 동사 werden의 적절한 표현은 유감스럽게도 미해결의 문
제로 남아 있다. 이러한 사실은 전체의 기술을 아주 방해하고 있다. 한편
으로는, 필자가 사용했던 용어의 의미에서 werden이 B-동사에서는 "진
행"에 대한 표층의 반영체가 될 수 없다는 점과, 더 나아가서 B-동사와
구성구조 beginnen+보충어 사이에 있는 실제적인 밀접한 관계가 기술
되어야 한다는 점이 고려되어야 한다. 다른 한편으로는, 모든 세 부류 A,
B, C에서 werden을 통일적인 방법으로 기술하는 데 대한 동기가 충분히
있다.27)

---

27) 독일어 동사의 미래형과 수동형이 고려되는 즉시 werden은 물론 다의적으로 특징지울
수 있다. 이 경우에서 상이한 의미술어를 가정하는 데 대한 하나의 단순한 논증은 많은
언어에서는 독일어에서와 같은 음운론적인 일치가 전혀 존재하지 않는다는 사실이다.

많은 사실들이 A-동사, B-동사, C-동사의 상이한 의미특성을 오로지 형용사나 형용사 형태의 연관적인 차이에서만 도출하는 데 대해 시인한다. A-동사와 C-동사에서는 이 방법이 성공하였다. 즉 형용사의 비교급 형태는 (상대적으로) 비표지된 형태로서 표지된 원급의 형용사 형태에 포함되어 있으며, 원급의 형용사 형태는 추가적인 특성을 갖는다. 이에 따라서 A-동사는 단언의 일부로서 C-동사를 포함한다.

3.1.10.의 A-동사와 B-동사의 비교에서 A-형용사와 B-형용사의 차이가 결정적인 차이로서 언급되었다. 하지만 이로써 werden의 통일적인 분석에 대한 어려움이 아직 극복된 것은 아니다.

이 절의 처음에 있는 가정들을 수정하는 다음의 생각들은 그 모호함 때문에 오히려 주석으로서 이해되어야 한다. 즉 werden에 대해 "지속적인 진행동사"(duratives Prozessverb)라는 명칭은 특수한 방법으로 차이가 나고 그 순서가 시간척도 위에 전이(轉移)되어 있다고 생각할 수 있는 개개 상태들의 연속체에 대한 명칭으로서의 의미기술에 기인한다. 시간과 관련한 세 가지 상이한 고찰방법은 werden과 그 보충어와의 결합에서 세 가지 상이한 특징을 초래한다.

1. 시간적으로 무제한적(zeitlich unbegrenzt)인 고찰방법은 과정이 개별 상태들의 무제한적인 연속체로 간주되는 결과를 낳는다(이것은 C-동사, 즉 보충어 없는 werden에서도 적용된다).
2. 특정한 목표를 추구하는 시간단면에 제한된(zeitabschnittsbegrenzt) 고찰방법은 개별상태들을 목표상태나 후상태로 부각하여 제한함으로써 과정을 개별상태들의 우측 제한적인 연속체로 간주하는 결과

그러나 미래와 수동은 결코 본질적인 문제가 아니다.

werden에 관해서 하나의 통일적인 의미를 특징짓는 데 반대하는 중요한 반론은 다시금 러시아어와의 비교에서 나온다. 주석 8에서 stat'는 독일어의 werden 뿐만 아니라 beginnen에도 해당될 수 있으며, 각각 다르게 번역되어야 한다고 논의하였다.

를 낳는다. (모든 다른 개별상태들은 그 상보적인 집합에 속하며 동
시에 의미기술에서 전제로서 기능한다.) A-동사가 여기에 배열될
수 있다.

3. 과정의 순간적인 수용과 특히 시작의 순간적인 수용이 특징적인
   "시점적"(punktuell)인 고찰방법은 극단적인 경우에서는 과정을 단
   지 두 부분상태의 연속체로 간주하는 결과를 낳는다. 두 상태는 반
   의어 쌍의 두 성분을 통해서 명명되거나 형용사 및 형용사의 부정
   을 통해서 명명된다. (두 상태들 중에서 처음의 상태는 여기서 서술
   어의 의미기술에서 전제에 속한다.) B-동사가 여기에 속한다.

1.과 2.의 경우에서만 시간연속체에 대한 어느 정도의 불변성과 지속성
(더욱 많은 수의 개별상태를 통해서)이 보장되며, 그렇게 기술된 과정만
이 "진행"(Prozess)이라는 표현을 얻을 수 있다. 3.의 경우에서는 상태의
유일한 변화를 표현하는 "변화"(Wechsel)가 더 좋은 표현이 되겠다. 그
러나 두 용어는 상태변화(Zustandsveränderung)에 대한 하나의 통일적
인 기본개념에 관련되며, 그런 점에서 werden은 - 요구되는 명확한 표현
에 따라서 - 모든 세 가지 동사부류 A, B, C에서 여전히 통일적인 방식
으로 의미적으로 기술될 수 있다.

5. 종합적인 도표

적절한 형식적인 표현이 부족하고 성급한 확정에 대한 경계심으로 인해서 필자는 전반적으로 문제점에 관해 가능한 한 엄격한 구두상의 기술에 한정한다. 중요한 요점들은 다음의 개괄적인 도표에서 요약된다.

	C-동사(=지속동사) (*dicker werden*)	A-동사(=변화동사) (*dick werden*)	B-동사(=시동동사) (*krank werden*)
1 의미기술	A: WERDEN (dicker, x) (P: NEG (dick, x))	A: "전": WERDEN (dicker, x) "후": dick, x (단언문 집합) P: "전": NEG(dick, x)	A: BEGINN (krank, x) I: krank, x P: "전": NEG (krank, x)
2 심층배열/ 표층배열	werden: 형용사에서 명시되는 진행의 명명 dicker: 1. 기본척도의 명명 ("체중") 2. 값의 변화방향 명 명("상승적")	werden: =C-동사의 특성 dick: 1.=1.┐ C-동사의 2.=2.┘ 특성 3. 결과로 생겨나는 후상태의 명명 ("dick sein")	werden: 상태변화의 명 명 및 형용사에서 언 급된 새로운 상태시 작의 명명 krank: 변화가 시작되 는 상태의 명명 ("krank sein")
3 관점	과정이 연속체로 파악됨		과정이 두 상태의 불 연속적인 연속체로 파 악됨
4 제한	무제한적인 지속적인 진행	우측 제한적인 진행(진 행의 끝이 표지됨)	좌측 제한적인 상태 (상 태의 시작이 표지됨)

	A-동사(=변화동사)	B-동사(=시동동사)
5 기준값 관계	기준값 관계 조건: 기준값 및 그 초과와 관련 하여 형용사의 비교변화 가능성	기준값 관계가 없음 기준값 및 그 초과와 관련하여 형 용사가 비교변화를 할 수 없음
6 진행성	의미기술에서 비교급 형용사를 포 함하며 항상 진행의 특성을 지님	비교급 형용사를 포함하지 않으 며 일차적으로 진행의 특성을 지 니지 않음
7 상태변화	진행이 상태변화를 유발함 (=기준값의 초과)	가능한 진행이 한 상태의 내부에 서 일어남(상태변화가 없는 강도 의 증가)
8 역의 반의어: 모순적 반의어	기준값 관계를 통한 반의어의 역 관계	반의어의 모순관계
9 의역	의역: <u>dicker werden und (dann)</u> <u>dick sein</u>	의역: <u>beginnen krank zu sein</u>
10 상호공기 검사	*beginnen dick zu sein beginnen dick zu werden allmählich dick werden	beginnen krank zu sein beginnen zu kränkeln *beginnen krank zu werden *beginnen einzutreten *allmählich krank werden *allmählich eintreten

기준 5에서 10까지는 다만 A-동사와 B-동사에서만 관련성이 있다.

참고문헌

Doherty, M.(1970): Zur Komparation antonymer Adjektive. ASG-Bericht Nr. 6 (1970) II-1 - II-33. Berlin, DAW.

Dudengrammatik(1962): Grammatik der deutschen Gegenwartssprache. Mannheim, Bibliographisches Institut.

Erben, J.(1964): Abriss der deutschen Grammatik. Berlin, Akademie Verlag.

Feuchtwanger, L.(1956): Jefta und seine Tochter. Berlin, Rütten & Loening.

Isačenko, A.V.(1962): Die russische Sprache der Gegenwart. Teil 1: Formenlehre. Halle, Niemeyer.

Jung, W.(1966): Grammatik der deutschen Sprache. Leipzig, Bibliographisches Institut.

Katz, J. J.(1967): Recent Issues in Semantic Theory. Foundations of Language 3 (1967) 2, S. 124-194.

Karttunen, L.(1969): Implicative Verbs. Mimeographiert. Gedruckt in: Language 47, (1971) 2, S. 340-358.

_____(1970): On the Semantics of Complement Sentences. In: Papers of the 6th Regional Meeting of the Chicago Linguistic Society, S. 328-339.

Kiparsky, P./Kiparsky, C.(1970): Fact. In: M. Bierwisch & K. E.

Heidolph (eds.): Progress in Linguistics. The Hague, Mouton, S. 143-173.

Kleine Enzyklopädie(1970): Die deutsche Sprache. Hrsg. von E. Agricola et al. Leipzig, Verlag Enzyklopädie.

Lakoff, G.(1965): On the Nature of Syntactic Irregularity. Harvard Computational Laboratory Report NSF-16, auch als: Irregularity in Syntax. New York, Holt, Rinehart & Winston, 1970.

Leisi, E.(1953): Der Wortinhalt. Seine Struktur im Deutschen und im Englischen. Heidelberg, Winter.

Lochovic, A. B.(1948): Russko-nemeckij slovar'. Moskva: Gos. izd. inostrannych i nacional'nych slovarej.

Steinitz, R.(1969): Adverbial-Syntax. (=Studia Grammatica X) Berlin, Akademie Verlag.

전제, 단언 및 함축에 관한 참고문헌

Abraham, W./R. J. Binnick (Hrsg.)(1972): Generative Semantik. Frankfurt/ M. Athenäum. (=Linguistische Forschungen 11).

Bach, E./R. Harms (eds.)(1968): Universals in Linguistic Theory. New York. Holt, Rinehart & Winston Inc.

Bierwisch, M./K. E. Heidolph (eds.)(1970): Progress in Linguistics. The Hague. Mouton & Co.

Chicago Linguistic Society(1969, 1970, 1971): Papers from the Fifth (Sixth, Seventh) Regional Meeting Chicago Linguistic Society. Abgekürzt: CLS-V, ..., Chicago, Ill.

Davidson, D./G. Harman (eds.)(1972): Semantics of Natural Language. Dordrecht. Reidel.

Fillmore, Ch. J./G. T. Langendoen (eds.)(1971): Studies in Linguistic Semantics. New York, ..., Holt, Rinehart & Winstion Inc.

Kiefer, F.(ed.)(1969): Studies in Syntax and Semantics. Dordrecht. Reidel. (=Foundations of Language, Suppl. Series Vol. 10)

_____(1972): Semantik und generative Grammatik. Frankfurt/M. Athenäum. (=Linguistische Forschungen 1)

Kiefer, F./N. Ruwet (eds.)(1973): Generative Grammar in Europe. Dordrecht: Reidel. (=Foundations of Language, Suppl. Series Vol. 13)

Maas, U/D. Wunderlich (Hrsg.)(1972): Pragmatik und sprachliches Handeln. Frankfurt/M. Athenäum. (=Skripten Bd. 2)

Petöfi, J. S./D. Franck (Hrsg.)(1973): Präsuppositionen in Philosophie und Linguistik. Frankfurt/M.. Athenäum. (=Linguistische Forschungen 7)

Wunderlich, D. (Hrsg.)(1972): Linguistische Pragmatik. Frankfurt/M. Athenäum. (=Schwerpunkte Linguistik und Kommunikations- wissenschaft 12)

제 2 부
지속동사, 기동동사 및 사역동사의
통사론과 의미론

Zur Semantik und Syntax durativer,
inchoativer und kausativer Verben

Steinitz(1977)

0. 서 론

이 논문은 위의 주제에 대한 연구결과라기보다는 오히려 필자의 개인적인 연구계획의 일환으로 이해할 수 있을 것이다.

선정된 동사군은 동사의 하위부류에 대한 집합 중에서 우연한 선택의 결과가 아니다. 지속동사(Durativum), 기동동사(Inchoativum), 사역동사(Kausativum) 사이의 상호관계는 분명하다. 이러한 사실을 schlafen(잠자다) : einschlafen(잠들다) : einschläfern(재우다), erwachen(눈뜨다) : wecken(깨우다), sterben(죽다) : töten(죽이다), blühen(피어 있다) : erblühen(피기 시작하다)과 같은 동사 대비가 이미 잘 말해주고 있다. 그러나 즉시 다음과 같은 의문이 제기된다.

◇ 세 집단 내지는 두 집단 내에서의 상호관계에 대한 체계성이 어떤 방법으로 기술될 수 있는가?
◇ 동사들이 각각 특정한 부류나 범주를 표현한다면, 이 부류나 범주는 어떤 성질을 가지고 있는가?

이 질문에 대답하기 위해서는 적어도 두 가지 근본적으로 아주 다른 접근방법이 존재한다. 그 하나의 방법은 지속동사와 기동동사를 동작상(Aktionsart)의 체계로 분류하는 것이다. 이런 기술방법은 문법에서 하나의 전통이 되었으며 이 주제에 대한 광범위한 문헌이 존재한다. 지속동사와 기동동사를 이러한 방식으로 분류하고 또 독일어에서 문법범주 동작상을 가정하는 데 대한 근본적인 비판은 동작상(Aktionsart)과 상

(Aspekt)을 혼합하고 또 상이한 부류들을 설정하기 위해서 아주 상이한 기준들을 무비판적으로 사용하는 데 대한 논쟁이 되어야 한다. 만일 이러한 비판이 하나의 대안적인 기술에 근거하고 거기서 기술에 대한 논증을 끌어올 수 있다면, 그 비판은 더욱 효과적이다. 따라서 필자의 작업계획에 대한 비판적인 부분은 차후의 연구에서 나타날 것이다. 이 논문에서 필자는 대안적인 접근방법에 대한 개념과 몇 가지 논점을 다루고자 한다.

1. 의미적 토대

이 개념에 따르면 지속동사, 기동동사 및 사역동사는 우선 동사만을 포괄하는 세 가지 하위부류들에 대한 명칭이다. 이 부류들의 명칭에서 표현되는 변별자질은 의미적(sematisch) 성질이다. 우리의 기술을 의미적 기준 위에서만 구성하려면, 예컨대 다음의 이탤릭체 표현들은 모두 기동동사(Inchoativum)의 부류에 배열될 수 있을 것이다.

(1) 1. Peter *schlief ein.* (페터는 잠이 들었다)

　2. Er *wurde alt.* (그는 늙었다)

　3. Die Maschine *kam in Gang.* (기계가 작동하기 시작했다)

　4. Sie *begann zu reden.* (그녀는 말하기 시작했다)

　5. Er *schwieg plötzlich.* (그는 갑자기 침묵하였다)

　6. Das Kind *aß den Apfel.*[1](아이가 그 사과를 먹었다)

만일 - 아주 잠정적으로 형식화하여 - 기동동사가 진행(Prozess)를 표현한다면(상태의 종결이나 다른 상태로의 변화), 위의 이탤릭체 표현들은 모두 기동동사가 될 것이다. 왜냐하면 이들은 상태변화(Zustands-

---

1) 많은 학자들이 이런 종류의 문장들을 기동적(=변형적 transformativ 또는 제한적 grenzbezogen) 표현의 범주로 분류한다. 동사의 명사적 문맥에 대한 명시를 통해서(명사군 den Apfel은 특히 "분류성", "단수", "제한성"의 자질을 갖는다) essen에 의해 표현된 상태의 시간적인 제한이 실제로 함축된다. 그러나 이것만 가지고는 예컨대 Andersson (1972)이 bringen을 규정하는 것과 동일한 의미에서 den Apfel essen(그 사과를 먹다)이라는 표현을 문법적으로 제한적(grenzbezogen)이라고 규정할 수는 없다.

veränderung)를 표현하기 때문이다. 그러나 이 표현들이 언어체계에서 모두다 동일한 위상을 가지는 것은 아니며, 문법기술은 무엇보다도 한편으로는 (1.1)에서 (1.3)까지, 다른 한편으로는 (1.4)에서 (1.6)까지 표현들 사이의 차이들을 설명할 수 있어야 한다.

　필자가 추구하는 개념이 비록 의미적인 토대 위에 구성되어 있지만, 모든 의미적인 차이는 그것이 언어체계에서 연관적이며 따라서 문법에서 다루어지려면, 형태·통사적 차이와 체계적(systematisch)으로 연관되어야 한다는 사실을 잊어서는 안 된다. 이러한 일치를 토대로 해야만 문법범주(grammatische Kategorie)의 구조에 대한 구성이 정당화된다. 지속동사, 기동동사 및 사역동사가 문법범주이므로(앞으로 다시 논의될 보다 엄격한 의미에서) 필자는 점차로 이 문제에 접근할 것이다. 이때 필자 역시 바로 이 동사유형에서 그 이론과 – 중요한 확대로서 – 단언(Behauptung), 전제(Voraussetzung) 및 함축(Implikation)의 개념체계를 예시했던 생성의미론의 수많은 논문들을 토대로 하고 있다. (기동동사에 대한 자세한 문헌 참조와 연구에 대해서는 Steinitz(1975) 참조).

2. 지속동사

출발점은 지속동사들이다. 지속동사로부터 기동동사와 사역동사의 부류가 채워질 수 있는 방법이 예견될 수 있어야 한다. 다음과 같은 동사들이 지속동사들이다.

◇ "시간"(Zeit) 차원에 대한 (함축적인) 관계를 통해서 결정되어 있는 상태를2) 표현한다. 이들은 특정한 시간을 요구하며 "지속한다" (dauern).

◇ 표현된 상태의 지속에 대한 제한을 함께 표현하지는 않는다. 상태가 실제로 제한되어 있더라도(예컨대 essen이나 schlafen을 통해서 표현된 상태), 시작(Beginn)이나 종결(Ende)이 동사에서 명백하지 않다.

이에 따라서 지속동사들은 모두 이들의 의미기술에서 "지속성"(Durativ)이라는 하나의 자질을 가지고 있는데, 이 자질은 시간적인 제한이나 상태변화를 전제하거나 함축하지 않는다. 지속동사들이 지속적 부사들(예: zwei Stunden lang 두 시간 동안)과 결합할 수 있다는 사실이 지속동사에 대한 우리의 목적에 충분한 통사기준으로서 사용될 수 있다. 이 기준을 통해서 laufen(달리다), schweigen(침묵하다), verhandeln(상의하다),

---

2) "상태"(Zustand)라는 개념은 여기서는 단순히 다른 사태표현, 예컨대 "과정"(Vorgang)이나 "행위"(Handlung=동작) 대신에 온다. 이 관계에서 아주 확실한 구별은 아직 이루어질 수 없다.

schwingen(흔들다)은 지속동사의 부류에 속하고, 이에 반해 verlieren(잃어버리다), ausdrücken(표현하다)과 같은 동사들은 지속동사에서 배제된다.

이제 상태를 지시하는 모든 의미개체(semantische Entität)에 대해 동사로서의 실현이 존재하느냐? 이 질문에 대해서는 개별 언어적으로만 대답이 가능하다. 왜냐하면 언어들은 주어진 의미구조의 실현종류와 실현가능성의 관점에서 구별되기 때문이다. 그래서 지속동사의 체계 내에서 독일어에 등장하는 여백(Lücke)은 우연한 성질이며 다른 언어자료를 통해 채워질 수 있다. 이러한 현저한 여백에 따라 체계를 알아보기 위한 단순한 보조수단으로서 필자는 다음과 같은 지속동사의 대립을 이용한다.

(2) reden(말하다)   : schweigen(침묵하다)
   stehen(서 있다)   : liegen(놓여 있다)
   leben(살아 있다)   : -
   wachen(깨어 있다) : schlafen(잠자다)
   blühen(피어 있다) : -

여백의 충전(Auffüllung)을 위한 언어자료로서 tot sein(죽다), welk sein(시들다)이 있다. 완전동사(Vollverb)(소위 종합적인 형식) 외에 형용사+sein 유형의 분석적인 구성이 지속동사의 체계적인 실현변이형으로서 체계에 수용된다. 이 확대에 대한 정당성이 다음 장에서 우리의 관계를 위해 "체계적"(systematisch)이라는 개념의 설명을 통해서 나타난다.

분석적인 구성은 동사를 통하지 않고 단지 형용사를 통해서만 표현될 수 있는 넓은 영역의 상태유형을 포함한다. 반대로 형용사+sein이 아니라 동사를 통해서만 표현될 수 있는 상태들도 있다. 따라서 종합적(synthetisch)인 형식과 분석적(analytisch)인 형식은 다음의 예가 보이는

바와 같이 작은 교차영역을 제외하고는 상보적(komplementär)으로 분포
되어 있다.

(3) schlafen   -   (잠자다)
    blühen   -   (피어 있다)
    reden   -   (말하다)
    verhandeln -   (상의하다)
    schweigen (stumm sein) (침묵하다)
    (kränkeln) krank sein   (병나다)
    wachen   wach sein   (깨어 있다)
    abhängen   abhängig sein (종속하다)
    -          alt sein   (늙다)
    -          müde sein   (지치다)
    -          tot sein   (죽다)

교차영역에 있는 두 실현형식의 의미가 완전히 동일한 것은 아니라는 사
실 이외에도, 우리는 형용사가 실현하는 개념내용(소위 의미핵 Bedeutungs-
kern)이 동사에 의해 실현되는 내용과는 의미상 원칙적으로 다른 성질인
가 아닌가 하는 질문을 제기해야 한다. 반대의 쌍 schlafen : wach sein의
형식을 위한 의미적 동기가 존재하는가? 혹은 보다 일반적으로 말해서,
의미구조가 통사화(=실현)될 때 의미술어이 특정한 구성이 특정한 통시
범주로 되도록 하는 우선순위(Präferenz)가 존재하는가?

이 질문에 대답하기 전에 아직도 많은 사실들이 해명되어야 한다. 여
기서 선택된 연구영역은 이 대답에서 유리한 것으로 증명될 수 있을 것
이다.

상태는 원칙적으로 제한할 수(begrenzbar) 있는 것으로 간주될 수 있

다. 이 말은 동시에 모든 상태 자체에 상태변화가 배열될 수 있다는 것을 의미한다. 기동동사(Inchoativum)가 상태변화(Zustandsveränderung)를 표현한다는 사실이 확정되어 있으면, 기동동사는 지속동사로부터 사전에 형성되어 있다. 즉 모든 지속동사에 대해 하나의 기동동사 대응물을 생각할 수 있어야 한다.

3. 기동동사

반대방향에서 고찰하면, 모든 상태변화는 두 가지 상태, 즉 전상태(Vorzustand)와 후상태(Nachzustand)를 포함한다. 그러나 이들은 상이한 위상(Status)을 가지고 있다.

"einschlafen"(잠들다)은 전상태 "wach sein"(깨어 있다)을 전제로 하고, 후상태 "schlafen"(잠자다)을 함축한다. (보다 자세한 것은 Steinitz (1975) 참조)

오해를 피하기 위해서 필자는 기동동사(Inchoativum)를 동작상 문헌에서 시동동사(Ingressivum), 결과동사(Resultativum) 등으로 보충되는 소위 단계동사(Phasenverb)의 일부로 이해하지 않는다는 점을 강조하고 싶다. 기동동사는 상태변화를 표현하며, 이때 함축된 후상태에 대해 상보적인 전상태를 전제로 하는 모든 동사들을 포괄한다. verblühen(시들다), verwelken(시들다), einschlafen(잠들다), sterben(죽다)은 다같이 기동동사에 속한다. 실현될 때 전상태가 어휘적으로 나타나는지 혹은 후상태가 어휘적으로 나타나는지 하는 것은 표층구조의 문제이지 의미론적 기저의 문제는 아니다 - 따라서 두 부류 기동성(Inchoativ)와 결과성(Resultativ)을 구분할 필요가 없다. verblühen과 verwelken은 동의어는 아니지만, 외연영역(Denotatsbereich)에서 몇 가지 교차점들을 가지며 유사한 의미구조를 가짐에 틀림없지만 어휘화의 방법에서만 구별된다.

기동동사가 지속동사에 연관되어 있으면, 우연한 여백은 다시 대조를

통해서 비교적 쉽게 발견할 수 있다. 기동동사는 지속동사에 유추하여
부분적으로는 분석적인 형식인 형용사+werden의 도움으로 추론할 수
있다. 기동동사의 분석적인 실현형식과 종합적인 실현형식이 병행하여
등장하는 교차영역은 지속동사에서보다는 훨씬 크며 형용사에서 파생된
많은 구조들이 존재한다. 많은 동사들이 이들의 형용사 대응에 대해(예
컨대 erröten : rot werden) 가지고 있는 특수한 전제조건들을 도외시한
다면, 이들은 일반적으로 동의어이다. 따라서 기동동사는 체계적으로 구
별되는 구성들 사이의 동의어 관계를 보이기 위한 좋은 분야이다. 이러
한 이유에서 기동동사는 오래 전부터 의미구조가 다양하게 배당되어 통
사적인 표층구조로 변화될 수 있는 방법을 연구하기 위한 예로서 사용되
고 있다. 다음의 선택된 목록을 예로서 제시한다.

(4)

지속동사	기동동사	
schlafen (잠자다)	einschlafen	–
wach sein (깨어 있다)	aufwachen	wach werden
blühen (피어 있다)	aufblühen	–
welk sein (시들다)	verwelken	welk werden
tot sein (죽다)	sterben	–
reich sein (부유하다)	–	reich werden
alt sein (늙다)	altern	alt werden
krank sein (아프다)	erkranken	krank werden
flüssig sein (녹아 있다)	schmelzen sich verflüssigen	–
dick sein (뚱뚱하다)	–	dick werden
froh sein (기쁘다)	–	froh werden
verhandeln (상의하다)	–	–
diskutieren (논의하다) reden (말하다)	–	–

목록에 있는 마지막 세 동사는 – 비록 의미적으로는 배제되어 있지 않지만 – 현재에도 기동동사의 대응물을 가지고 있지 않는 지속동사가 존재한다는 것을 암시한다. 필자는 이 문제로 되돌아 갈 것이다. 분석적인 구성이 기저 의미구조의 보다 직접적인 실현으로 간주되면(예컨대 단순화하여 WERD(ALT)), 해당하는 완전동사(Vollverb)는 보다 복잡한 구조의 응축물(Kondensat)로 이해될 수 있다. (기동동사의 참고문헌에 대해서는 Steinitz(1975) 참조).

4. 사역동사

외부작용(Fremdeinwirkung, Fremdverursachung)을 통해서 발생할 수 있는 상태와 상태변화의 모든 표현들은 의미적인 관점에서 사역동사 (Kausativum)의 구성성분임에 틀림없다.3) 이런 점에서 지속동사와 기동 동사의 부류로부터 사역동사의 부류가 어떻게 채워질 수 있는가 하는 것을 예견할 수 있다. 사역동사의 많은 특수한 문제점을 고려하지 않는다면, 사역동사는 그 의미에서 기동동사를 함축하고, 기동동사는 다시 지속 동사를 함축하기 때문에 이 세 동사부류의 종합적인 분석은 아주 명백하다. 누군가가 다음과 같은 문장을 발화한다고 가정해보자.

(5) Peter tötet die Fliege. (페터가 그 파리를 죽인다)

그러면 이 문장은 "die Fliege ist nicht tot"(그 파리는 죽지 않았다)로 기술되는 전상태를 전제하고, 페터가 파리에게 어떤 상태변화를 야기하는 것을 단언하며("die Fliege stirbt"(그 파리는 죽는다)로 기술된다), "die Fliege ist tot"(그 파리는 죽었다)로 표현되는 후상태로 들어간다.

세 부류 사이의 관계체계에서 추론할 수 있는 것은 한 부류의 모든 동사적 구성에 대하여 다른 두 부류들로부터 두 개의 대응물이 발견될 수

---

3) 사역동사와 관련한 "외부작용"(Fremdeinwirkung)이라는 개념은 문제를 세련되게 다루지 못하며, sich stellen과 같은 재귀동사를 이 부류의 외부에 둔다. 사역동사의 형성을 위한 의미제약은 이 동사부류의 체계에서 체계적인 여백(systematische Lücke)을 나타낸다. 그래서 예컨대 동사 sich irren에 대한 사역화는 의미적으로 배제되어 있다.

있어서 하나의 완전한 체계가 생긴다는 점이다. 지속동사와 기동동사에
유추하여 완전동사의 실현 이외에 분석적인 형식인 형용사+machen을
끌어오더라도 좀 나은 형상이긴 하지만 완전한 형상이 생기는 것은 아니
다. 다음 도표의 빈칸에 나타나는 여백은 지금까지 다루어왔던 것과 같
이 우연적(zufällig)이다.

(6)

지속동사	기동동사	사역동사
tot sein(죽다)	sterben	töten, tot machen
schlafen(잠자다)	einschlafen	einschläfern
sauber sein(깨끗하다)	sauber werden	säubern, sauber machen
stehen(서 있다)	sich stellen	stellen
liegen(놓여 있다)	sich legen	legen
reich sein(부유하다)	reich werden	reich machen
krank sein(병들어 있다)	krank werden, erkranken	krank machen
blühen(피어 있다)	erblühen	-
wach sein(깨어 있다)	wach werden, aufwachen	wach machen, wecken
flüssig sein(녹아 있다)	flüssig werden schmelzen	flüssig machen schmelzen
schweigen(침묵하다)	verstummen	-
verfügen(사용하다)	-	-
verhandeln(상의하다)	-	-
sich ängstigen(불안해하다)	-	-
sich bewegen(움직이고 있다)	-	-
(geplatzt sein)(파열하다)	platzen	-
(gescheitert sein)(좌절하다)	scheitern	-

여백을 채우기 위해 계속적으로 언어자료를 찾아 나설 때 우리는 모든

상태변화를 기술하는 (1)에서 예시된 것과 같은 표현들을 접하게 된다. 분석의 출발점은 유형 (1.1)의 표현들 einschlafen(잠들다), altern(늙다)이 었다. 이들은 공통의 의미적 기저구조에 접근하는 분석적인 구성유형 (1.2) alt werden을 통해서 풍부하게 되었다. 예 (1.3) in Gang kommen (움직이다)을 통해서 또 다른 크다란 주제의 복합체가 관점으로 들어왔 는데, 우리는 이것을 기능동사구(Funktionsverbgefüge: FVG 또는 확장 형태 Streckform)라 일컫는다. 사역동사와 지속동사에 배열될 수 있는 표 현들도 동일한 형성유형을 갖는다. 세 부류에 대한 예를 보면 다음과 같 다.

(7)

in Bewegung sein (움직이고 있다) in Verhandlung stehen (협상하고 있다) zur Verfügung stehen (사용하고 있다) in Streit liegen (싸우고 있다)	지속동사
in Gang kommen (움직인다) in Bewegung geraten (움직인다) in Verhandlung treten (협상한다) in Angst geraten (두려워한다)	기동동사
in Gang bringen (움직이게 하다) in Bewegung setzen (움직이게 하다) zum Blühen bringen (꽃피게 하다) zur Verfügung stellen (사용하도록 하다) zum Scheitern bringen (좌절시키다) in Angst versetzen (두려워하도록 하다)	사역동사

필자는 이 주제를 단지 특정한 관점에서만 고찰하려고 한다. 이것은 틀림없이 포착된 사실의 범위를 제한하지만 – 이리하여 이 연구를 진지 한 경쟁적인 연구로서 이미 존재하는 광범위한 FVG에 관한 문헌과 대 비시키는 것은 아니다 – 다른 한편으로는 동사체계의 몇 가지 규칙을 보 다 명확하게 제시한다.

우리가 기동동사의 체계로 배열하기 위해 보기 (1)의 표현들 중에서 선택한다면(나머지 표현들 (1.4)에서 (1.6)까지는 zu reden beginnen, plötzlich schweigen, den Apfel essen이다), 처음에 제시된 조건들을 염두에 두어야 한다. 동사(보다 일반적으로 말해서 동사적 구성들, 즉 원소적인 표현들과 합성적인 표현들)의 집단을 지속동사, 기동동사 및 사역동사로 구분하는 것은 의미론에 바탕을 두고 있지만, 문법에서 기술하기 위해서는 체계적인 형태·통사적인 차이가 의미적인 차이와 일치해야 한다. 그러한 경우에서만 우리는 문법범주(grammatische Kategorie)로서의 지속동사, 기동동사 및 사역동사에 관해서 말할 수 있다.

이로써 필자는 주어진 주제에서 피할 수 없는 하나의 중요한 문제점으로 접근하게 되는데, 다른 한편으로는 세 동사부류의 분석이 이 문제에 대해 단지 몇 가지 해명하는 관점만을 제공할 뿐이다.

5. 문법범주의 규정과 정당성

오랫동안 우리는 "문법범주"(grammatische Kategorie)라는 개념을 적어도 문법에서는 아주 무비판적이며 직관적으로 다루어 왔다. 즉 부정확성과 모순들이 없지 않았다. 왜냐하면 우리는 이 개념을 현재의 목적을 위해서 – 문법적인 문제의 취급이지 이론적인 도구의 발견은 아니다 – 재단했기 때문이다. 다른 한편으로는 바로 특수한 문법적인 문제의 취급에서 더욱 일반적인 개념들의 더욱 정확한 규정을 위해서 몇 가지 새로운 관점들과 기준들이 대두될 수 있다. 이 책에서 W.U. Wurzel과 필자는 상호 무관하게 문법범주라는 주제를 다루고 있다. Wurzel의 논문에서는 형태·통사적인 범주를 총괄하는 이 개념의 정의가 논의의 중심에 놓여 있다. 필자는 근본적으로 단지 이 논문을 언급할 뿐이지만, 적어도 용어에서는 Wurzel의 표현방법에 따르려고 노력하였다.[4]

우리가 의미자질(semantisches Merkmal)이나 술어(Prädikat)에 관해

---

4) "문법범주"라는 용어가 쉽게 착오를 일으킬 수 있지만, 필자는 통일성을 기하기 위해서 Wurzel로부터 인용하였다. 그는 "문법적"(grammatisch)이라는 개념은 통사론과 형태론에 제한되어 있다고 언급한다. 그러나 이것이 분명히 의도적인 것은 아니다. 즉 범주화에 대한 접근은 의미론에서 나타나지만, 표현에서 통사적으로나 형태적으로 가시적인 표지(또는 변화)에 일치하는 그러한 의미개체들만이 "문법적"이다. 그러나 이로써 "문법범주"라는 개념이 다 이용된 것은 아니다. 한 표현의 통사적 문맥을 토대로 다른 종류의 범주화가 나타난다(문맥 제약적인 하위범주화 및 결합가가 여기서 적용되는 용어들이다). 예컨대 "목적어가 필수적" 내지는 "목적어가 불가능한" 등의 동사특성을 토대로 하여 두 가지 통사범주 타동사/자동사가 구성된다. 이 범주유형은 여기서 다루는 유형에 결부되어 있지만(예컨대 사역동사는 비사역동사 sehen, rufen 등도 포함하는 타동사의 하위부류이다), 다른 통사적인 위상을 가지고 있으며 의미층위에서도 다르게 연관되어 있다.

서 말할 때 여러 가지 유형의 술어들이 형성될 수 있는 것은 사실이지만,
여기서는 다음 두 가지 술어가 우리의 관심을 끈다.

a) 표현의 "핵심의미"(Kernbedeutung)를 구성하는 술어들(대체로 원
   소술어의 복합체). 명백히 하기 위해서 어휘·의미자질(lexikalisch-
   semantisches Merkmal)이라고 칭한다.
b) 문법범주의 토대가 되는 술어들. 예컨대 형태범주 "성"(Genus)과
   "수"(Numerus)는 이들이 형태화할 때 의미변화를 나타내지만, 의
   미술어나 의미자질 "성"(Sexus), "수"(Zählbarkeit)에 토대를 두고
   있다.

b)에 속하는 술어의 집합은 a)에 속하는 술어의 집합과 그 원소가 동
일하다. 문법범주를 구성할 수 있는 모든 술어가 모든 언어에서 다 동일
한 것은 아니다. 여러 가지 문법체계가 이것을 보여준다. 그러나 문법범
주를 위한 후보자가 될 수 있는 모든 의미술어들 중에서 뚜렷한 부분집
합이 존재함에 틀림없다. 그리고 의미술어(semantisches Prädikat)가 문
법범주(적어도 하나의 언어로부터 모든 언어에 이르기까지)의 토대가 될
수 있는 개연성에 대한 위계가 설정될 수 있어야 할 것이다.

우리는 형태·통사적으로 체계적인 방법으로 표현되는 그러한 의미자
질들만이 문법범주를 구성한다고 확정한다. 따라서 특정한 의미적 사실
이 언어체계에서 문법범주로서 등장하느냐 않느냐 하는 것은 다만 개별
언어적으로만 결정될 수 있다. 어떤 언어에서 의미적 사실에 대한 문법
범주가 언제 존재하고 언제 존재하지 않는가를 결정하는 방법은 의미자
질이 형태·통사적인 표지로서 체계적으로 실현되는 조건에 달려 있다.
이 말은 (Wurzel에 따르면) 다음을 의미한다.

1. 문법범주는 단지 형태·통사적인 수단을 통해서만 실현되지 어휘적인 수단을 통해서 실현되어서는 안 된다.

2. 이것은 실현형태가 비교적 통일적이어야 한다는 것을 암시한다. 그러나 몇 가지 등가의 형식이 이 조건과 전적으로 양립할 수 있다.

3. 실현형태는 원칙적으로 의미론을 바탕으로 한 부류의 모든 요소들에 가능해야 한다. 이러한 사실이 체계에서 우연한 여백을 배제하는 것은 아니다.

4. 실현형태는 또한 신조어(Neubildung)에서도 적용될 수 있어야 하며 그래서 생산적(produktiv)이어야 한다.

조건 1을 통해서 기동동사의 체계적인 실현변이형으로서 beginnen zu +동사 또는 plötzlich+동사는 배제되지만, 이에 반해 kommen+전치사구는 수용된다. 그 이유는 다음 7.에서 제시될 것이다. 조건 2를 통해서 체계적인 실현변이형으로서 독일어 기동동사와 사역동사의 **형태론적인** 실현은 배제되어 있다. 즉 기동동사와 사역동사가 독일어에서는 형태론적 범주가 아니다. 왜냐하면 각각의 부류에 전형적인 형성방법이 없기 때문이다. 다음의 예가 이것을 보여준다.

(8)

기저표현	도출표현 : 기동동사
krank sein(병들다)	*er*kranken(병들다)
rot sein(붉히다)	*er*röten(낯을 붉히다)
alt sein(늙다)	alt*ern*(늙다)
flüssig sein(녹다)	*schmelzen*(녹다)
reif sein(익다)	reif*en*(익다)

기저표현	도출표현 : 사역동사
fallen(넘어지다)	fällen(넘어뜨리다)
trinken(마시다)	tränken(물을 먹이다)
schmelzen(녹다)	schmelzen(녹이다)
verbrennen(소실되다)	verbrennen(소각하다)
glatt sein(미끄럽다)	glätten(미끄럽게 하다)
locker sein(느슨하다)	lockern(느슨하게 하다)

이것은 여기서 이전에 완전했던 체계의 유산과 관계가 있는데, 우리는 이것을 사역동사(Kausativum)에서 아직도 잘 관찰할 수 있다. 현대 독일어에서는 구성형태가 통일적인 것도 아니고(조건 2), 또 의미적인 이유에서 문제가 되는 다수의 표현들에 적용될 수도 없다(조건 3). 분석적인 구성형태가 여백의 많은 부분을 채워준다. 그리고 이와 연관하여 구성형태가 생산적이 아니다(조건 4).5) 따라서 기동적 완전동사와 사역적 완전동사는 어휘화한 고립된 형태들이다.

이에 반해 FVG를 포함한 분석적인 형태는 문법범주의 규정을 위한 4가지 조건을 모두 충족시킨다. 문법범주(보다 정확히 말해서: 통사범주)로서 기동동사, 사역동사 및 지속동사는 이 통사적인 형성유형에 근거하고, 어휘적인 형태인 완전동사(Vollverb)도 역시 이렇게 구성된 문법범주에 수용되었다. 따라서 우리는 분석적인 구성 없이는 지속동사, 기동동사 및 사역동사를 논의된 의미에서의 문법범주로서 인정할 수 없을 것이다(주석 4 참조). zu sprechen beginnen(말하기 시작하다), plötzlich schweigen(갑자기 침묵하다) 등과 같은 종류의 표현들이 이 체계에 수용되지 않은 이유에 대해서는 7.에서 몇 가지 언급할 것이다.

---

5) 이를 통해서 사역동사들이 다른 품사에서 도출되는 생산적인 조어모형이 존재한다는 사실이 논쟁되어서는 안 된다. 예컨대 Militär(군대): militarisieren(군대를 배치하다), Chemie(화학): chemisieren(화학화/공업화하다), liquid(유동성의, 액체의): liquidieren(해산/청산하다), Müll(쓰레기): entmüllen(쓰레기를 없애다).

6. 의미술어의 문법적 실현과 어휘적 실현

한 언어에서 문법적으로 (즉 형태·통사적으로) 실현되는 의미술어는
또한 어휘적으로도 실현될 수 있다(이를 통해서 무엇보다도 보편적인 번
역가능성이 보장된다). Wurzel과 마찬가지로 필자는 술어의 어휘적 실현
을 형태적 표지나 통사적 표지와는 달리 모든 문맥에서 완전한 의미를
보유하며 독립적인 단어들에 의한 표현으로 이해한다. Wurzel의 명확한
예와 더불어 필자는 다음의 예들을 제시하고 싶다.

의미자질 "반복성"(Iterativ):

이 자질을 위해서 체코어에서는 지속동사로부터 반복동사를 만들 수
있는 체계적인 형태론적 표지가 존재한다.

(9)		지속동사	반복동사
	("schreiben")	psáti	psávati
	("machen")	dělati	dělávati
	("gchcn")	choditi	chodívati

독일어에서는 이에 해당하는 것이 존재하지 않는다. 이 말은 체코어의
반복동사가 독일어에서는 정확히 표현될 수 없다는 의미는 아니다. "반
복성" 의미자질이 독일어에서는 어휘적으로 표현될 수 있으며 체코어의
반복동사에 해당할 수 있겠다.

(10) oft schreiben, zu schreiben pflegen (종종 쓰다, 쓰곤 한다)

　　 oft machen, zu machen pflegen (종종 만든다, 만들곤 한다)

　　 oft gehen, zu gehen pflegen (종종 가다, 가곤 한다)

체코어에서는 "반복성" 의미자질이 특별한 형태론적 표지와 일치한다. 따라서 체코어에서는 반복동사의 형태범주에 관해서 말하는 것이 적절하다. 이에 반해 독일어에서는 이러한 범주가 없다. 어휘단위 oft(이것의 의미적 변이형 manchmal(종종), mehrmals(수차), wiederholt(반복해서), ab und zu(가끔), sehr häufig(아주 자주) 등)는 고유의미를 토대로 하여 해당 의미술어를 실현시키는 과제를 떠맡는다. 그러나 문법적인 표지와는 반대로 어휘단위는 아주 독립적으로 작용한다. 이 어휘단위는 고유한 문장성분 범주, 즉 시간부사어에 속하며 다양한 변이형에서도 가능하고 자신의 의미를 항상 보유한다. 다음을 비교해 보자.

(11) *Oft* kam Peter später als versprochen.

　　 (페터는 가끔 약속했던 것보다 더 늦게 왔다)

　　 Wie *oft* warst du bei ihm?

　　 (너는 몇 번 그 사람 집에 있었느냐?)

　　 Ich weiß nicht genau, aber es war sehr *häufig*.

　　 (정확히는 모르겠지만 아주 자주 있었다)

이러한 구별은 동작상 개념의 분석에서도 중요한 것으로 증명된다.

의미자질의 문법적인 실현과 어휘적인 실현 사이의 구별이 항상 이렇게 현저하고 명백하게 이루어질 수 있는 것은 아니다. "어휘적 단어"와 "문법적 단어" 사이의 추이가 있고, 몇몇 단어들에서는 "어휘적 단어"에서 "문법적 단어"로 변화하는 경향을 관찰할 수 있다. Wurzel은 현대독일어의 시제체계 내에서 명백히 "문법적 단어"인 haben을 가지고 문법화 과정이 어떻게 진행될 수 있는가를 제시하고 있다. FVG 내에 있는 기능 동사도 역시 이러한 과정을 겪었다. 기능동사도 의미자질(예컨대 "기동성")을 실현시키지만 "어휘적 단어"인 다른 동사들과는 다르다.

우리는 다음과 같은 특성들이 "문법적 단어"(grammatisches Wort)를 충분히 표지한다고 가정한다.

1. 의미상실(Bedeutungsentleerung) (Černyševa(1970)에서의 탈의미화 (Desemantisierung), Heringer(1968)에서의 일반화(Generalisierung). 한 단어의 특수의미를 구성하는 의미자질의 상실.

2. 아주 일반적인 의미자질 보유. 이것이 문법범주에 대한 가능한 후보 자가 되는 자질들이다(5. 비교).

3. 단어가 가지고 있는 원래의 완전한 의미와 양립할 수 없는 통사적 환경에서의 등장.

4. 생산성. 생산성은 표현들이 결합되는 체계성과 그 결과로 나타나는 예언성에서 표현된다. 의미상실이 증가함에 따라 체계적으로 주어 진 모형의 토대 위에서 신조어(Neubildung)의 가능성은 증가한다.

이에 반해 "어휘적 단어"(lexikalisches Wort)는 자립성을 통해서 특징 지어져 있다. 어휘적 단어는 통사구조에 따라서 그의 환경에 결합되어 있지만, 가능한 문맥과 위치규칙에 관련하여 본질적인 의미자질을 상실 하지 않으면서 어느 정도의 변이성을 가지고 있다.

7. 기능동사구(FVG)

기능동사구(Funktionsverbgefüge: FVG)는 필자가 8장에서 기능명사
(Funktionsnominal: FN)라는 개념으로 논의하고 있는 명사성분과 동사
성분인 기능동사(Funktionsverb: FV)로 구성된다.

7.1. 기능동사(FV)

필자는 "기동성" 의미자질에 대한 다양한 실현가능성이 제시되었던 1.
에 있는 보기 (1)과 모든 세 부류의 FVG에 대한 예목록 (7)로 되돌아 간
다. 이들은 위에서 언급한 "문법적 단어"의 특성을 위한 검사로서 아주
적절하다.

앞 절에서 언급한 특성들에 따르면 보기 (1.4)의 zu reden beginnen(말
하기 시작하다)과 (1.5)의 plötzlich schweigen(갑자기 침묵하다)에서는
"기동성"6) 의미자질의 어휘적인 실현이 문제된다. beginnen과 plötzlich
는 자립적이다. 이들은 의미를 변화시키지 않고서도 한 문장 내에서 치환

---

6) 예(1.6) den Apfel essen(사과를 먹다)은 그 자체가 하나의 경우이다. 여기서는 beginnen
에서처럼 "기동성" 의미자질의 어휘화가 존재하지 않는다. 이 표현에서는 명사군의 명
시를 통해서 간접적으로만 후상태 "der Apfel ist aufgegessen"(사과를 다 먹어 치우다)
이 실제로 함축된다(주석1 참조). 다른 명사적 문맥 내에서는(예컨대 Brei essen, 죽을
먹다) 이 후상태에 대한 어떤 것도 전달되지 않는다. 현실의 세계에서는 결국 대부분의
상태가 제한되어 있으며 상보적인 후상태로 들어간다는 사실은, 이에 대한 언어표현이
존재하지 않는 한 언어학적으로는 중요하지 않다.

될 수 있으며(다음 예의 12.1a), 다양한 통사적 표현들과 결합될 수 있고
(12.2a), 생략(Ellipse)의 경우에서도 전체 구조를 표현할 수 있다(12.3a).
비교하기 위해서 문장 a)에 대해 기동적 FV kommen이 있는 문장 b)를
대립시킨다.

(12.1) a) Jetzt musste er zu reden beginnen: Jetzt musste er
beginnen zu reden. (이제 그는 말하기를 시작하지 않을 수
없었다)

Er schwieg plötzlich: Plötzlich schwieg er. (그가 갑자기 침
묵하였다)

b) Jetzt musste sie in Bewegung kommen: *In Bewegung
musste sie jetzt kommen. (이제 그녀는 움직이지 않을 수
없었다)

(12.2) a) Der Schnee begann zu schmelzen. (기동동사)

(눈이 녹기 시작했다)

Er begann, den Wagen zu säubern. (사역동사)

(그는 차를 세차하기 시작했다)

Er begann mit der Arbeit. (전치사구조)

(그는 일을 시작했다)

b) Peter kam in Wut. (전치사구조)

(페터가 분노하기 시작했다)

(12.3) 문맥: Die beiden Maschinen hörten auf zu laufen. (두 기계는
움직이는 것을 멈추었다)

a) Die eine begann bald wieder zu gehen: Die eine begann
bald wieder. (한 기계는 곧 다시 움직이기 시작했다. 다른
기계도 곧 다시 시작했다)

b) Die eine kam bald wieder in Gang: *Die eine kam bald wieder.

kommen은 명사적 환경에 따라서 "어휘적 단어"가 되거나 또는 "문법적 단어"가 된다. 그러나 "어휘적 단어"로서의 kommen은 "기동성" 의미자질만의 실현이 될 수는 없다. 여기서 kommen의 의미는 훨씬 풍부하다. 다음 두 문장을 비교하기 바란다.

(13) Die Maschine kam in Gang und lief dann einwandfrei. (=예 (1.4)) (그 기계는 움직이기 시작하여 결함 없이 계속 돌아갔다)
   Peter kam (zu uns) in den Gang und unterhielt sich eine Weile. (페터가 (우리 쪽으로) 복도로 와서 잠시동안 이야기하였다)

"기동성"의 실현으로서 kommen은 다시금 "어휘적 단어"의 자립성과 변이성을 갖지 않는다.

FVG에 등장하는 몇몇 동사들, 예컨대 stehen, kommen, bringen, stellen, setzen을 고찰해보자. "어휘적 단어", 즉 완전동사로서 이들은 일차적으로 공간적인 차원에 연관되어 있다. 이들은 개별적으로 다음과 같다.

stehen(서 있다)은 한 개체가 어떤 토대와 특수하게 정적으로 (지속적으로) 접촉하고 있는 것을 표현한다. 대응물은 liegen(누워 있다), sitzen (앉아 있다), knien(꿇어앉아 있다) 등이다.

(14) Peter *stand* auf einer Bank, die anderen knieten oder saßen, so entstand ein schönes Gruppenbild. (페터는 벤치 위에서 있고 다른 사람들은 무릎꿇고 앉아 있거나 그냥 앉아 있었다. 그래서 하나의 아름다운 단체사진이 생겨났다)

kommen은 장소의 변화를 표현한다. 한 개체가 공간에서 일반적으로 화자의 입장과 일치하는 어떤 목표점으로 향하는 움직임을 표현한다. 대응물은 gehen이다.

(15) Peter *kommt* noch, willst du schon *gehen*? (페터가 곧 올 것이다. 너 벌써 가려고 하니?)

bringen(운반하다)은 장소의 변화를 표현한다. 다른 개체를 통해서(나르거나 동반함으로써) 야기되는, 어떤 목표점으로 향하는 한 개체의 움직임을 표현한다. 대응물은 holen(가져오다), schicken(보내다) 등이다.

(16) *Bring* das Packet zur Post und *hol* gleich die Zeitung *ab*. (소포를 우체국으로 가져가고 신문을 바로 가져오느라)

stellen은 한 개체에 의해서 야기되는 다른 개체의 장소변화를 표현한다. 장소변화는 다른 개체의 정적인 위치와 특수한 접촉을 통해서 끝나고 stehen으로 표현된다. 대응물은 stellen(세우다), setzen(앉히다), legen(눕히다), hängen(걸다); stehen(서 있다), sitzen(앉아 있다), liegen (누워 있다), hängen(걸려 있다) 따위이다.

(17) *Stell* die Tasche auf den Tisch oder *leg* sie dorthin. (가방을 책상 위에 세워 두든지 또는 그 위에 놓아 두어라)

Setz Peter auf den Stuhl und *stell* dich dahinter. (페터를 걸상 위에 앉히고 너는 그 뒤에 서 있거라)

Heringer(1968)는 kommen과 bringen을 예로 들어 이 동사들의 해석

에 토대가 되는 문법화 과정을 "증가하는 일반화의 등급"으로서 제시하고 있다. 이 과정의 끝에 "문법적 단어"인 기능동사(FV)가 있다. 우리는 이러한 사실을 6.의 "문법적 단어"에서 가정한 네 가지 특성을 가지고 검토해 보고, 이에 첨부하여 4.의 보기 (7)을 논의해 보자.

1.에 대한 보충: 의미상실(Bedeutungsentleerung)

동사들은 공간적인 차원에 대한 관계를 상실하였다. 이리하여 동사들은 대응물의 형성을 가능케 하는 특수한 공간적인 관계를 위한 변별자질(distinktives Merkmal)도 역시 상실하였다. zur Verfügung stehen(사용하다)은 존재하지만 *zur Verfügung sitzen은 존재하지 않는다. zur Verfügung stellen(사용하게 하다)과 더불어 in Bewegung setzen(움직이게 하다)은 존재하지만, 여기서의 stellen과 setzen은 (17)에서와 같은 대응물은 아니다. 이들은 둘 다 동일한 의미자질 "사역성"의 실현 변이형들이다.

2.에 대한 보충: 일반적인 의미자질의 보유

stehen은 완전동사로서도 가지고 있는 "지속성" 의미자질을 보유한다. stehen은 조동사 sein, haben과 함께 지속성 부류를 표지하는 "문법적 단어"이다.

kommen은 "변화성"이라는 의미자질을 보유하며 공간적인 관계가 상실되고 변화성은 이제 상태에 관련된다. kommen은 조동사 werden과 함께 기동성("상태변화") 부류를 표지하는 "문법적 단어"이다.

bringen, stellen은 둘 다 "상태변화"라는 일반적인 의미 안에 있는 "변화성"의 의미자질을 보유한다. 그밖에 이들은 완전동사로서도 가지고 있는 "사역성" 의미자질을 보유한다. bringen, stellen은 machen[7]과 함께

---

7) haben, sein, werden의 위상에 대해서는 의견이 일치한다. 이들은 - "조동사"라는 용어

사역성 부류를 표현하는 "문법적 단어"이다.

3.에 대한 보충: 원래의 의미와 양립할 수 없는 통사적 환경에서의 등장. 이 특성은 앞의 특성1 및 2와 관계가 있다. "어휘적 단어"인 완전동사 stehen, kommen, bringen, stellen은 공간적인 관계를 가지고 있다. 이 관계가 통사적으로 실현되면(예: Bring mir das Buch(나에게 책을 가져와라) 대 Bring das Buch(책을 가져와)!), 이 관계는 문맥조건 안에서 언급된다. 이 동사들은 관계어(Bezugswort)로서 "구체성"(Konkret) 부류자질을 갖는 명사를 요구한다. 다시 말해서 이 표현들은 구체적인 대상에 대한 공간적인 관계 안에 있는 상태나 과정을 기술한다.

"문법적 단어"인 FV로서 이들은 공간적인 관계를 상실하였다. 이들은 관계어로서 전치사군을 요구하는데, 이 전치사군의 명사는 특수한 상태나 과정을 표현하고 "추상성"(Abstrakt) 의미자질을 갖는 동작명사(Nomen actionis)이다. FV는 미세한 고유의미 때문에 모든 경우에서 관계어, 즉 이들의 통사적 환경에서 전체 표현의 어휘·의미자질들을 포함하는 추상명사가 있는 전치사군을 가져야 한다.

(18) Man brachte die Arbeit zum Abschluss. (사람들은 그 일을 끝냈다)

가 제시하는 바와 같이 – 문법적인 단어로서 동사계열소에 수용되었다. machen도 역시 그 의미들 중의 하나에서 이 계열에 수용될 수 있다. 단지 이러한 이유로 해서 필자는 이 동사들을 논증과정에서 포함시키지 않았다. 그러나 FV에 대해 언급된 것은 – 경우에 따라서는 몇 가지 차이점이 있지만 – 조동사에서도 적용된다.

완전동사와 "문법적 단어"가 공시적으로 존재하기 때문에, FV에서 분명한 문법화 과정은 조동사에서도 증명될 수 있다. 어원적으로 이들 모두가 완전한 의미를 갖는 동사로 소급된다. Wurzel은 이것을 haben에서 제시하였다. Kluge/Götze(1951)에 의하면 werden은 어원적으로 라틴어 vertere "wenden, kehren"과 고대 슬라브어 vruteti "drehen"과 관계가 있다. 우리는 조동사로 의미가 변화하는 것을 확실히 추적할 수 있다(-wärts에서는 옛날의 의미가 아직도 그대로 보존되어 있다). 조동사 machen은 "knoten"(묶다/연결하다), "zusammenfügen"(결합/연결하다), "verbinden"(결합/연결하다)의 의미로 소급된다.

*Man brachte die Arbeit.

bringen은 연결되는 전치사군 없이는 동일하게 발음되는 완전동사의 의미를 가진다. 이에 따라서 Arbeit의 의미가 변화하는데, 즉 추상적인 동작명사에서 구체적인 명사로 변화한다.

4.에 대한 보충: FVG의 생산성(Produktivität)

FVG의 생산성이 간과되어서는 안 된다. 이 관계에서 FVG의 문체적인 평가에 대해서는 어떤 것도 언급해서는 안 된다. 그러나 명백한 것은 FVG의 도움으로 독일어 동사체계에 있는 많은 여백이 채워질 수 있으며 상이한 통사적 구성들의 가능성이 확대된다는 점이다. 완전동사가 있는 곳에서는 의미차이를 표현할 수 있는 가능성도 명백하다. 예컨대 in Vergessenheit geraten(잊혀지다/망각되다) : vergessen werden(잊혀지다). (보다 자세한 것은 Daniels(1963) 참조)

위에서 언급한 바와 같이 문법화 과정이 진행되는 동안에 의미자질의 상실로 말미암아 완전동사의 대립관계 역시 상실되었다. 예컨대 kommen (오다) : gehen(가다), bringen(가져가다) : holen(가져오다) 등.

그러나 현재 동일한 과정을 통해 제약을 받아서 완전동사로서는 단지 간접적으로만 상호 연관되어 있는 동사들이 FV로서는 직접적으로 대립되어 있다. 즉 두 FV bringen : kommen은 상호 반대로 행동하고 "대립쌍"(Oppositionspaar)을 형성한다.

(19) Peter bringt die Maschine in Gang: Die Maschine kommt
    (durch Peter) in Gang. (페터가 기계를 가동시킨다. 기계는 (페터에 의해서) 가동된다)

이 쌍의 형성이 완전동사 bringen과 kommen에서는 불가능하다.

(20) Peter bringt mir das Buch (페터가 나에게 책을 가져온다) :
　　*Das Buch kommt (durch Peter) zu mir.

7.2. FV stehen, kommen, bringen

stehen, kommen, bringen으로 교체되는 FV들은 처음의 개략적인 분석에서 "지속성", "기동성", "사역성"의 의미자질에 대한 등가의 실현변이형으로서 이해될 수 있으며, 따라서 세 가지 부류에 규칙적으로 분배될 수 있다. 자유로이 교체될 수는 없지만 특정한 명사군과의 결합이 규칙적이 아닌 그러한 변이형들이 모든 부류들에서 존재하는 것처럼 보인다.

우리가 특정한 FV의 집단 내에 있을 경우 조금만 관심을 가지면 다음을 확인할 수 있을 것이다. 즉 FV와 FN 결합의 정당함과 부당함에 대한 다음의 분배를 규명하는 의미적이며 통사적인 동기를 상상하는 것은 어려운 일이다.

(21)	정당함	부당함
in Gang bringen (가동시키다) in Gang setzen (가동시키다)		in Gang stellen
zur Diskussion stellen (논의에 부치다)	zur Diskussion setzen
zur Kenntnis bringen (알리다)	zur Kenntnis stellen

다음의 목록은 stehen, kommen, bringen이 지금까지 표현했던 바로 그 집단들의 FV에 대한 몇 가지 가능한 변이형들이다.

(22)

지속성	stehen, sein, liegen, schweben
기동성	kommen, eintreten, geraten, gehen, treten, verfallen, ausbrechen
사역성	bringen, stellen, setzen, versetzen, stecken, stürzen, treiben

그러나 이 변이형들은 등가가 아니다.

1. FVG를 위한 FV 선택의 선호도에서 분명히 차이가 있다. 지금까지 예시를 위해서 사용된 동사들 stehen, sein, kommen, bringen, setzen, stellen이 선두에 서 있다. 나머지 동사들은 부분적으로 아주 제한된 적용 영역을 갖는다.

(23)

정당함	부당함
in Ängsten schweben(걱정하고 있다) in Gefahr schweben(위험에 빠져있다)	in Verhandlungen schweben in Wut schweben
in Scheidung liegen(이혼소송 중이다) in Fehde liegen(반목하고 있다) in Streit liegen(투쟁중에 있다)	in Diskussion liegen in Bewegung liegen in Beziehung liegen
in Verhandlungen eintreten(상의하다)	in Gefahr eintreten
in Angst verfallen(불안에 빠지다) in Wahnsinn verfallen(정신착란에 빠지다)	in Freude verfallen in Erregung verfallen
in Panik ausbrechen(공포속에 빠지다)	in Schwung ausbrechen
in Aufruhr versetzen(격분시키다)	in Betrieb versetzen
in Brand stecken(방화하다) zur Verzweiflung treiben(절망시키다) ins Elend stürzen(불행에 빠뜨리다)	in Gang stecken zum Abschluss treiben in Verbindung stürzen

이미 어휘화한 관용어가 아닌 경우에는 FV가 각 부류의 대표자들로 교체될 수 있다.

2. FV의 상이한 일반화 등급, 즉 출발동사의 특수한 어휘·의미자질에 대한 상실의 정도는 부분적으로 (22)에서 나온 FV의 상이한 결합가능성과 연관된다. 사용된 개념 "문법화 과정"은 자유로운 결합과 진정한 FVG 사이에 "어휘적 단어"의 문법화가 단지 경향성(Tendenz)으로서만 적용되는 중간지대가 있는 것으로 이해될 수 있다. 특히 동사들 stehen, kommen, bringen에서는 이러한 진행이 종결되었으며, 이들은 특수한 고유의미 없이 단지 "지속성", "기동성", "사역성"의 의미자질만을 표지한다. 이와 반대로 verfallen, stürzen, treiben 등과 같은 동사들은 이런 의미자질들 이외에 또한 아주 개략적으로 "부정적으로 평가될 수 있는 상태로 된다"로 바꿔 쓸 수 있는 의미자질을 추가적으로 가지고 있다. 이 추가적인 특수의미가 해당 명사군과의 결합가능성을 제한한다.

FN의 탈문법화 과정은 FV의 문법화 과정과 일치한다(8. 참조). FV와 FN이 각 과정의 여러 단계들을 대표하는 표현들이 있기 때문에, 우리는 Heringer(1968)에 따라서 FVG의 내부적, 동질적인 영역(FV는 고유의미를 가지지 않으며 동사의 부류자질과 형태범주를 표시하고, FN은 명사군의 통사자질을 상실했다)과 FVG의 외부적인 영역(FV는 어느 정도 고유의미를 가지며, FN은 명사군의 몇 가지 통사적인 특성을 가진다)에 관해서 말할 수 있다.

7.3. 기능동사구의 유형

지금까지 FV의 하나의 유형만이, 물론 언어학적인 문헌에서 종종 유일한 유형으로 다루어지는 FV+전치사군의 유형만이 논의되었다. 그러나 예문들을 확대하는 경우 의미적, 통사적으로는 서로 구별되지만 상호 규칙적인 관계도 가지고 있는 집단들을 발견할 수 있다. 필자는 다음의 분류에 대한 제의를 다양한 FVG 유형들의 보다 자세한 연구를 위한 발상으로서만 이해한다.

a) FV+전치사군으로 구성되는 FVG

장소보충어의 기능을 갖는 전치사군을 요구하는 완전동사로부터 FV가 생겨났다. 전치사군은 FVG의 명사성분(FN)이 되며 상태나 과정을 표현한다. 지속적 FV와 기동적 FV는 자동사로부터 생겨났으며 사역적 FV만이 필연적으로 타동사이다. 지금까지의 예들은 이 집단에서 끌어왔으며 목록 (22)는 여기에 속하는 FV의 모음이다.

b) FV+명사군으로 구성되는 FVG

이 동사들은 장소의 의미를 가지지 않으며 타동사들이다. 목적어의 기능을 갖는 명사군은 FVG의 명사성분(FN)이 된다. 이 집단의 FV의 대표자들은 haben, bekommen, geben이다. 다음의 예가 보여주는 바와 같이, 집단 b)의 FV도 집단 a)의 FV와 마찬가지로 "지속성", "기동성", "사역성"의 부류자질을 내포한다(여기서 그리고 다음에서도 X, Y, Z는 개체표현에 대한 변항(Variable)을 의미한다).

(24) 사역성 : X gibt Y Bescheid über Z (알리다)
    기동성 : Y bekommt Bescheid über Z (알게 되다)
    지속성 : Y hat (weiß) Bescheid über Z (알고 있다)

    사역성 : X verschafft Y Einblick in Z (이해시키다)
    기동성 : Y bekommt Einblick in Z (이해하게 되다)
    지속성 : Y hat Einblick in Z (이해하고 있다)

사역성 : X macht Y Mut (용기를 주다)

기동성 : Y bekommt Mut (용기를 얻다)

지속성 : Y hat Mut (용감하다)

사역성 : X überträgt Y die Verantwortung über Z (책임을 지우다)

기동성 : Y bekommt die Verantwortung über Z (책임을 지다)

지속성 : Y hat die Verantwortung über Z (책임이 있다)

Y trägt Verantwortung für Z (책임이 있다)

사역성 : -

기동성 : Y erhebt Anspruch auf Z (요구하다)

지속성 : Y hat Anspruch auf Z (요구하고 있다)

사역성 : -

기동성 : Y nimmt Verhandlungen auf (상의하다)

지속성 : Y führt Verhandlungen (상의하고 있다)

다음의 목록은 집단 b)에 속하는 FV에 대한 예들을 제공한다.

(25)

지속성	haben, tragen, führen, leisten, hegen, üben
기동성	bekommen, nehmen, erheben, finden, aufnehmen
사역성	geben, verschaffen, zufügen, übertragen, machen

집단 a)보다도 집단 b)가 더 많이 적용되는 이유는 비교적 넓은 결합 영역을 갖는 몇몇 동사들(haben, bekommen, nehmen, geben 등) 이외에, 문법화 과정 중에 있으며 동시에 명사성분을 가지고 이미 어휘화된 관용 어를 형성하는 많은 동사들이 있기 때문이다. 따라서 집단 b)는 한편으

로는 그 수가 많지만, 다른 한편으로는 유형 a)의 집단처럼 그렇게 생산
적이 아니다. 다음의 예가 보여주는 바와 같이 다수의 특이한 형성들이
존재한다.

(26) Schutz finden (보호받다) / Anerkennung finden (인정받다)
　　Hilfe leisten (도와주다)
　　Hoffnungen hegen (희망을 품다)
　　Geduld üben (인내하다)

　　Entscheidungen treffen (결정하다)
　　Ergänzungen vornehmen (보충하다)
　　einen Entschluss fassen (결심하다)

　　Freude bereiten (기쁘게 하다)
　　Leid zufügen (고통을 주다)
　　Verwunderung erregen (놀라게 하다)

다음의 의미에서 두 집단의 혼합이 있다.

a') 집단 a)의 타동사
이들은 사역동사이며 FVG의 명사성분(FN)으로서 전치사군(해당 완
전동사의 장소부사어) 뿐만 아니라 원칙적으로 명사군(목적어)도 취할
수 있다. FV+전치사군 이외에 FV+명사군도 역시 존재한다.

(27) X stellt Y zur Diskussion (논의에 부치다)
(28) X stellt die Diagnose (진단하다)

사역동사는 전치사군과 결합할 수 있는지 또는 명사군과 결합할 수 있는지에 따라서 다르게 행동한다. 다음 도표는 동사 bringen, stellen, setzen, legen에 대한 개요를 제공한다.

(29)

	전치사군	명사군
bringen	etwas in Gang(가동시키다) in Ordnung(정돈시키다) zur Durchführung(실행)	Ø
stellen	etwas zur Diskussion(논의) zur Auswahl(선택) zur Verfügung(사용)	eine Diagnose(진단), eine Frage(질문), einen Antrag (신청), eine Aufgabe(과제), eine Bedingung(조건을 제시하다)
setzen	etwas in Gang(가동시키다) in Verbindung(결합)	Hoffnungen in etwas(희망) Vertrauen(신뢰하다)
legen	Ø	Wert auf etwas(중히 여기다) Nachdruck(강조하다) Ehrgeiz in etwas(공명심)

이 도표는 "어휘적 단어"로서 동일한 통사적 환경, 즉 4격(=대격) 목적어와 방향규정어를 갖는 세 가지 동사에 대한 어느 정도 통일적인 모습을 보여준다.

b') 집단 b)의 FV

집단 b)의 FV가 제한적으로는 전치사군과도 FVG를 형성할 수 있다. FV+명사군 이외에 FV+전치사군도 역시 존재한다.

(30) Y hat Anspruch auf Z (요구하고 있다)

Y bekommt Einblick in Z (이해하게 되다)

X gibt Y Bescheid über Z (알리다)

(31) Y hat Z zur Verfügung (사용하고 있다) / in Verwahrung (보관하고 있다) / in Gebrauch (사용하고 있다)

Y nimmt Z in Empfang (수령하다)

Y gibt Z in Verwahrung (보관하도록 맡기다)

전체적인 분석에서 아직도 많은 것이 수정되어 정확히 표현되어야 한다. 예컨대 FV bringen, stellen, setzen, legen이 집단 a')의 요소로서 어느 정도로 그들의 사역적인 특성을 상실하며, 또 FVG와 완전동사의 비교가 무엇을 시사하는지를 연구해야 한다.

(32) einen Antrag stellen (신청하다)   : beantragen

eine Frage stellen (질문하다)   : fragen

Hoffnungen auf etwas setzen (희망하다) : etwas hoffen[8]

---

8) 다양한 문법범주들의 체계가 형태·통사적 표지를 토대로 일단 한 번만 구성되어 있으면, 유추형성들은 이들이 의미적으로 동기화되어 있지 않는 곳에서도 등장할 수 있다.

(i) Peter *brachte* seine Empörung *zum Ausdruck.*
    Peter *drückte* seine Empörung *aus.* (페터는 자신의 분노를 표현하였다)

두 문장의 동의관계(Synonymie)가 보여주는 것은 이 경우에 bringen을 "사역성" 의미 자질에 연관시키는 것은 별 의미가 없다는 것이다. 그밖에 능동적인 행위와 과정을 표현하는 대부분의 동사들은 이 자질과 결합되어 있음에 틀림없다. 아마도 "사역성"은 원소술어가 아니며 계속해서 분석될 수 있을 것이다. 이 술어성분들 중의 하나가 (i)의 bringen에서도 포함되어 있다. Heringer(1968)에 따르면 bringen은 수동적인 과정의 표현에서 능동적인 과정의 표현을 만들 수 있다.

(ii) Peter erfuhr von dem Beschluss. (페터는 결정에 관해서 알게 되었다)
    Peter brachte in Erfahrung, dass beschlossen worden war ... (페터는 결정되었다는 사실을 들어서 알고 있었다)

FV의 여러 집단들 사이에는 아마도 여기서는 아직 발견되지 않은 다양한 관계들이 존재할 것이다. 일부의 규칙들을 발견하기 위한 두 가지 발상이 여기서 언급된다.

1. 유형 a)와 유형 b)의 몇몇 FVG는 의미가 동일하거나 혹은 적어도 이들의 의미에서 매우 유사하다.

(33a) Y gerät in Angst　　　　: Y bekommt Angst
　　　　　　　　　　　　　　 (불안에 빠지다)

　　　X bringt Y Z zur Kenntnis　: X verschafft Y Kenntnis von Z
　　　　　　　　　　　　　　 (인식시키다)

　　　X kommt zur Anwendung　 : X findet Anwendung (적용되다)

　　　X schwebt in Ängsten　　 : X hat Angst (걱정하고 있다)

　　　X steht in Verhandlungen　: X führt Verhandlungen
　　　　　　　　　　　　　　 (상의하고 있다)

2. 유형 a)와 유형 b)의 몇몇 FVG는 상호 반대되는 표현들이다.

(33b) Z kommt Y zur Kenntnis　　: Y bekommt Kenntnis von Z
　　　(Z가 Y를 인식하다)　　　　(Y가 Z를 인식하다)

　　　Z steht Y zur Verfügung　　: Y hat Z zur Verfügung
　　　(Z가 Y를 사용하다)　　　　(Y가 Z를 사용하다)

　　　Z ist in Gebrauch von Y　　: Y hat Z in Gebrauch
　　　(Z가 Y를 사용하다)　　　　(Y가 Z를 사용하다)

　　　Z ist in der Verantwortung　: Y hat Verantwortung für Z
　　　von Y (Z가 Y를 책임지다)　(Y가 Z를 책임지다)

7.4. 지속성, 기동성 및 사역성

우리가 지속성, 기동성 및 사역성 개념을 적당한 방법으로 정확히 표현하면, 여기서 다루는 분석적인 동사적 표현들의 체계는 좀 더 넓은 집단의 FV로 인해 풍부해질 수 있다. 이러한 집단은 Steinitz(1969:26ff.)의 Pro-동사라는 명칭 하에서 간단히 다루어졌다. 여기서는 다만 배열된 예들의 목록만이 아직도 상대적으로 무시되고 있는 이 동사군을 논의의 대상으로 삼고자 한다.

(34) 사역성 : X schafft Einigkeit (일치시키다)

X macht Krach (말다툼하게 하다)

X ruft Uneinigkeit hervor (불일치시키다)

X schafft Stille (침묵하게 하다)

X macht/legt Feuer (불을 놓다)

기동성 : Es kommt Einigkeit zustande (일치하다)

Es entsteht Krach (말다툼이 일어나다)

Es entsteht Uneinigkeit (불일치하다)

Es tritt Stille ein (침묵이 시작되다)

Es bricht ein Feuer aus (화재가 일어나다)

지속성 : Es herrscht Einigkeit (계속 일치하다)

Es besteht Uneinigkeit (계속 불일치하다)

Es herrscht Stille (침묵이 흐르다)

이 동사들은 모두 "문법적 단어"의 특성을 가지고 있다.

다음 도표는 부류표시(도표의 줄이 이를 나타낸다) 및 이들이 결합되고 그리고 어휘·의미자질을 포함하는 구성의 명사성분(형용사 포함)의 (도표의 칸이 이를 나타낸다) 관점에서 지금까지 다루었던 "문법적 단어" 의 각 대표자들을 제시하고 있다.

(35)

	형용사	전치사군	명사군	명사군
지속성	sein	stehen sein	haben tragen	bestehen herrschen
기동성	werden	kommen geraten	bekommen aufnehmen	entstehen eintreten
사역성	machen	bringen stellen	verschaffen geben	schaffen machen

다음 (36)은 지금까지 논의한 세 부류의 모든 변이형들이 종합적인 형태이든 또는 다양한 분석적인 형태이든 간에 이들의 기초가 되는 의미구조를 간단한 방법으로 표현한 것이다. "전제"(Voraussetzung, Präsupposition)와 함축(Implikation)이라는 개념이 의미분석에 수용되었다. 이들은 이 논문에서 이미 알려진 것으로 전제된다. 3.의 간단한 논의에서 상론을 위해 해당 문헌이 언급되었다. (36)에서 "S"는 명제(Proposition)를 나타내며, 명제는 이 경우에 언제나 표층구조의 어휘·의미자질을 내포하는 술어(Prädikat)(예: BEWEG)와 개체표현에 대한 변항(Variable) X, Y, Z로 분석될 수 있다. "WERD"는 의미적 원소술어를 나타내며 다른 경우에는 기동성(Inchoativ)이라 불린다. "CAUS"는 원소술어 사역성(Kausativ)을, "NEG"는 부정(Negation)을 나타낸다.

(36) a) 지속성 : S

어떤 전제나 함축도 없다.

(예) <u>Y bewegt sich. Y ist in Bewegung.</u> (움직이고 있다)

b) 기동성 : WERD(S)

　　　전제 : 전상태 NEG(S)

　　　함축 : 후상태 S

　　(예) Y kommt in Bewegung. (움직이기 시작하다)

c) 사역성 : CAUS (X, (WERD (S)))

　　　전제 : 전상태 NEG(S)

　　　함축 : WERD(S)

　　(예) X bringt Y in Bewegung. (움직이게 하다)

7.5. FV bleiben, halten, lassen, behalten

FV bleiben, halten, lassen은 stehen, kommen, bringen의 집단(=전치사군을 갖는 FVG)에 속하고, behalten은 haben, bekommen, geben의 집단(=4격을 갖는 FVG)에 속하며 의미분석에서는 halten과 비교할 수 있다. 필자는 이들이 가끔 지속동사(Durativum, Kursivum)로 잘못 해석되기 때문에 분리하여 다룬다.

7.5.1. bleiben

정상적인 지속동사로서 bleiben을 sein, stehen에 병행시킬 수 없다. 다음의 대조가 이것을 보여준다.

(37) X ist am Leben　　　　: X bleibt am Leben
　　(살아 있다)　　　　　　　(계속 살아 있다)
　　X steht in Verbindung mit Y : X bleibt in Verbindung mit Y
　　(연락/결합하다)　　　　　　(계속 연락/결합하다)

bleiben의 경우에서는 강조적인 지속성 또는 명시적인 지속성이라는 표현을 통해서도 아무 것도 통찰할 수 없었다. Fabricius-Hansen (1975)은 sein, bleiben, werden 사이의 차이를 순환성(Kursiv, 필자의 지속성), 불변성(Intransformativ), 변형성(Transformativ, 필자의 기동성)이라는 표현을 통해서 나타내고 있다. 그러나 bleiben에 관한 그녀의 의미분석은 추가적인 해석 없이 19쪽에 제시된 특징 – "이 자동사는 특히 어떤 상태에서 다른 상태로의 불변성을 기술한다" – 에 따르지 않고 있다.

(37a) Hans blieb dennoch krank. (한스는 여전히 아팠다)
　　　전제 문장 : Hans war (bis) zu einer gegebenen Zeit krank
　　　　　　　　(특정한 시점에(까지) 한스는 아팠다)
　　　함축 문장 : Hans war (auch) nachher krank
　　　　　　　　(한스는 그 후에도 아팠다)

주어진 상태에 대해서 상보적으로 정의되어 있는 다른 상태로의 불변성은 이 분석에서 분명하지 않다. 그러나 다음 문장들과 비교해 볼 때 불변성은 분명해진다.

(38) a) Hans war krank. (한스는 아팠다)
　　 b) Hans war nicht krank. (한스는 아프지 않았다)
　　 c) Hans wurde gesund. (한스는 건강해졌다)
　　 d) Hans wurde nicht gesund. (한스는 건강해지지 않았다)
　　 e) Hans blieb krank. (한스는 여전히 아팠다)

"gesund sein"(건강하다)과 "krank sein"(아프다)이 상보적인 상태를 기술하고, "gesund sein"(건강하다)과 "nicht krank sein"(아프지

않다)이 등가라는 가정 하에서, (38)에 있는 다섯 문장은 다음과 같은 의미표현을 갖는다(이때 "GESUND"와 "KRANK"는 더 이상 분석되지 않는 복합술어에 대한 기호이며, "WERD"는 기동성, "NEG"은 부정에 대한 기호이고, "BLEIB"는 bleiben으로 어휘화될 수 있는 술어에 대한 기호이며, "X"는 개체표현에 대한 변항이다).

(38a) KRANK(X) ≡ NEG(GESUND(X))

(38b) NEG(KRANK(X)) ≡ GESUND(X)

　　　어떤 전제나 함축도 이 분석에 결부되어 있지 않다.

(38c) WERD(GESUND(X)) ≡ WERD(NEG(KRANK(X)))

　　　전제 : 전상태 NEG(GESUND(X))

　　　함축 : 후상태 GESUND(X)

전제는 문장의 부정과는 관계가 없다. 따라서 (38d)는 (38e)와 동일한 전제를 가지며 단지 함축만이 변화된다.

(38d) NEG(WERD(GESUND(X)))

　　　전제 : 전상태 NEG(GESUND(X))

　　　함축 : 후상태 NEG(GESUND(X))

(38e)는 (38d)와 동일한 전제와 함축을 갖는다.

(38e) BLEIB(KRANK(X))

　　　전제 : 전상태 NEG(GESUND(X))

　　　함축 : 후상태 NEG(GESUND(X))

문장 (38d)와 (38e)는 의미적으로 등가인데, 이것은 bleiben과 nicht werden이 등가라는 사실에 근거한다. Lakoff(1970:202)는 우리가 "Baker의 추측"으로부터 자연논리에서 다양한 등가를 서술할 수 있다는 사실을 제시하였다. 따라서 다음과 같이 표현할 수 있다.

(39) NEG(COME ABOUT(S)) ≡ REMAIN(NEG(S))

따라서 bleiben은 werden과 부정(NEG)과의 밀접한 결합을 통해서 형성되며 지속동사인 sein과 명확히 구별된다. 조동사 bleiben(동사+형용사 구조)에서 적용되는 것은 부정에서 기동적 FV의 모든 변이형들을 대신하는 FV bleiben에서도 적용된다. 다음의 대립 쌍을 비교해 보자. 여기서 다시 "in Bewegung sein"(움직이고 있다)과 "still stehen"(정지해 있다), 그리고 "in Ordnung sein"(잘 되어 있다)과 "in Unordnung sein"(잘못 되어 있다)이 상보적인 상태를 기술하고, 적어도 "nicht in Bewegung sein"(움직이지 않다)은 "still stehen"(정지해 있다)을, 그리고 "nicht in Ordnung sein"(잘 되어 있지 않다)은 "in Unordnung sein"(잘못 되어 있다)을 함축한다.

(40) X war in Bewegung ≠ X blieb in Bewegung ≡ X kam
                                               nicht zum Stillstand

X war in Ordnung ≠ X blieb in Ordnung ≡ X geriet nicht
                                               in Unordnung

X war nicht in Bewegung ≠ X blieb nicht in Bewegung ≡
                                               X kam zum Stillstand

X war nicht in Ordnung ≠ X blieb nicht in Ordnung ≡
                                               X geriet in Unordnung

7.5.2. halten

halten은 사역적 FV이며 bleiben과 관련하여 (39)의 서술어(Prädikation)를 원소술어 "CAUS"(사역성)로 확대하면 다음과 같이 분석될 수 있다.

(41) CAUS(X,(NEG(WERD(S)))) ≡ CAUS(X,(BLEIB(NEG(S))))

상호 등가인 다음의 두 문장은 (41)의 해석을 위한 보조수단으로 간주된다.

(42) X bewirkte, dass Y nicht zum Stillstand kam =
X bewirkte, dass Y in Bewegung blieb =
X hielt Y in Bewegung (X는 Y가 계속 움직이도록 하였다)
X hielt Y in Ordnung (X는 Y가 계속 잘 되도록 하였다)

7.5.3. lassen

lassen은 FV bringen(=bewirken, dass kommt) 뿐만 아니라 FV halten(=bewirken, dass nicht kommt ≡ bewirken, dass bleibt)에도 관련된다. 특히 lassen은 위의 두 가지 사역유형을 부정한다. 다음의 예문과 등가관계를 비교해 보기 바란다.

(43a) X brachte Y nicht zum Stillstand ≡ X ließ Y in Bewegung
(X는 Y가 정지하지 않도록 했다) (bleiben) (움직이게 했다)
X brachte Y nicht in Unordnung ≡ X ließ Y in Ordnung
(X는 Y가 잘못 되지 않도록 했다)   (잘 되도록 했다)
X tötete Y nicht ≡ X ließ Y am Leben (bleiben)

(X는 Y를 죽이지 않았다) (X는 Y가 살아 있도록 했다)

(43b) X hielt Y nicht in Bewegung ≡ X ließ Y zum Stillstand

(X는 Y가 움직이지 않도록 했다) kommen (정지하게 했다)

X hielt Y nicht in Ordnung ≡ X ließ Y in Unordnung

(X는 Y가 잘 되지 않도록 했다) geraten (잘못 되도록 했다)

X hielt Y nicht am Leben ≡ X ließ Y sterben[9]

(X는 Y가 살아 있지 않도록 했다) (X는 Y가 죽도록 했다)

표층동사 bringen, halten, lassen은 전체 문장의 의미구조에 대한 다양한 몫을 포함하고 있다. 다음의 표현 (44)에서 이중부정은 긍정과 등가(NEG+NEG=∅)라는 관습이 적용된다. 따라서 이중부정은 전체의미가 변화되지 않고서도 의미구조로 도입되거나 또는 삭제될 수 있다. 이를 통해서 (43a)와 (43b)에서 lassen의 통일적인 분석이 보장된다.[10] lassen은 술어복합체 NEG+CAUS+NEG의 어휘화이다. (44a)와 (44b)는 (43a)와 (43b)의 세 가지 예에 대한 의미구조를 간단한 방식으로 표현한다. 필자는 세 번째 예를 가지고 의미술어의 어떤 복합체가 어떤 표층실현으로 변화되는가를 화살표로 표시한다. (이때 S는 TOT(Y)로 분석되고 "nicht tot sein"은 "leben"과 등가이다. (44a)의 등가와 (44b)의 두 번째 등가는

---

9) 동사 lassen은 구별할 수 있는 두 가지 의미를 가지고 있는데, 다음 두 문장에서 그 의미가 분명하다.

(ⅰ) X lässt Y sterben. (X는 Y가 죽도록 내버려둔다/허용한다)

(ⅱ) X lässt Y töten. (X는 Y를 죽이도록 사주한다)

(보다 명백한 변이형 zulassen(허용/용인하다): veranlassen(야기/유발하다)에서는 lassen의 다의성이 없어진다.) 통사적으로 상이한 행동이 (ⅰ)과 (ⅱ)에서 lassen의 상이한 의미에 일치한다. 즉 (ⅰ)에서는 비사역동사가, (ⅱ)에서는 사역동사가 lassen의 문맥에 속한다. (ⅱ)는 "X veranlasst Z, dass er Y tötet"로 풀어 쓸 수 있다. 우리의 관계를 위해서는 lassen이 (ⅰ)의 의미에서만 중요하다. 단지 (ⅰ)에서만 부정도 역시 의미기술에 포함되어 있다.

10) 필자는 이러한 해결방안에 대해 Ilse Zimmermann에게 감사한다.

(41)의 등가(Äquivalenz)에 기인한다.)

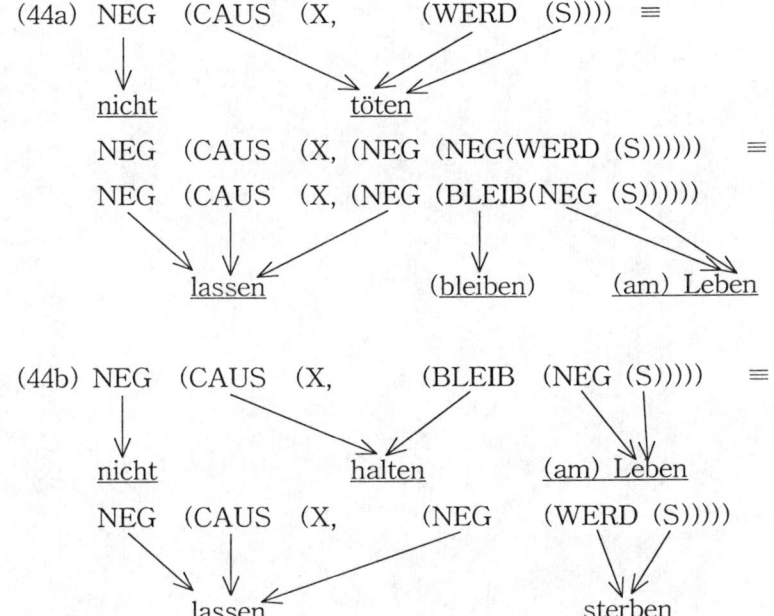

(44a) NEG (CAUS (X, (WERD (S)))) ≡

 nicht töten

 NEG (CAUS (X, (NEG (NEG(WERD (S)))))) ≡

 NEG (CAUS (X, (NEG (BLEIB(NEG (S))))))

 lassen (bleiben) (am) Leben

(44b) NEG (CAUS (X, (BLEIB (NEG (S))))) ≡

 nicht halten (am) Leben

 NEG (CAUS (X, (NEG (WERD (S)))))

 lassen sterben

8. 기능명사(FN)

기능명사(Funktionsnominal: FN)란 FVG 명사성분의 모든 변이형들을 총괄하는데, FVG의 전치사군과 명사군(광의에서 형용사도 포함)을 말한다. 7.에서 FV는 형태·통사적인 동사범주(시제와 서법 등)의 토대가 되는 의미·통사자질들과 동사의 하위부류를 표시하는(우리의 경우에 지속성, 기동성, 사역성) 자질들을 내포한다는 사실이 제시되었다. FN은 완전동사에서 어간형태소(Stammorphem)의 토대가 되는 어휘·의미자질들을 내포한다. 이 자질들이 표현의 핵심의미(Kernbedeutung)를 구성한다. 이리하여 완전동사(Vollverb)에서 하나의 어휘소(Lexem)에 통합되어 있는 것이 FVG에서는 두 가지 성분에 분배되어 있다. 다음의 도식이 이것을 보여준다.

(45)

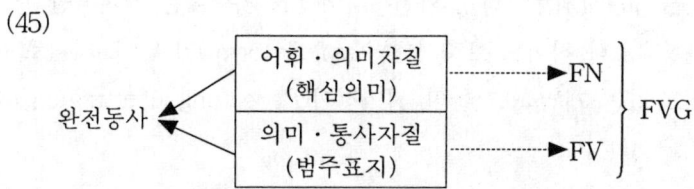

도식의 충전(Ausfüllung)에 대한 하나의 예를 들어 보자.

(46)

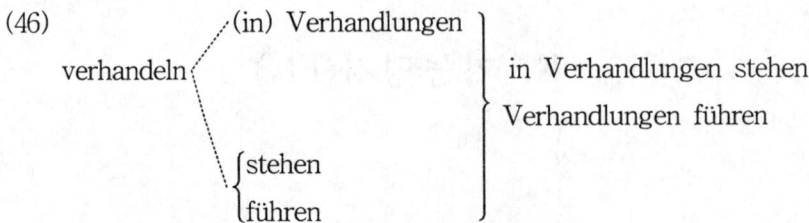

명사 자체는 동작명사(Nomen actionis: NA), 즉 추상명사가 되어야 한다. 왜냐하면 명사는 전체가 동사적 표현인 FVG의 어휘·의미자질들을 지니고 있기 때문이다. 이러한 사실이 FVG에 속하는 표현들의 수를 제한한다. 이러한 결정을 통해서 필자는 Heringer(1968)의 의견에 동의한다. 그는 동작명사에 대한 보다 자세한 규정에서 동작명사는 완전동사와 동일한 의미기능을 가진다고, 이를테면 상태, 과정 등을 표현한다고 확정한다. 이 확정에 따르면 zu Papier bringen(기록하다), ins Bockshorn jagen(놀라게 하다) 등과 같은 표현들은 FVG에 속하지 않는다. 필자는 이들을 다른 규칙에 따르는 관용어(idiomatische Wendung)로 간주한다. 비록 이들이 완전동사의 대응물을 가지고 있더라도(예컨대 niederschreiben(기록하다), einschüchtern(위협하다)), 완전동사와 FN 사이에는 체계적인 관계(동일한 어간형태소나 적어도 보충형태(Suppletivform))가 없다. 대체로 아무런 규칙성도 없는 개별 표현들의 의미전이(Bedeutungsübertragung)가 문제된다.

8.1. 전치사

7.에서 FV가 전치사군과 FVG를 형성하는지 혹은 명사군과 FVG를 형성하는지에 따라서 하위분류되었다. 결국 FV의 어원이 결정적이다. 즉

부사규정어를 보충어로 요구하는 동사들(stehen, kommen)은 FN으로서 전치사군을 요구하고, 목적어를 요구하는 동사들(führen, bekommen)은 FN으로서 명사군을 요구한다. 두 가지를 요구하는 동사들(사역동사 setzen, stellen)에서는 9.에서 제시된 바와 같이 두 가지 결합가능성이 있다 (zur Verfügung stellen(사용하도록 하다), die Frage stellen(질문하다)).

　FN의 전치사성분은 FVG 전체표현의 의미에 대해서 어떤 추가적인 의미도 제공하지 않는다. FN에 전형적인 전치사는 in과 zu이다. 따라서 다음과 같은 표현들은 예외를 형성한다.

(47) unter Anklage stehen (고소당하다)

　　　außer Kraft setzen (무효로 하다)

　　　außer Kurs kommen (인기가 떨어지다)

　두 전치사 zu와 in은 원래의 장소의미를 상실했으며 또한 의미적으로도 상호 구별될 수 없다. 그것은 FV의 의미상실의 결과이다. 이러한 진행에 대한 징후는 7.에서 자세히 기술된 바와 같이 원래의 의미와 결합할 수 없는 통사적 환경에서도 어떤 표현이 등장한다는 사실이다. 예를 들어 장소의 전치사로서 zu는 단지 동적인(정적이 아닌) 동사들과만 결합할 수 있다.

(48) zur Post gehen (우체국으로 가다)

　　　*zur Post stehen

다음 예가 제시하는 바와 같이 FN의 일부로서는 이 제약이 없어진다.

(49) zur Verfügung stellen (사용하도록 하다)

zur Verfügung stehen (사용하다)

물론 전치사 zu는 지속동사에서는 드물다.

FVG에서 전치사의 변화된 통사적 위상에 대한 또 다른 표시는 전치사가 장소의 전치사처럼 "대용화"될 수 없다는 것이다.

(50) zur Post bringen (우체국으로 가다) - dorthin bringen
     zum Abschluss bringen (종결시키다) - *dorthin bringen

8.2. 명사군

FVG 안에 있는 명사는 FV와 반대되는 추세에 따른다. 즉 명사는 전체표현의 핵심의미(Kernbedeutung)에 대한 보유어로서 완전히 의미적으로 명시되어 있지만, 그 대신 품사로서의 명사를 형용사 및 동사와 구별하는 중요한 통사자질은 FV의 환경에서 적어도 부분적으로는 상실된다. 명사적인 특징들이 아직도 존재하느냐 않느냐에 따라서 Heringer(1968)는 FVG의 집합 중에서 외부영역과 내부영역에 관해서 말하고 있다. 몇 가지 예를 들어보자.

8.2.1. 몇 가지 관사형의 선택

정관사, 부정관사, 무관사와의 결합을 통해서 명사는 한정성과 비한정성 사이에서 교체될 수 있다. 내부영역의 FVG 내에서 명사는 이러한 가능성을 상실한다. 즉 명사들은 부정관사와 결합할 수 없으며 정관사와 무관사 사이의 선택은 의미적으로나 통사적으로 규명되어 있지 않다. 전치사군 내에서의 관사선택은 다음의 의미에서 음운적으로 규명되어 있다. 즉 정관사는 원칙적으로 전접적(前接的 enklitisch)이다. 선행하는 전치사와의 전접이 음운적으로 가능한 곳에서만 정관사가 선택될 수 있다. 무관사 형태는 언제나 가능하다. 그래서 다음 도표가 보여주는 바와 같이 성, 격, 전치사에 따라서 부분적으로는 두 가지 형식이 사용된다.

(51)

	3격		4격	
	무관사	정관사	무관사	정관사
남성	in	im	in	-
여성	in	-	in	-
중성	in	im	in	ins
남성	zu	zum		
여성	zu	zur		-
중성	zu	zum		

그럼에도 불구하고 FVG의 내부영역에서는 두 형식 사이에 어떤 자유로운 선택도 없다. 다음 예가 보여주는 바와 같이 대부분의 표현에서는 관사형이 고정되어 있다.

(52) in Betrieb sein(가동중이다)   - *im Betrieb sein

     in Kontakt stehen(접촉중이다) - *im Kontakt stehen

     *in Zweifel sein   - im Zweifel sein(의심하다)

     *in Rollen kommen   - ins Rollen kommen(진행하다)

     zu Fall bringen(무효로 하다)   - *zum Fall bringen

     zu Ende gehen(끝나다)   - *zum Ende gehen

     *zu Kochen kommen   - zum Kochen kommen(끓다)

     *zu Entscheidung bringen   - zur Entscheidung bringen
                                  (결정하도록 하다)

더욱이 무관사 형태에 비해 전접관사를 갖는 FN이 무표(unmarkiert)
의 형태이다(in과 결합하는 남성 3격을 제외하고). 도표에 있는 밑줄이
이것을 말해준다.

FVG의 외부영역에서는 관사선택에서의 제약이 약화된 형식으로서만
적용된다. 여기서는 다음 예가 제시하는 바와 같이 부정관사 및 비교적
자유로운 관사선택이 있다.

(53) zu einem Abschluss bringen - zum Abschluss bringen (종결짓다)
　　　Anspruch erheben 　　　　- den Anspruch erheben (요구하다)
　　　Hoffnung hegen 　　　　　- die Hoffnung hegen (희망하다)

8.2.2. 단수와 복수의 대립

명사들이 분류된 것을 표현하면 이들은 원칙적으로 단일성이나 다수
를 표현할 수 있으므로 단수로나 또는 복수로 온다. FVG의 내부영역에
서는 이런 가능성이 상실되었다. 두 가지 형식이 등장하지만 이들은 의
미차이를 나타내지 않는다. 이 경우 단수가 훨씬 자주 등장하는 형식이
다.

(54) zur Sprache bringen 　　- *zu Sprachen bringen
　　　(토의하도록 하다)
　　　in Betrieb setzen 　　　- *in Betriebe setzen
　　　(가동시키다)
　　　im Zweifel sein 　　　- *in Zweifeln sein
　　　(의심하고 있다)
　　　die Verhandlung führen - Verhandlungen führen
　　　(논의에 부치다)

in Verhandlung stehen - in Verhandlungen stehen
(토의/상의하다)

3. 명사는 다른 품사에 비해 공지시적(koreferent)인 표현에 대한 관계를 통해서 텍스트 결합의 특수한 가능성을 갖는다. 다음 두 가지만 예로서 언급된다.

◇ 관계문의 연결 가능성
◇ 아주 다양한 통사적 문맥에서 대명사를 통한 재수용(Wiederaufnahme)의 가능성

FN으로서의 명사는 FVG의 내부영역에서는 위의 두 가지 특성을 상실한다. 외부영역에서는 이 특성들이 보존된다.

(55) *Peter brachte den Plan zu Fall, der Anna sehr schmerzte.
    *Diese Sache kam zur Sprache, die überfällig war.
    *Der Fall, zu dem er den Plan brachte, ...
    *Die Sprache, zu der Peter die Angelegenheit brachte, ...
    *Der Betrieb, in den er die Maschine setzte, ...
(56) Peter brachte die Arbeit zu einem gewissen Abschluss, der ihn aber nicht befriedigte. (페터는 그 일을 어느 정도 종결하였지만 그 종결이 그를 만족시키지는 않았다)
    Er hegte Hoffnungen, die nicht gerechtfertigt waren. (그는 정당하지 않았던 희망을 품었다)
    Der Abschluss, zu dem er die Arbeit brachte, ... (그가 그 일을 끌고 갔던 종결 ...)

Die Hoffnungen, die er hegte, ... (그가 품었던 희망들 ...)

FVG에 대한 여러 논문들에서는 또 다른 제약들, 예컨대 FN의 부정가능성과 질문가능성에 관해서 논의하고 있다(Heringer1968). 통사적인 부류특성의 상실이 FVG의 구성성분으로서 여기서 확정된 명사의 추세에 대한 징후들이다.

9. 요 약

1. 동일한 명칭의 의미자질들이 가정되는 세 가지 동사부류 "지속동사", "기동동사", "사역동사" 사이에는 명백한 관계, 즉 공통점과 차이점이 존재한다. 모든 세 부류는 상태지속 내지는 상태변화에 연관되어 있다. 즉 지속동사가 특정한 상태(Zustand)를 표현하는 경우 해당 기동동사는 이 상태로의 변화(Übergang)를 표현하고, 그 반면에 해당 사역동사는 이 변화를 외부에서 야기한 것(Fremdverursachung)으로 특징짓는다.

2. 의미적으로 이렇게 나뉘어진 부류들에 대해서는 각각 완전동사의 실현이 존재하지만, 한 부류의 모든 동사들에 대해서 나머지 두 부류의 대응물이 존재하는 것은 아니다. 형태론적인 조어수단들은 단지 잔재로서만 존재하지 체계화되어 있지는 않다. 따라서 이 동사들의 체계 속에서는 다수의 우연한 여백이 존재한다. 그럼에도 불구하고 우리가 의미적으로 구분된 세 부류들을 문법적으로 연관적인 범주로 가정하려면, 우연한 여백이 채워질 수 있는 상관적인 통사적 표지들을 제시해야 한다.

3. 그렇게 하기 위해서 우리는 통사적(즉 문법적)인 실현과 의미자질의 어휘적인 실현을 구별할 수 있는 기준들을 필요로 한다. 이 기준에 따르면 특정한 의미부류에 대한 통사적 표지로서 특정한 조동사와 모든 FV가 문제된다. 이들은 "문법적 단어"이며 이들의 도움으로 문법범주가 구성될 수 있다. 4가지 특징들을 통해서 이들을 "어휘적 단어"와 충분히 구별할 수 있다.

4. 이 구별은 조동사에서 sein, werden, machen에서 출발하여(형용사
와 결합하여), FV stehen, kommen, bringen(및 변이형)을 거쳐서(전치사
군과 결합하여), 또 다른 동사들 haben, bekommen, geben, herrschen,
entstehen, schaffen(및 변이형)(명사군과 결합하여)을 "문법적인 단어"
로서 하나의 통일적인 관계체계 안으로 끌어올 수 있다는 사실에 대한
출발점을 제공한다.

5. FVG는 추세적으로(tendenziell) 특징화된다. 즉 동사성분(FV)은 어
휘·의미자질들을 아주 상실하고, 부류 형성적인 의미자질들과 동사범주
의 형태·통사적 자질을 보존한다(문법화 Grammatikalisierung). 명사성
분(FN)은 품사로서의 명사의 통사자질들을 아주 상실하고, 그 대신 완전
동사에서 동사어간에 의해 실현되는 어휘·의미자질들을 포함한다(탈문
법화 Degrammatikalisierung).

참고문헌

Andersson, S.-G.(1972): Aktionalität im Deutschen. Acta universitatis upsaliensis. Studia germanistica upsalensia 10.

Černyševa, I.I.(1970): Frazeologija sovremenogo nemeckogo jazyka. Moskva.

Fabricius-Hansen, C.(1975): Transformative, intransformative und kursive Verben. Linguistische Arbeiten 26. Tübingen.

Herrlitz, W.(1973): Funktionsverbgefüge vom Typ "in Erfahrung bringen". Diss. Universität Tübingen.

Heringer, H.J.(1968): Die Opposition von 'kommen' und 'bringen' als Funktionsverben. Sprache der Gegenwart 3. Düsseldorf.

Kastovsky, D.(1973): Causatives. In: Foundation of Language 10 (1973) 2.

Kluge, F./A. Götze(^{15}1951): Etymologisches Wörterbuch der deutschen Sprache. Berlin.

Lakoff, G.(1970): Linguistics and Natural Logic. In: Synthese 22(1970) 1-2, S. 151-271.

Palm, M.A.(1976): Strukturell-semantische Analyse der desemantisierten Verben *legen, setzen* und *stellen* im Vergleich zu ihren estnischen Äquivalenten *panema/asetama*. Linguistica VIII. Tartu, S. 81-102.

Persson, L.(1975): Das System der kausativen Funktionsverbgefüge. Lunder germanistische Forschungen 42. Lund.

Schmidt, V.(1968): Die Streckformen des deutschen Verbums. Halle.

Steinitz, R.(1969): Adverbialsyntax, Studia Grammatica X. Berlin.

_____(1975): Sind alle Inchoativa inchoativ? In: Linguistische Studien, Reihe A, Heft 18.

Wurzel, W.U.(1977): Zur Stellung der Morphologie im Sprachsystem. Linguistische Studien, dieses Heft.

Daniels, K.(1963): Substantivierungstendenzen in der deutschen Gegen-
    wartssprache, Düsseldorf.

제 3 부
문법에서 "동작상" 범주의 위상
(독일어에는 동작상이 존재하는가?)

Der Status der Kategorie
"Aktionsart" in der Grammatik
(oder: Gibt es Aktionsarten im Deutschen?)

Renate Steinitz(1981)

"문법형식에 대한 자질체계가 없다고 해서 독일어에는 동작상(Aktionsart)의
범주가 없다는 결론을 내려서는 안 된다."

(Schmidt 1965:207)

"모든 언어의 문법체계는 인간의 사고가 객관적인 세계에서 발견하는 모든 …
일반적인 사태들을 전부다 표현하지는 못한다. 바로 여기에 언어의 문법구조 안
에 있는 심오한 내면적인 상이점들이 존재한다."

(Admoni [2]1966:32)

"표현수단이 아니라 표현된 것 자체와 이로 인해 비언어적인 대상들이 비교
되는 위험성이 존재한다."

(Schlachter 1968:151)

요 약

0. 이 논문은 1979년 겨울에 쓴 원고를 고치고 부록을 확대한 수정본
이다.

1. 이 논문에서는 문법에서 "동작상" 범주의 위상에 대한 다양한 견해
들을 원칙적으로 상이한 두 가지 견해 A와 B로 소급시켜 논의해 보도록
한다. 견해 A는 독일어의 문법기술을 토대로 논의되고, 견해 B는 러시아
어(때로는 라플란드어)의 문법기술을 토대로 논의된다.

2. 두 가지 견해는 이론적인 근거, 문제제기 그리고 동작상 규정의 결
과에서 나타나는 차이점들과 관련하여 상호 대조적으로 소개된다.

3. 견해 A는 "동작상"의 범주를 언어외적인 사실들을 통해서, 즉 과정
의 진행에 대한 수식가능성으로서 규명한다.

견해 B는 기본동사가 갖는 본래 의미의 의미론적인 수식과 형태론적

파생 사이의 체계적인 관계를 통해서 "동작상"을 규명한다.

4. 견해 A는 의미론적으로 정의된 범주인 "동작상"에 대한 다양한 표현가능성을 추구한다. 견해 B는 한 언어(예컨대, 러시아어)에서 주어진 다양한 형태의 동사파생어가 어떤 방법으로 특정한 의미상의 차이점들과 관련되어서, 양자가 다같이 언어체계의 구성성분인 동작상의 체계를 형성하는가를 추구한다.

5. 견해 A는 독일어 동작상의 존재에 대한 주요지표로서 문법적인 차이점을 근거로 하여 두 가지 동사부류인 지속동사(Durativ)와 완결동사(Terminativ)를 끌어온다. 견해 B에 의하면 이 두 부류는 동작상 체계의 외부에 존재한다.

6. 선가정(先假定)의 결과에서 생겨난 동작상 개념 A는 광범위하고 이질적이다. 즉 모든 동사들은 단순동사이든 파생동사이든 하나의 동작상을 가지며, 아주 다양한 언어적 표현들이 수용되고 매우 다양한 의미론적 차이들이 동등한 자격으로 병행한다.

동작상 개념 B는 협소하고 동질적이다. 즉 모든 동사들 중의 일부만이 그리고 형태론적으로 파생된 동사들(내지는 문법적인 구조들)만이 동작상 중립적인 단순동사의 관점에서 동작상을 표현한다.

7. 견해 A의 진행방법을 추체험(追體驗)하는 것과 대개 암묵적으로 사용된 선가정을 밝혀내는 일은 명시적으로 기술된 견해 B의 관점에서 보면 방법론적으로 비판을 받을 수 있다.

0. 서 론

Steinitz(1977)에서는 동사의 세 부류인 지속동사(Durativum), 기동동사(Inchoativum), 사역동사(Kausativum)가 통사·의미적인 공통점과 차이점을 토대로 하여 연구되었다. 필자는 의미적으로 구별된 부류들이 광의의 문법범주로서 특정한 언어체계에 통합되려면 체계적인 형태·통사적인 구별과 상관관계를 가져야 한다는 가정에서 출발한다. 언급된 세 동사부류들은 이러한 문법범주의 조건을 만족시키며 따라서 이들이 독일어 문법에 수용된 것은 정당하다. 그러나 Steinitz(1977)에서는 또한 독일어 문법에서 "동작상" 개념에 대해 비판적인 입장도 취하고 있다. 왜냐하면 두 부류 지속동사와 기동동사(앞으로는 용어상의 오해를 피하기 위해 완결동사(Terminativ)로 명명), 그리고 가끔 사역동사 역시 독일어 문법에서 동작상에 배열되기 때문이다.

필자가 보기에는 "동작상" 범주가 독일어 문법에서 의미 있게 사용될 수 있는가의 여부를 결정하는 것만이 문제가 된다면, 본 논문의 범위는 정당화되지 못할 것이다. 그러한 결정은 비교적 용이하다. 그러나 "동작상" 개념을 다양하게 취급하는 사실로부터 여러 가지 이론적인 토대들을 추론할 수 있으며, 그러한 토대를 밝혀냄으로써 얼른 보기에 혼란스러운 다양성을 두 가지 (물론 근본적으로 다른) 견해로 (앞으로 "견해 A"와 "견해 B") 축소할 수 있다.^{역자주)} 그리고 최근의 언어학이 – 아주 최근의

역자주) 역자는 이 책에서 견해 A와 견해 B, 그리고 독일어와 러시아어에서 동일한 대상을 다르게 지칭하는 불편함과 혼란을 막기 위해서 'Aspekt'를 '상', 'Aktionsart'를 '동작상'으로 번역하였으며, 의미자질의 의미로서 사용되는 경우에는 '지속성', '기동

언어학은 아니지만 - 소위 전통언어학에 가하는 비판의 다양한 출발점
이 이 두 견해에서 충분히 설명될 수 있다.

따라서 필자가 보기에는 이와 관련하여 꾸준히 증가하는 동작상에 대
한 문헌들을 단지 개괄적, 비판적으로만 학문사적으로 배열하는 것은 중
요하지 않다. 또한 필자는 Andersson(1972)의 교훈적인 개관에 경합할
의사도 없다. 필자는 아주 의도적으로 여러 견해들의 개별논쟁에 연루되
지 않기 위해서 그리고 그 견해들 사이에서 근본적인 차이점들을 말소시
키지 않기 위해서, 두 견해 A와 B의 몇몇 대변자들을 소개하는 일에 한
정하고 몇 가지 점들은 단순화시켰다. 따라서 몇몇 세목에 있어서는 선
별된 대변자들이 아주 잘못 배정되어 있다고 느낄 수도 있다.

우선 필자에게 문제가 되는 것은 문법기술의 대상과 가능한 언어학적
인 문제설정 등에 관한, 실제로는 이루어졌으나 부분적으로는 함축된 가
정들에 대한 가능한 한 명시적인 기술이다.

이러한 가정들은 밝혀졌거나 또는 적어도 부정되지 않은 모든 언어기
술의 의도, 즉 "언어체계의 규칙성으로 전진하는"(Erben 1968:19) 모든
언어기술의 의도 반대편에 존재할 수도 있다.

견해 A의 대변자들이 그들의 결론에 도달하기 위해서 해야 하는 선가
정은 대체로 표현되지 않으며 또한 거의 반영되지 않는다. 견해 A가 본
질적인 특징에 있어서 "동작상" 표시를 위한 완성된 문법체계가 없는 언
어인 독일어에서 발전되었음은 우연이 아니다. 그러나 Maslov(1965),
Bondarko(1967)와 같은 슬라브학자들도 역시 몇 가지 중요한 수정을 통

성', '반복성' 따위의 명칭을 사용하였다. 예컨대 Durativ가 경우에 따라 의미자질의
의미로서는 '지속성'으로, 상이나 동작상의 의미로서는 '지속상'으로 번역되었다. 이
것이 상이나 동작상의 의미로 사용될 때 러시아어에서는 '지속상'으로, 독일어에서
는 '지속성 동작상'으로 각각 다르게 표현하지 않고 독일어에서나 러시아어에서 동
일하게 '지속상'으로 번역하였다. Durativum(Durativa)은 '지속동사'로 번역하였다.
따라서 '지속동사', '지속상', '지속성' 및 '기동동사', '기동상', '기동성'이라는 다양한
명칭이 사용된다.

해서 러시아어에 대해 견해 A를 대변한다. 견해 A의 기술을 위해서 필
자는 Andersson(1972, 1978), Duden(1959), Erben(1968), Flämig(1965),
Helbig/Buscha(⁴1977), Schmidt(1965)를 이용했다.

견해 B는 슬라브어와 핀란드-헝가리어의 동사체계에 대한 연구에 입
각하고 있다. 그러나 견해 B가 해당 전문분야에서 지배적인 견해는 절대
아니며 많은 논문에서 공박을 받는다. 필자는 Avilova(1976), Isačenko
(1962), Schlachter(1968)에 의거해 견해 B를 실증하고자 한다. 견해 B의
이론적인 토대, 즉 특정언어의 문법에서 "동작상"의 범주를 설정하게 하
는 견해 B에 대한 선가정은 그 대변자들 자신들에 의해 자세히 설명된다
(Schlachter(1968)의 여러 논문에서). 모든 본질적인 문제들에서 그녀의
논증이 필자가 보기에는 설득력이 있으므로 필자는 그녀의 편에 서서 필
자가 할 수 있는 한 그 논증을 견지하고자 한다.

견해 A의 기술방법을 비판적으로 재구성함으로써 필자는 전제와 전제
의 실현을 위한 적절한 수단에 대한 해명이 불충분할 경우에 최선의 의
도가 어떻게 실패할 수 있는가를 보이고자 한다. 그렇게 함으로써 필자
는 모든 문법적인 특수테마의 기술을 위해서 개별적인 문제점과 관계없
이 형성된 문법의 이론적인 토대의 필수성에 관한, 독어학에서도 증대되
는 의식(Bewusstsein)을 강화하는 데 조력하고자 한다.

1. 동작상 개념에 대한 견해 A

필자는 '동작상' 개념에 대한 견해 A가 무엇인가를 최근 몇몇 독어학 논문을 가지고 명백히 하고자 한다. 게르만어 자료들을 토대로 하여 견해 A와 B의 차이점도 설명할 수 있을 것이다(3.1. 비교).

1.1. 일반적인 규정

자주 이용되는 논문들에서 발췌한 다음의 세 인용문을 통해서 견해 A의 표상에 대한 윤곽이 드러날 것이다.

"동사의 동작상이란 동사에 의해 표현되는 사건의 진행방식(Verlaufs-weise)과 단계(Abstufung)를 의미한다. 사건은 시간적 진행(진행, 완료; 시작, 변화, 끝)과 내용적 진행(사역, 강화, 반복, 축소)에 따라서 구별된다."

(Helbig/Buscha ⁴1977:69)

"동사에서 볼 수 있는 동작상은 존재나 사건이 진행되는 방식에 관해 무엇인가를 표현한다. 이 경우 개별적으로는 특히 존재나 사건의 시간적인 진행방식과 사건의 반복, 정도 및 강화가 문제된다."

(Duden 1959:83)

"과정의 진행방식, 즉 사건이 진행되는 특별한 방식을 ... 동작상이라 일컫는다. 우리는 보통 사건진행의 시간적 단계에 관련되는 동작상, 즉 소위 단

계동작상과 시간적 진행에 따르지 않는 사건의 단계에 사용되는 동작상을
구분한다."

(Flämig 1965:5)

동작상의 규정에 대한 토대는 분명히 언어외적이다. 동작상은 우선
"과정"(Vorgang), "사건"(Geschehen), 즉 언어외적인 실제의 "단위"(Term,
명사)에 관련된다. 문법가들은 보통 말없이 또한 이행단계 없이 지시체
(Denotat)의 이러한 층위로부터 현실에 대한 개념적인 가공의 층위로 이
동하여 여러 가지 관점에 따라서, 예컨대 시간적인 진행이나 혹은 내적
인 구조에 따라서 사건을 배열하고 명칭을 부여한다. 여기서 하나의 문
제가 발생한다. 즉 "실제적인 사건진행의 다양성으로 인해 개념적인 파
악과 구분에서는 사건자질의 계속적인 구분에 대한 비교적 무한한 가능
성들이 존재한다."(Flämig 1965:7) 또한 "세분"(Feindifferenzierung)이
무한할 뿐만 아니라, 더욱 중요한 것은 의미론과 무관한 체계 없이도 또
한 아주 다양한 사건의 구분가능성이 존재한다는 점이다. 한편으로는 무
한한 구분가능성으로 인해서, 다른 한편으로는 동작상으로서 아주 특정
한 구분에 대한 해당 문헌에서의 상당히 통일적인 선정(Auswahl)으로
인해서(하위구분에서의 차이는 비교적 사소하다), 왜 과정들이 바로 이
러한 관점에 따라서 구분되어 있는지, 즉 어떤 기준(Kriterium)을 근거로
해서 동작상의 종류와 수가 그렇게 통일적으로 규정되었는지에 대해 필
연적으로 질문해보지만 아무 소용이 없다.

1.2. 독일어 문법에서의 동작상 유형

필자는 "세분"을 포기하고 본질적으로 Flämig(1965)에 따라서 동작상
의 주요유형만을 언급한다. (동작상(Aktionsart)과 상(Aspekt) 개념의 혼

용을 막기 위해서 필자는 용어 "미완료상/완료상"(Imperfektiv/Perfektiv)"
을 피하고, 그 대신에 "지속상/비지속상"(Durativ/Nichtdurativ), "지속상/
완결상"(Durativ/Terminativ) 혹은 Andersson(1972)에 따라서 "비제한
상/제한상"(Nichtgrenzbezogen/Grenzbezogen)을 사용한다.)

A. 단계의미를 갖는 동작상

   지속상(Durativ): 진행중인 사건을 그 지속(Dauer)에 대한 제한 없
        이 표현한다. ("schlafen"(잠자다))

   완결상(Terminativ): 사건을 시간적으로 제한하여 표현한다. 완결상
        은 다음과 같이 하위 구분된다.

   시동상(Ingressiv): 사건의 시작(Beginn)을 표현한다.
        ("einschlafen"(잠들다))

   기동상(Inchoativ): 다른 상태로의 변화(Übergang)를 표현한다.
        ("reifen"(익다/여물다))

   종결상(Egressiv): 사건의 종결(Abschluss)을 표현한다.[1]

---

1) 이 논문에서 실행한 완결동사(Terminativum)의 구별은 아주 문제가 많다. 모든 세 집단
의 동사들은 상태변화나 변화상태를 표현하기 위한 동사로서 정의되어야 한다. 이러한
사실은 기동동사(Inchoativum)와 똑같이 시동동사(Ingressivum)와 종결동사(Egressivum)
에서도 해당된다. einschlafen, reifen, verblühen은 다같이 "변화상태"를 표현하는데, 이
변화상태는 지속동사(Durativum)인 schlafen(잠자다), reif sein(익다), welk sein(verblüht
sein)(시들어 있다)으로 표현되는 "후상태"(Nachzustand)로 들어간다. 이 점에서 기동동
사는 다른 두 집단들과 구별하기 어렵다. 기껏해야 표현된 변화상태의 지속을 통해서 구
별되지만 그것은 아주 막연한 구별기준이다. 동사를 시동동사나 종결동사로 배열하는
것도 마찬가지로 어렵다. 이 두 개념들은 다만 상대적으로만 구별될 수 있기 때문이다.
동일한 변화상태가 후상태(Nachzustand)와 관련되어 있으면(welk sein(시들어 있다)과
관련하여 verwelken(시들기 시작하다)) 시동동사(ingressiv)로 해석될 수 있고, 그것이
전상태(Vorzustand)와 관련되어 있으면(blühen(피어 있다)과 관련하여 verblühen(꽃이
지다)) 종결동사(egressiv)로 해석될 수 있다. 따라서 Steinitz(1975;1977)에서는 이 세 부
류들이 물론 오해할 수도 있는 "기동동사"(Inchoativ)라는 이름으로 통합되었다(Steinitz
1977:89-90). 필자가 여기서는 가능한 한 새로운 용어, 즉 세 집단의 총괄로서 완결동사

("verblühen" (시들다))

B. 양적인 의미를 갖는 동작상

　　반복상(Iterativ): 사건의 반복(Wiederholung)을 표현한다.

　　("flattern" (날개를 펄럭이다))

　　강화상(Intensiv): 사건의 강화(Verstärkung)를 표현한다.

　　("schnitzen" (새기다))

　　축소상(Diminutiv): 사건의 약화(Abschwächung)를 표현한다.

　　("hüsteln" (잔기침을 하다))

주목할 점은 Flämig(1965)가 (Erben(1968) 역시) 그의 논문의 한 부분에서 동작상의 체계에서 지속상(Durativ)을 제외하고 있다는 점이다.

> "대부분의 독일어 단순동사들은 과정단계의 관점에서 중립적(neutral)으로 행동한다. 예컨대 시작단계나 종결단계의 관점에서 시간단계의 구분은 사건의 강화와 마찬가지로 특별하게 표현되지 않는다. 따라서 이러한 지속동사들은 동작상의 관점에서 볼 때 '무표자질'(merkmallos)로 간주될 수 있다."
>
> (Flämig 1965:6)

그러나 그 다음에 이어지는 상론에서는 Flämig가 지속동사(Durativum)의 이러한 특별한 지위를 더 이상 이용하지 않으며, 견해 A의 다른 논문들에서처럼 지속동사를 완결동사(Terminativum), 반복동사(Iterativum) 등과 더불어 동작상의 유형으로 분류하고 있다.

이때 – 우리가 앞으로 보게 되겠지만 – 지속동사를 동작상의 체계에서 제외하는 것은 적절한 기술을 위해서는 필수적이다. 왜냐하면 동작상

(Terminativ)를 사용하고자 하며, 1.6.1.에서 규명한 바와 같이 필요한 경우에는 완결동사1과 완결동사2로 구별한다.

중립적인 관계사(Relat) 없이는 언어단위가 사건의 반복, 강화 등과 같은
표현으로서 규정될 수 없기 때문이다.

1.3. 동작상의 선정기준

과정 그 자체에서나 또는 과정의 정신적인 모사(模寫)에서는 다른 과
정에 대한 동작상으로서 과정의 특정한 수식을 특징짓는 체계를 찾을 수
가 없다. 이러한 사실은 원래 자명한 일이지만, 이러한 주제를 다룰 때에
나타나는 많은 암묵적인 장애들 때문에 강조되어야 한다.

사고내용이 언어적으로 가공되어 표현되는 방법(Art)이 의미론적 자료
의 선정, 분류 및 구성을 조정함에 틀림없다. 문법기술(이 관계에서 문법
기술만이 문제되지 인지할 수 있는 개념형성을 연구하는 심리적인 기술
이 문제되는 것은 아니다)이 의미와 언어형태 사이의 체계적인 관계를
대상으로 삼는다는 사실을 부인하지 않으려면, 상기의 사실은 이 주제를
다루기 위한 정확한 출발점이 될 것이다. 언어형태는 통사론, 형태론, 어
휘론 및 음운론에서 각기 특수한 방법으로 표현된 것을 총괄한다.

이로써 우리는 시종일관 언어체계, 특히 한 언어(여기서는 독일어)의
체계에 따르고 있는 것이다.

견해 A의 대변자들 역시 언어형태에 관심을 갖지만, 동작상으로서 어
떤 의미적 구분이 독일어 체계의 구성성분인지를 묻기 위해서 그런 것은
아니다. 그들은 다음과 같이 질문한다.

의미론적으로 요구되는 동작상 유형들을 위해서 독일어에서는 어떠한
표현가능성들이 존재하는가?

견해 A를 대변하는 독어학자들은 물론 언어적 표현가능성에 관련된 방법과 상론에서는 의견을 달리하지만, 언어분석이 의미론적 구분에 따른다는 점에서는 의견이 일치한다.

Helbig/Buscha(^{4}1977), Erben(1968), Schmidt(1965) 및 Duden(1959)에서는 문법 전체를 과제로 설정하였기 때문에 문제점의 기술에서 신중한 입장을 취하고 있지만 그렇다고 그것이 완전히 배제되어 있는 것은 아니다. 의미론적으로 규명된 동작상 유형과 이와 관련된 언어적 표현가능성들이 열거되어 있다. 그러나 선정기준은 찾을 수가 없다.

Flämig(1965) 역시 "사건자질의 계속적인 구분을 위한 비교적 무한한 가능성들"(S. 7)로부터 다양한 문법연구가 이루어지고 있는 동작상의 부류가 어떻게 선정되었는가 하는 질문은 회피하고 있다. 그는 "때때로 주관적이며 자의적으로" 나타나는 개념적인 구분의 관점으로부터 아무런 언급 없이 "사건진행의 객관적인 사태(Sachverhalt)에 대한 언어적 표현"으로 넘어 가서 곧바로 동작상의 내용을 표현하기 위해 독일어에서 사용되는 여러 가지 언어수단들을 열거하여 평가하고 있다.

다시 우리는 모든 논문에서 표현가능성들의 열거와 예시에서 거의 완전히 일치하는 점만을 찾아서 거기서 동작상 유형을 규명해 보기로 하자.

1.4. 독일어 동작상을 위한 언어적 표현수단

독일어에서는 동작상 표지를 위한 통일적인 체계가 없다는 점에서 의견이 일치한다. 따라서 우리는 여러 가지 언어수단들을 열거하고 그것을 "상이한 체계화의 정도"(Flämig 1965)에 따라 평가한다.

1.4.1. 이분법 동작상 중립적/동작상 명시적

다양한 언어자료를 배열하는 경우에 우리는 견해 A의 기저에서 무시할 수 없는 이질성으로 나타나는 방법론적인 난점에 직면하게 된다. 동작상 중립적 및 동작상 명시적이라는 표현의 철저한 이분법(Dichotomie)은 포기한다. (1.2.에 있는 Flämig의 인용문과 필자의 논평을 참조하기 바람)

독일어에서는 가능한 언어적인 동작상 표지의 하나로서 형태론적인 파생을 예시하는 경우에서만 예문들에서 규칙적으로 "동작상 명시적"에 대해 "동작상 중립적"으로 재구조화될 수 있는 쌍들이 등장한다. 동작상 중립적인 동사는 단순동사(Simplex)이며 일반적으로 지속동사들이다 (schlafen 잠자다: einschlafen 잠들다). 지속동사들이 동작상 중립적이라는 암시적인 결론은 다른 장소의 기술에서는 하나의 모순에 직면한다. 예컨대 단순동사를 동작상 표지로서 예시하는 경우에는 지속동사가 다시 동작상으로 분류되기 때문이다(schlafen). 모든 다른 예문에서는 쌍으로 된 기술을 피한다. 대체로 동작상 중립적인 파트너를 발견할 수가 없는데 그것은 충분한 이유가 있다(예: schlafen 잠자다, atmen 호흡하다). 이러한 사실은 다음 절에서 자명해질 것이다. 몇몇 경우에서는 견해 A에 따라서 어원적으로 관련이 없는 동사들이 동작상 중립적인 파트너의 자리를 차지할 수 있다. 특히 강화를 표현하는 geht(가다) – läuft(달리다) – rennt (질주하다) 및 ruft(부르다) – schreit(소리치다) – brüllt(포효하다)와 같은 Flämig의 동사계열이 그렇게 이해될 수 있다(Flämig 1965:6). 그러나 바로 여기서 견해 A와 관련한 동작상 개념 자체가 와해된다. 왜냐하면 그러한 동사계열은 양쪽 방향으로 상당히 연장될 수 있으며 따라서 우리는 거의 개관할 수 없는 개방된 동작상 등급단계에 직면하게 될 것이기 때문이다(또한 이 문제와 연계된 논의 참조).

일반적으로 여러 논문들에서 다음과 같은 동작상 표현유형들이 언급되고 예를 통해 증명된다(다음의 예들은 동작상에 대한 여러 논문들에서 선정된 것이다).

1.4.2. 단순동사

언어적 표현	동작상 유형
arbeiten (일하다) schlafen (잠자다)	지속상(Durativ)
reifen (익다/여물다) rosten (녹슬다)	기동상(Inchoativ)
brechen (깨다/꺾다) finden (발견하다)	종결상(Egressiv)
atmen (호흡하다) fliegen (날다) schreiten (걷다)	반복상(Iterativ)
gehen - laufen- rennen rufen - schreien - brüllen	강화상(Intensiv)
sausen (좍좍 소리내다) saufen (물을 마시다)	강화상(Intensiv)
strahlen- leuchten - glühen - glimmen	축소상(Diminutiv)

상기의 도표에서 우리는 특히 양적인 동작상에 대한 예들을 접하게 된다. 필자는 반복동사(Iterativum)를 보다 큰 연관성 속에서 러시아어와 대조하여 다루고자 한다(2.4.3. 특히 2.4.3.1.을 참조하기 바란다).

강화동사와 축소동사에서의 동사계열이 눈에 띈다. Flämig(1965)에서는 각 계열에서 마지막 동사만이 언급된 동작상 유형에 속하는지 또는 첫 번째 동사를 제외한 모든 동사들이 언급된 동작상 유형에 속하는지하는 것이 분명치 않다. 분명한 것은 강화상과 축소상이 상대적인 개념이라는 것이다. 한 동사나 또는 한 동사계열의 동작상 특성은 특정한 다른 동사에 대해 상대적으로만 중립적이고 다른 동사에 대해서는 비교적 동작상 명시적인 출발동사(Ausgangsverb)의 선택에 달려 있다. 따라서 개별 동사에 대한 특성은 자의적이다.

동사계열은 전환될 수 있다. 즉 Flämig(1965:6)에 따르면 계열 strahlt (밝게 빛나다) – leuchtet(빛나다) – glüht(빛을 내다) – glimmt(희미하게 빛나다)에서 약한 순서로의 강화(즉 강도의 감소)가 표시되어 있는데, 정확히 동일한 방법으로 역의 방향으로도 특별한 강화가 표시될 수 있다.

계열은 여러 곳에서 중단될 수 있기 때문에 새로운 출발동사가 생겨날 수 있으며 여러 방향에서 규정될 수 있다. 예컨대 glühen(빛을 내다)은 leuchten(빛나다)에 대해 축소형이며 더 약한 강도를 표현하는 반면에, 축소형인 glimmen(희미하게 빛나다)에 대해서는 중립적이다. 그러나 glimmen이 출발동사인 경우에는 glühen이 glimmen에 대해 강화형이 된다.

동사계열은 확대될 수 있다.

> wispern(속삭이다) – sprechen(말하다) – rufen(외치다) – schreien(소리치
>   다) – brüllen(울부짖다/포효하다)
> schleichen(살금살금 걷다) – gehen(걷다) – laufen(달리다) – rennen(뛰다/
>   질주하다) – rasen(질주하다)

동사계열의 확대는 위에 제시된 예와 관련하여 충분할 것이다. 그러나 왜 하필 이러한 동사들이나 또는 동일한 의미부류의 다른 동사들이 동작상을 함축하고 있는지 하는 문제는 아직 미해결 상태로 남아있다. 다른 동사계열도 이러한 종류의 특성에 덜 유용한 것처럼 보이지는 않는다. 위의 예들과 개별동사들의 움직이는 **방법(Art)**이 변화되는 gehen(걷다) – springen(뛰다) – hüpfen(껑충껑충 뛰다) – tanzen(춤추다) – hinken (절뚝거리다) 계열을 비교해 보기 바란다. 이 의미자질은 왜 동작상을 형성하지 못하는가?

요약해서 말하자면, 단순동사들은 동작상 규정에 대한 출발점이나 또

는 동작상 구분에 아무런 도움을 주지 못한다. 왜냐하면 우리는 어간의 의미, 즉 어휘의미에만 의존할 수 있으며, 이 어휘의미에 따라서는 다시금 생각할 수 있는 모든 관점에 따라 분류할 수 있는 가능성이 있기 때문이다.

1.4.3. 통사적인 구성

필자는 전체로서나 또는 요소들 중의 한 요소, 즉 한 어휘단위에서 동사의미를 동작상적으로 수식하는 다양한 구조의 복합표현들을 통사적인 구성이라는 명칭 하에 포함시킨다. 거의 항상 부사규정어가 이런 기능을 담당한다. 어휘적 바꿔쓰기(lexikalische Umschreibung)의 이런 방법은 대체로 다른 언어에서 형태론적으로 실현된 동작상의 표현에서도 사용된다. 예들의 목록은 다음과 같다.

중립적 표현	명시적 표현	동작상 유형
arbeiten 일하다 gehen 가다 schneien 눈이 오다 blühen 피어 있다 blühen 피어 있다 arbeiten 일하다	fortfahren zu arbeiten 계속해서 일하다 gehen und gehen 계속해서 가다 in einem fort schneien 계속해서 눈이 오다 am Blühen sein 계속 피어 있다 blühen ohne zu verblühen 시들지 않고 계속 피어 있다 immer/unaufhörlich arbeiten 계속 일하다	지속상
arbeiten 일하다 gehen 가다 alt sein 늙다 schlafen 잠자다	beginnen zu arbeiten 일하기 시작하다 im Begriff sein zu gehen 막 가려고 하다 alt werden 늙어지다 plötzlich schlafen 갑자기 잠자다	시동상 / 기동상

중립적 표현	명시적 표현	동작상 유형
regnen 비가 오다 streiten 싸우다 malen 그리다 essen 먹다 fallen 떨어지다	aufhören zu regnen 비가 그치다 aufgeben zu streiten 싸우기를 그만 두다 ein Bild malen 그림을 하나 그리다 einen Apfel essen 사과를 하나 먹다 ins Wasser fallen 물에 빠지다	종결상
essen 먹다 aufstehen 일어나다 berichten 보고하다 lachen 웃다	zu essen pflegen 습관적으로 먹다 gewohnt sein aufzustehen 습관적으로 일어나다 regelmäßig berichten 규칙적으로 보고하다 oft lachen 가끔 웃다	반복상

다음 예들은 어떤 문법에서도 인용되어 있지는 않지만 아무런 제약 없이 위의 도식에 부합된다.

weinen 울다 weinen 울다	sehr weinen 매우 울다 laut weinen 큰 소리로 울다	강화상
weinen 울다 weinen 울다	ein bisschen weinen 약간 울다 leise weinen 조용히 울다	축소상

독일어 문법에서 반복동사는 명백히 동작상 유형으로 제시되어 oft schlafen(가끔 잠자다)과 같은 구조를 통해서 예시되는 반면에, 한정동사(Delimitativum)와 일회동사(Semelfaktivum) 등은 이 유형의 표지를 위해 완전한 등가의 바꿔쓰기가 존재함에도 불구하고(비교: eine Weile schlafen(잠시동안 잠자다), einmal stechen(한 번 찌르다)) 동작상으로 제시되지 않는 이유를 알 수가 없다. 러시아어에서는 이 모든 것이 형태론적으로 표지된 동작상 유형들이다. 그러나 제한적인 기준 없이는 우리가 또한 임의적으로 다른 의미적인 수식들을 상상하여 동작상으로 격상하여 어휘화할 수 있을 것이다. oft schlafen(가끔 잠자다)이 동작상 "반복적 행위"(반복상)를 표현하는 것과 동일한 조건으로 gern schlafen(즐

겨 잠자다)이 동작상 "원하는 행위"를, ungern schlafen(억지로 잠자다)
이 이와 반대되는 동작상을 표현한다고 말할 수 있다.

의미적으로 볼 때 이러한 상상에는 끝이 없다. 견해 A는 조작적인 기
준의 결여로 말미암아 다음의 구조들이 표현하는 것과 유사한 과정표상
의 변화들을 독일어에 대한 동작상으로서 결코 배제할 수 없을 것이다.

auf einmal in einen Zustand geraten (갑자기 어떤 상태에 빠지다)

allmählich in einen Zustand geraten (점차로 어떤 상태에 빠지다)

etwas ein bisschen tun (무엇을 약간 행하다)

etwas zu lange tun (무엇을 너무 오랫동안 행하다)

durch kleine Ansätze die Absicht verraten, etwas zu tun (작은 단초
들을 통해서 무엇을 행할 의도를 드러내다)

einer nach dem anderen etwas tun (무엇을 차례대로 행하다)

eifrig damit beschäftigt sein, etwas zu tun (아주 열심히 무슨 일을
행하다)

몇몇 예들이 다분히 견강부회(牽強附會)하는 것처럼 보일지 모르지만
Schlachter의 많은 예문에서 발췌한 형태론적으로 표현된 라플란드어의
동작상에 대한 독일어 바꿔쓰기이다(Schlachter 1968:215와 2.3.의 부설
비교).

통사적으로 볼 때에도 이러한 상상에는 끝이 없다. 이러한 사실은 위에
서 제시한 견해 A의 예들 자체에서 나타난다. 각각의 의미자료, 즉 동사
의미에 대한 동작상적인 수식은 두 가지 예에서도 동일하게 처리되지 않
는다. 예컨대 한 예에서는 의미자료가 부사규정어를 통해서나(regelmäßig
berichten 규칙적으로 보고하다: 반복상), 또는 두 번째 동사를 통해서
(aufhören zu regnen 비가 멎다: 종결상) 직접 어휘화되며, 다른 예에서는
전체의미에 의해서만(ein Bild malen 그림을 하나 그리다: 종결상) 비로

소 재구성된다. 복잡하게 뒤섞긴 집단들은 다양한 실현에서 때때로 동일
하다기보다는 유사한 의미자질을 통해서 하나로 결합된다. 필자가 세부
적으로는 비판하고 싶지 않다. 2.2.에서 러시아어 동작상과의 비교가 형태
론적 표지와 어휘적인 바꿔쓰기 사이의 근본적인 차이를 명백히 해줄 것
이다. 이러한 차이는 2.4.5.에서 간략히 논의된다.

1.4.4. 형태론적 파생어

이제 우리의 관심사는 전체적으로는 조어형태론이, 개별적으로는 등장
하는 형성소(Formativ)가 체계적인 동작상형성을 위한 출발점을 제공함
으로써 의미적인 부류형성을 위한 선정기준을 제공하느냐의 여부이다.
형성소, 즉 여기서는 전철(Präfix)이나 후철(Suffix)이 다음의 조건 하
에서 완결성(Terminativ), 반복성(Iterativ)과 같은 의미자질의 체계적인
표지에 적합하다.

1. 형성소는 고유의미를 거의 갖지 못하므로 요구되는 의미 이외에는
   어떤 부가적인 의미도 파생어로 가져오지 못하며 또한 문제되는 모
   든 동사어간과 의미적으로 조화를 이룬다.
2. 형성소는 문제되는 대부분의 동사어간에 형태론적으로 첨가될 수
   있으므로 생산적이다.
3. 해당 표지기능은 동일한 형성소의 다른 기능들과 구분이 가능하다.

상기의 조건들이 충족되면 우리는 체계적인 형태론적 동작상 표지, 또
는 보다 일반적으로 말해서 문법적 동작상 표지라고 말할 수 있다.[2] 이
러한 조건에 따라서 개별적인 형태론적 파생유형을 고찰해 보자.

---

[2] "의미자질의 체계적인 실현"이라는 개념의 규정에 대해서는 Wurzel(1977:137)과 Steinitz
(1977:95)를 참조.

1.4.4.1. 전철 파생어

필자는 포괄적으로 분리 전철, 비분리 전철 및 불변사(Partikel)를 취하는 모든 파생어를 전철 파생어라는 이름으로 총괄한다.

전철동사들은 일반적으로 완결동사들이다. 다른 동작상 유형에 대한 예들, 예컨대 지속상의 weiterschlafen(계속 잠자다), durcharbeiten(계속 일하다)과 강화상의 erwecken(깨우다)은 견해 A에 따라서도 정확히 분류되지는 못할 것이다.3)

동작상 중립적인 단순동사	동작상 명시적인 파생어	동작상 유형
schlafen 잠자다	weiterschlafen 계속 잠자다	지속상
arbeiten 일하다	durcharbeiten 계속 일하다	
lachen 웃다	auflachen 웃기 시작하다	시동상/ 기동상
fahren 차타고 가다	abfahren 출발하다	
fliegen 날라 가다	losfliegen 날기 시작하다	
schlafen 잠자다	einschlafen 잠들다	
blühen 피어 있다	er-/aufblühen 피기 시작하다	
blühen 피어 있다	verblühen 시들다	종결상
schlagen 때리다	erschlagen 때려 죽이다	
würgen 목을 조르다	erwürgen 교살하다	
brennen 불타다	verbrennen 소실되다	
schlagen 때리다	totschlagen 때려 죽이다	
sprechen 말하다	freisprechen 무죄 판결하다	
bohren 구멍을 내다	durchbohren 꿰뚫다	

---

3) weiterschlafen(계속해서 잠자다)은 krank bleiben(여전히 아프다) 및 이런 종류의 다른 구성들과 유사하게 ("강조된") 지속상으로 잘못 해석된다. 두 표현은 nicht aufwachen (깨어나지 않다) 내지는 nicht gesund werden(건강하게 되지 않다)과 등가이다. 따라서 "다른 상태로의 변화에 대한 부정"이라는 해석이 보다 적절하다(비변형 문장에 대해서는 Fabricius-Hansen(1975:29-34)과 Steinitz(1977:112-117 참조).
　durcharbeiten(독파하다/완성하다)은 오히려 완결상으로 해석될 수 있다. 러시아어 결과상에 대해서는 2.2.1.을 참조하고 완결상2에 대한 논의는 3.3.2.를 참조 바람. 강화상에 대한 예로서의 erwecken(깨우다)과 ernähren(부양하다)은 특이한 경우(Kuriosum)에 넣는 것이 더 좋다(주석 14 비교).

전철에서는 "문법적인 일반화의 상이한 등급을 인식할 수 있다." (Flämig 1965:8) 의미적으로 현저한 고유의미를 지니고 있는 전철들은 체계적인 동작상 표지를 위한 조건1에 저촉되므로 배제된다. 예컨대 totschießen (사살하다)에서의 전철 tot-는 종결성(Egressivität) 그 이상을 표현하기 때문에 lesen(읽다), essen(먹다) 등과 같은 동사들과 결합할 때 중요한 결과를 초래한다. 의미가 거의 비어 있는 전철 er-, ent- 등에 대해서는 더 많은 것을 기대해 볼 수 있으나 이들은 조건2를 충족시키지 못한다. 즉 이들은 "임의적으로 모든 동사와 결합될 수 없으며 수많은 가능성들이 이용되지 못한다."(Flämig 1965:8f. 비교) 완결성(Terminativität)에 대한 표지로서 두 가지 전철 er-, ent-에 대한 예들을 비교해 보자.

단순동사	er-전철	ent-전철	다른 전철
blühen 피어 있다	erblühen 피기 시작하다	–	aufblühen 피기 시작하다
wachen 깨어있다	erwachen 잠깨다	–	aufwachen 깨어나다
schlafen 잠자다	–	entschlafen 편안하게 죽다	einschlafen 잠들다
zünden 점화하다	–	entzünden 발화하다	anzünden 방화하다
gehen 가다	–	–	losgehen 출발하다
arbeiten 일하다	–	–	losarbeiten 일하기 시작하다

그리고 "전철의 기능은 과정단계의 기능에만 한정되는 것이 아니라, 예컨대 완료화 이외에도 타동화, 동사화 및 동사과정의 일반적인 의미단계에도 기여한다."(Flämig1965:8) 동사 gehen(가다)과 arbeiten(일하다)이 아마도 이러한 "일반적인 단계화"(allgemeine Abstufung)에 대한 좋은 예가 될 것이다. 즉 gehen과 arbeiten에 대해서는 바라는 전철파생어가 존

재하지만 이들은 동작상의 유형인 완결상에 적합하지 않다. erarbeiten
(일하여 얻다)에서 전철은 "동사에서 표현된 행위를 통해 무엇을 얻는
것"이라는 의미를 갖는 생산적인 조어수단이다. ergehen(일어나다)과
entgehen(모면하다)에서는 전철이 동사어간과 결합하여 각각 완결상
과는 관계가 없는 비교적 독립적인 새로운 의미를 얻는다. 대개의 경우
전철화(접두사화 Präfigierung)는 모든 동작상을 넘어서는 형태론적인 조
어수단(Wortbildungsmittel)이다. 각각 두 개의 독립적인 동사를 포함하
고 있는 쌍들을 비교해보자.4)

단순동사	전철동사
leben 살다	erleben 체험하다
finden 발견하다	erfinden 발명하다
zählen 헤아리다	erzählen 이야기하다
stellen 세우다	erstellen 짓다
liegen 놓여 있다	erliegen 굴복하다

따라서 전철화를 동작상 표지로 선언하는 것은 조건3에도 저촉된다.
즉 이러한 전철의 기능은, 우리가 결정에서 다소간 우리의 직관에 의존
하는 한, 동작상 중립적인 순수한 조어기능과 명확히 구별될 수 없다.

2.4.4.에서 시도한 자질부여적(qualifizierend)(=의미변화적 bedeutungs-
verändernd) 전철과 수식적(modifizierend) 전철의 구별은 이 문제를 해
명하는 데 많은 도움을 줄 것이다.

---

4) 기본단어가 더 이상 존재하지 않는 경우, 즉 구분할 수 있는 과정이 전혀 표현되어 있지
않은 경우들은 완전히 제외된다. 예컨대 erledigen(끝내다/해결하다), erlauben(허락하다),
erinnern(회상하다), entledigen(처리하다/제거하다), entschuldigen(용서하다),
entzücken(황홀하게 하다).

1.4.4.2. 후철 파생어

조어에서 사용되는 후철 -l, -r은 단지 양적 동작상인 반복상, 강화상 및 축소상만을 표현하며 부분적으로는 또한 반복상-강화상, 반복상-축소상의 결합을 표현하기도 한다.

동작상 중립적인 단순동사	동작상 명시적인 파생어	동작상 유형
werken 일하다 husten 기침하다 kochen 끓이다 lieben 사랑하다 tropfen 뚝뚝 떨어지다 äugen 주시하다 kranken 앓고 있다 tanzen 춤추다 lachen 웃다 deuten 설명하다 spotten 조롱하다	werkeln 심심풀이로 일하다 hüsteln 잔기침을 하다 köcheln 약간 끓이다 liebeln 일시적인 연애를 하다 tröpfeln 한 방울씩 떨어지다 äugeln 추파를 던지다 kränkeln 병치레하다 tänzeln 춤추듯 나아가다 lächeln 미소짓다 deuteln 억지 설명을 하다 spötteln 넌지시 조롱하다	축소상
streichen 쓰다듬다	streicheln 어루만지다	축소상-반복상
klappen 쿵하고 소리내다 platschen 철벙거리다 - -	klappern 딸랑거리는 소리를 내다 plätschern 졸졸 소리를 내다 flattern 날개를 펄럭이다 gackern 닭이 꼬끼오 울다	강화상-반복상

후철 -l, -r은, 우리가 이들에서 고유의미를 거의 인정할 수 없으며 따라서 조건1을 완전히 충족시키므로, 이미 동작상 후보로서 유리한 위치를 차지하고 있다. 우리는 후철 -l에 어느 정도의 생산성을 부여할 수 있는데, 이러한 사실은 새로운 모형으로 배열될 수 있는 köcheln(약간 끓이다), denkeln(사색하는 체하다)과 같은 신조어(Neubildung)에서 확인된다.5) 따라서 이들은 조건 2도 역시 제한적으로 충족시킨다. -l의 또 다른

---

5) 논문이 종결된 후 필자는 Krämer(1977)의 논문을 접했는데, 거기서 -ln으로 끝난 동사가

상당히 자세하게 열거되어 있을 뿐만 아니라, 동사들에서 -l-접미사의 여러 가지 의미적 표지가 설명되는 곳에서 Krämer(1977:179)는 "계열적인 성질의 연상들이 존재하는, 다른 말로 표현해서 동사가 -l-파생어가 아닌 파생어와 대립되어 있는 곳에서는 어디서나 -l-이 의미자질을 갖는다"는 사실에서 출발한다. 이것은 동작상 명시적인 동사가 해당하는 형태론적 표지가 없는 중립적인 대응물을 전제로 하는 2.4.2.의 가정과 일치한다.

그래서 äugeln(추파를 던지다)과 älteln(점점 나이가 들다)은 äugen(주시하다)과 (ver-)alten(낡아지다/쇠퇴하다)과 비교하여 축소상으로 표지될 수 있다. Krämer는 이러한 -l-동사의 첫 번째 집단에 '축소성-반복성'의 의미자질을 갖지 않는 두 번째 집단 adeln(귀족의 신분을 부여하다), dübeln(나무못을 박아 맞추다), ekeln(구역질나다)을 세우는데, 그 이유는 이 동사들이 파생되어 나온 명사들이 이미 -l-로 끝나기 때문이다.

-l-동사의 세 번째 집단 역시 명사에서 파생되었지만 첫 번째 집단에서 나온 동사들이 갖는 축소-반복적 의미를 갖는다(bändeln 끈으로 묶다, blödeln 어리석은 말을 지껄이다, frömmeln 경건한 체하다, kriseln 위기가 다가오다). 그 이유는 -l-이 여기서 파생어의 기저에 존재하는 것이 아니라 파생형태소의 구성성분이기 때문이다. 비록 -l-이 없는 동사적 대응물은 존재하지 않지만, 형성소(Formativ) -(e)ln은 "존재하지 않는 파생의 기저에 대한 연상을 근거로" '축소성-반복성'의 의미를 얻는다(Krämer 1977:186). 집단1의 규칙성에 대한 배경 위에서 비로소 그런 의미를 얻는다고 필자는 생각한다.

많은 동사들은 우선 파생토대와의 어떤 연상도 허용하지 않는다. 이때 의미자질 '축소성-반복성'이 부분적으로는 표지되어 있고, 또 부분적으로는 표지되어 있지 않다. 우리가 동사의 어원을 추적하면 표지된 동사들은 원래 집단1에 속했던 동사파생어라는 사실이 나타난다. -l-이 없는 관계사(Relat)는 없어졌다.

faseln   : frühnhd fasen "ohne Überlegung reden"
(되는 대로 지껄이다/써부렁거리다)
gängeln   : mhd gengen   "zum Laufen bringen"
(사람을 마음대로 부리다/조종하다)
heucheln   : mhd hûchen   "sich ducken"
(가장하다/꾸며대다)
kritzeln   : ahd krizzôn   "einritzen"
(글씨를 알아보기 힘들게 쓰다/서투르게 그려 넣다)
schmunzeln : mhd smunzen (싱긋이 웃다)

이에 반해 의미적으로 표지되지 않은 동사는 명사 -l로 소급되므로 원래 집단 2에 속했다.

dengeln (날을 세우다)   : ahd tangal "Hammer"
siedeln (이주하다)   : ahd sedal
zwirbeln (손끝으로 비비 꼬다) : mhd zwirbel

"연속성은 놀라운 일이며 통시적인 차원을 포함하는 것을 인정한다. 더욱이 연속성은 필자의 생각으로는 명제의 타당성을 증명하는데, 이에 따르면 문법적인 형태소는 계열적이거나 또는 통합적으로 반대되는 어휘소에 대한 연상들이 존재하지 않는 곳에서만 의미적으로 표지되어 있다."(Krämer 1977:189)

기능인 축소명사 형성(Kind 아이: Kindl 젖먹이)이 분명히 이 기능과 구
별되기 때문에 조건3도 역시 충족된다. 따라서 -l-파생어는 체계적인 형
태론적 동작상 표지를 위한 첫 번째 간접증거(Indiz)로 간주될 수 있을
것이다. 3.3.에서 이에 대해 다시 언급하기로 한다.6)

덧붙여 이야기하자면, 첫 번째 집단의 -l-접미사를 가지고 있거나 가지지 않은 동사쌍들에
대한, 공시적으로 아주 명확한 고정된 계열소 없이는 고립된 동사들 faseln, gängeln 등이 '축
소상-반복상'의 해석을 얻을 수 없을 것이다. 즉 '축소-반복적' 의미는 finden에서의 '완결
적' 의미와 동일한 방법으로 "어휘소에 내재해 있을 것이다"(Krämer 1977:184). 견해 B의
용어로 의미자질은 이 경우에 의미구성적이다(2.4.3. 비교). 필자가 보기에는 저자가 동사
를 여러 집단으로 배열할 때 약간 "체계에 대한 압박감"을 가지고 있었던 것 같다. 필자
의 생각으로는 예컨대 heucheln과 gängeln이 두 번째 집단의 많은 동사들보다 더 많은
축소-반복적 특성을 가지고 있지는 않기 때문이다. 이와 반대로 거기서 열거된 일부의
동사들 bröseln(부스러뜨리다), bummeln(어슬렁거리다), faseln(씨부렁거리다), fiedeln(엉성
한 솜씨로 바이올린을 켜다)은 분명히 축소-반복적 의미를 가지고 있는데, 이것은 -l-접
미사의 생산성이 어감에서 집단1에 대한 유추를 형성하기 때문이다.

고립된 동사들을 규칙적인 동사쌍의 집단으로 배열하는 이와 비슷한 유추를 우리는 역
시 축소-반복적 의미를 갖는 -r-접미사에서도 발견할 수 있다. 예컨대 bibbern(떨다/겁
을 내다), fleddern(주인 없는 물건을 슬쩍 훔치다), kleckern(흘려 얼룩지게 하다), rattern
(딸그락 딸그락 소리를 내다), schubbern(문지르다), trällern(콧노래를 부르다)과 같이
-en 대신에 -ern을 갖는 동사형성이 이러한 의미차이를 갖는다. 접미사 -er를 갖는 직업을
표시하는 단어들은 이들이 동사화할 때 바로 이 -r- 때문에 재해석된다. 이들은 이를테면
"진지하지 않고 취미로 활동한다든지, 직업을 전문지식 없이 행사한다"라고 재해석된다. 예
컨대 dichtern(취미로 저술활동을 하다)(대응물 dichten(저술하다)이 있음), schriftstellern
(저술활동을 하다), schauspielern(연기를 하다), malern(도장공으로 일하다), gärtnern(취
미로 정원일을 하다), tischlern(취미로 목공일을 하다), (zusammen) schustern(구두장이
로 일하다) 등.

6) Ross(1979)는 어휘소(소위 의성어는 제외하고) 음성구조의 동기화에 대한 여러 요인들에
관한 방대한 연구범위 내에서 쌍 lachen/lächeln(내지는 laugh/smile)을 60개 이상의 상
이한 언어에서 조사하여, 이 "기본적인 의미대조"가 검증된 언어들 중 48개의 언어에서
Cooper/Ross(1975)에서 설정된 음운론적 원칙들에 따라서 "발음되는" 것을 발견해냈다.
이때 우리의 관계에서 중요한 것은 쌍 lachen/lächeln이 극소수의 언어에서만 파생적으
로 상호 관련될 수 있는 어휘소를 통해서 실현된다는 것이다. 독일어에서 형태론적으로
엄폐되어 있는 원칙적인 의미차이를 명확히 해주는 것은 대체로 독립적인 어휘단위들이
다. lachen과 lächeln 사이의 차이는 가까운 직시(直示)와 먼 직시(here/there, to/from) 사
이의 차이나 see/hear, and/or, laugh/cry 등과 같은 쌍들 사이의 차이와 똑같이 이 고찰
방법 내에서도 "기본적인" 것으로 증명된다. 보다 자세히 고찰해 보면, lächeln이 결코
lachen에 대한 일종의 축소형이 아니며, 이런 점에서 이를테면 "기본적인 의미대조"가 없는
spotten(조롱하다)/spötteln(슬쩍 비꼬다), kochen(끓이다)/köcheln(약간 끓이다), tropfen

1.4.4.3. 동사어간의 형태론적 변화

강화상을 표현하는 다음의 쌍들은 언급된 논문들에서 모아놓은 것인데, 이들이 -l-후철과 결합할 때에는 강화상-반복상 내지는 축소상-반복상을 표현한다.

동작상 중립적 단순동사	동작상 명시적 파생어	동작상 유형
schlucken 마시다 schneiden 자르다 biegen 구부러지다 tropfen 뚝뚝 떨어지다 reißen 찢다 rücken (밀어) 움직이다 künden 알려주다 spenden 기부하다	schluchzen 흐느끼다 schnitzen 새기다 bücken (등을) 구부리다 triefen 물방울져 떨어지다 ritzen 금을 새기다 rutschen 미끄러지다 kündigen 취소하다 spendieren 남에게 선심쓰다	강화상
kratzen 긁다/할퀴다 braten 굽다 hacken 빠개다/쓸다 schnauben 코로 씩씩거리 며 숨쉬다/헐떡이다 bitten 요청하다 stechen 찌르다	kritzeln 긁다/끄적거리다 brutzeln 지글지글 끓다 häckseln 잘게 쓸다 schnüffeln 코를 대고 냄새를 맡다 betteln 구걸하다 sticheln 빈정대다/비꼬다	강화상-반복상/ 축소상-반복상

여기서 우리는 다음과 같이 요약할 수 있다. 파생수단들은 결코 고유의미를 갖지 않아서 조건1에 저촉되지는 않지만, 모국어 화자에 의해서 언어사적인 지식 없이는 대체로 형태론적인 파생어로서 전혀 실현되지 않는다. 즉 이들은 출발형태와 파생형태 사이에 어느 정도 통일적인 모형을 형성하지 못하며 아주 비생산적이다. 따라서 이 쌍들의 구성성분들

(뚝뚝 떨어지다)/tröpfeln(한 방울씩 떨어지다)과 같은 쌍들에 유추하여 해석되어서는 안된다는 사실도 분명해진다. 요약해서 말하자면, 쌍 'lachen/lächeln'은 얼른 보기에 그렇게 보이는 것처럼 독일어 동작상 경향의 증거를 위한 모범적인 예가 결코 아니다. 다른 예의 쌍들에서도 보다 정확히 분석해 보면 이와 유사한 것은 유도해낼 수 있다.

은 종종 유사한 것으로서 모아진 것이 아니라 의미적으로 동떨어져 있는 완전히 독립적인 단어들이다. 더욱이 필자가 보기에는 의미론적인 특징 "강화상" 역시 많은 예들에서 규명되어 있지 않은 것처럼 보인다. 강화상 으로서 reißen(찢다)에 대한 ritzen(금을 새기다)과, künden(알려주다)에 대한 kündigen(취소하다)만을 비교해 보기 바란다. 따라서 우리는 이 집 단을 다음의 논의에서 자신 있게 배제할 수 있다.

1.5. 논의의 결과

원칙적으로 문법기술의 과제에 대한 질문을 받게 되면, 견해 A의 모든 옹호자들은 "언어체계의 규칙성"에 대한 연구가 문법의 본래의 대상이 되어야 한다는, 서론에서 인용한 Erben의 말에 틀림없이 동의할 것이다. 그러나 무엇이 이러한 규칙성에 속하는가? 언어체계로의 귀속에 대한 문 제가 어떻게 결정될 수 있는가? 그러한 규칙성을 적절하게 분류하기 위 해 어떤 기준들이 필요한가? 그리고 동작상이 독일어 체계에 속하는가?

마지막 질문은 인용된 논문들에서 동작상을 문법기술에 수용함으로써 간단히 해결되지만 나머지 질문들은 단호히 회피된다. 견해 A에 의해 지 금까지 기술된 동작상의 규정에 대한 첫 번째 결과는 다음과 같다.

◇ 동작상의 특성에 대한 언어외적인 토대는 – "사건의 진행방식과 단 계"(외연층위!) – 동작상을 우선 명백히 언어체계 외부에 두고 있다.

◇ 적어도 Flämig에 따라서 동작상을 "의미범주"로 규정할 때에도 동 작상은 여전히 "엄밀한 의미에서의 문법" 외부에 있다. 동작상을 기술할 때에는 의미론적 관점이 결정적임에도 불구하고, 문법과 관 련하여 의미론의 위상과 지위가 견해 A에서는 상당히 불명확하다.

◇ 따라서 '동작상' 개념을 문법으로 편입시키기 위한 근거 역시 불명확하다. 조어에서의 체계구상(Systemansatz)은 문법범주를 정당화하기 위해서는 별로 도움이 되지 않는 것으로 증명되었다. 왜냐하면 전철형성은 모든 동작상의 의미를 넘어서는 기능도 갖기 때문이다.

◇ 그밖에 동작상의 피난처로서의 의미론만으로는 ─ 우리가 살펴본 바와 같이 ─ 개별 동작상 유형을 설정하기 위한 선정기준을 제공할 수가 없다("무한한 구분가능성" 때문에). 언어적 표현수단에서 가정된 동작상에 대한 선정기준을 찾는 것은 똑같이 성공을 거두지 못했다. 유용한 정의의 토대를 마련하기 위한 표현가능성이 너무나도 많기 때문이다.

우리가 "언어체계의 규칙성"을 (특히 생성문법에서 주장하는 것처럼 ─ 그러나 견해 A의 대변자들은 지금까지 어떠한 명확한 대안도 제시하지 못했다) 음성구조와 의미구조의 모든 규칙적인 배열의 총체로 이해한다면, 의미론은 언어체계의 여러 부문들 중의 하나로서 분명히 문법에 포함되어 있다. 어떤 표현의 의미는 몇몇 층위, 즉 통사론, 형태론 및 어휘부를 넘어서서 그 표현의 음성형태와 결합되어 있다.

그러나 이러한 생각에서 "의미론"(Semantik)의 개념이 견해 A의 대변자들이 주장하는 것과 동일하다고 생각한다면 그것은 오해이다. 필자는 이 관계에서 다만 지난 10년간 의미론의 정의와 대상영역 및 언어기술의 체계 내에서의 그 위상에 대해 점차로 논의가 증가되어 왔다는 사실만을 언급할 수 있을 뿐이다. Pasch/Zimmermann(1979)이 이 분야에서 다양한 이론적인 발상에 대해 비판적으로 논의한 명확한 개요를 제시하고 있다.

여기서 우리는 결국 문법에서 의미론의 위상과 관련하여 대안적인 이론들에 대한 상론은 필요치 않다. 왜냐하면 우리는 그러한 이론적인 문제제기의 마당에서 아주 멀리 벗어나 있으며 거기서 아직도 많은 문제들을 해결하고 정리해야 하기 때문이다. 예컨대 문법기술에 의해서 파악될 수 있는 언어적 사실이 도대체 무엇인가? 그리고 이러한 언어적 사실이 다른 사실들과 어떠한 방법으로 적절하게 대조를 이룰 수 있는가? 그리고 문법가들이 의미적 사실에서 출발한다고 가정한다면, 그것을 동사화하고 "언어화"하는 모든 가능성을 동일한 기술층위로 끌어들일 수 있겠는가?

우리의 특수한 경우에서 어느 정도의 체계성(Systematik)에 도달하기 위해서는 적어도 의미자료의 언어적인 처리에 대한 두 가지 방법을 명확히 구별할 필요가 있다.

1. 어휘적인 가공 (어휘화 Lexikalisierung)
2. 문법적인 가공 (문법화 Grammatikalisierung)

앞으로 논의할 2.4.4.를 언급하면서 두 가지 동사화(Verbalisierung) 방법을 다음과 같이 구분하고자 한다.

1. 어휘부(Lexikon)에서는 음성형태에 저절로 연결되는 의미자질 내지는 의미자질 복합체가 존재한다.

한 언어의 학문적인 기술로서의 모든 문법은 적어도 함축적으로 하나의 어휘부(Lexikon)를 전제로 하는데, 어휘부에서는 대략적으로 말해서 해당언어의 단어들이 수록되어 있다. 생성문법에서는 어휘부가 문법 내에서 하나의 독립적인 부문(Komponente)으로서 마련되어 있다. "아주 일반적으로 말해서 어휘부는 문법에서 특수한 것을 표현하며 언어체계와 언어능력의 중요한 측면을 포착한다. 즉 개별 언어적인 표현수단들이 인지구조에 대한 응축물로서의 개념들로 관습적이며 확실하게 연결된다."(Pasch/Zimmermann 1979:59) 그리고 이어서 "... 어휘부는 음성과 의미가 어휘적으로 고정된 연결(Zuordnung)의 목록을 나타내며, 문법에 있

어서 언어기호에 의해 형성된 내용과 표현의 결합 중에서 특수한 것이 나타나는 장소이다."(S. 68)

어휘부에서는 의미자질이 음운자질과 결합하여 하나의 어휘부 단위 (Lexikoneinheit)를 형성한다. 여기에 어휘부 단위를 통사적 문맥으로 정확히 삽입하도록 유도하는 형태·통사적인 표지가 첨부된다. 그리고 나서 어휘부 단위의 전체 정보가 개별적인 단어의미로부터 어떻게 문장의미가 형성되는가를 알려준다.

2. 이에 반해 **문법적**으로 가공되는 의미자질 내지는 의미자질 복합체가 존재한다. 이러한 언어가공 방법을 위한 구조모형이 존재한다. 이 구조모형은 계열형성적이며 체계적인 과정 속에서 형태·통사적인 표지들로 결합된다. 이러한 의미자질들을 다루는 장소가 통사론, 굴절형태론 및 조어론이며, 다시 말해서 언어의 일반성과 체계성을 포착하는 문법의 부문들이다.

보다 일반적으로 이해하여, 언어단위가 필연적으로 의미자질로써 결합되어 있지는 않더라도 항상 형태·통사적인 규칙성에 바탕을 두고 있다면 그것은 '문법적'이며 또한 '문법범주'(grammatische Kategorie)를 실현시킨다. '문법범주'의 고전적인 형태는 **굴절형태론**(Flexionsmorphologie)에서 발견된다. 어떤 언어의 몇몇 문법범주들은, 예컨대 독일어 동사에서의 수는 단지 문장에서 개별 구성성분들의 조직과 통합에 대한 기능만을 가지며(독일어에서 동사의 수는 주어의 수와 일치하므로 주어를 확인하는 데 사용된다), 그밖에 아무런 의미도 갖지 않는다. 이에 반해 독일어 명사에서의 수는 의미를 가지며 단수와 복수라는 두 하위부류를 통해서 특정종류의 대상들 중에서 하나 내지는 다수의 예들을 나타낸다.

굴절(Flexion)에 대한 계열형성 기구 그 자체는 다시금 모형형성적이며 의미특성에 대한 모든 체계적인 형태·통사적 표지들, 즉 **파생어**(Deri-

vation)로 전이될 수 있다. 필자는 '광의'에서 이것을 '문법범주'라는 개념
으로 이해한다.

굴절형태론과 파생형태론(Derivationsmorphologie)을 "문법적인 처리"
라는 표제어로 통합하도록 해주는 것은, 이들을 "순수한" 어휘화(Lexi-
kalisierung)와 구별시켜 주는 계열소 형성과 같은 일련의 공통점들이다.
그리고 또 한 가지는 이 두 분야의 형태론을 명확히 구분할 수 없다는
점이다. 이를테면 독일어 형용사의 비교변화가 형용사의 굴절계열소
(Flexionsparadigma)에 속하는 것이지, 또는 예컨대 명사의 굴절계열소
에 포함시키는 것을 처음부터 배제할 수 없는 명사에 대한 축소형 형성
과 같이 조어모형(Wortbildungsmuster)을 나타내는 것은 아닌지 하는
것이 확정되어 있지 않다. 러시아어의 동작상 범주도 역시 굴절형태론과
파생형태론 사이의 경계선상에 놓여 있다. 이에 대해서는 3.3.2.의 끝 부
분을 참조하기 바란다.

다른 한편 굴절형태론과 파생형태론은 전형적인 경우들에서는 명확히
상호 구분될 수 있다. 이러한 사실은 '문법범주'의 개념을 구별하도록 해
준다. 굴절계열소는 강력한 체계성으로 특징지어지고, 이에 반해 파생계
열소는 항상 상대적으로만 체계적일 뿐이며 개개 모형을 분리하고 파괴
하는 경향이 있다. 더욱이 파생은 동일한 단어를 변화시키는 굴절을 통
해서가 아니라 순수한 형태의 어휘화를 통해서 한 언어의 어휘를 확대시
키는 기능을 갖는다.

바꾸어 말하면 파생은 어휘화와 "협의"의 문법화 사이에 있는 중간위
치를 차지한다. 더욱 자세한 기술은 상기의 구별을 확대시킬 것이다.

1. 의미자료의 어휘적인 가공
2. 파생적인 가공
3. 문법적인 (즉 굴절형태론적인) 가공

이 문제에 관한 엄격한 논증을 포함하고 있는 자세한 분석은 Wurzel에 나와 있다.

'문법범주'에 대한 이러한 엄격한 개념에서는 동작상의 범주에 대한 위상이 이미 러시아어에서도 강한 동요를 일으키는데, 독일어에서는 전혀 논의할 가치가 없을 것이다. 그러나 분명히 밝혀진 것은 앞 장에서 견해 A에 의해 가정된 동작상에 대한 지금까지의 조사활동에 따른다면, 독일어에서는 "광의"의 '문법범주'라고 명명될 수 있는 어떤 것도 발견하지 못했다는 사실이다.

1.6. 문법적인 영향을 주는 동작상 유형

견해 A의 몇몇 대변자들은 언어적으로 파악할 수 없는 의미적인 사실들을 문법에서 다루는 것을 달갑지 않게 여긴다. 여기서 동작상을 문법기술의 대상으로서 정당화하기 위해서는 몇몇 동작상 유형들에 대한 문법적(즉 통사적) 및 형태론적 특징들이 올바르게 제시되어야 한다.

> "본질상 의미적으로 확정된 이러한 과정단계의 종류는, 이들이 활용계열소에 대한 특정한 형태의 형성을 요구하거나 또는 특정한 통사적인 구조를 허용하거나 배제함으로써 문법적 연관성의 상이한 등급을 인식시킨다. 단순동사는 물론 전철형성과 바꿔쓰기 구조들도 이에 해당된다."
>
> (Flämig 1965:10)

Andersson(1972)은 문법적인 구별이 동작상과 결부되는 바로 그 지점에서 시작한다. 그는 러시아어의 동작상(Aktionsart) 체계에서 터득한 예리한 통찰력으로 "독일어 동작상"의 완전한 복합체로부터 단지 문법적으로 구별되는 유형들만을 뽑아내어 이것을 아주 세심하게 러시아어의 상

(Aspekt)과 대조시켜 다양한 방향으로 자신의 견해를 피력하고 있다. 그러나 제약을 위한 서론에서의 논의는 논점에 부합하지 않는다.

> "동작상은 우선 동사의 의미집단으로 파악될 수 있다. 물론 이론상으로는 무한히 많은 종류의 행위과정과, 이에 상응하여 가능한 모든 관점에 따라서 세분될 수 있는 무한히 많은 동작상이 존재한다. 상당히 많은 동사들을 포함하는, 그 중에서도 특히 동사의 문법적 형태에 관한 형태론과 통사론에 영향을 주는 그러한 동작상을 포함하는 집단들은 언어학에서 특히 중요하다. 많은 언어에서 이러한 집단들은 동사의 의미론에서 행위의 경계(Grenze)에 대한 지시가 존재하느냐 않느냐 하는 관점에 따른 분류인 것처럼 보인다."
>
> (Andersson 1972:28)

따라서 Andersson을 이해하기 위해서도 동작상은 우선 의미론 내에서의 개념형성이거나, 혹은 – 동작상이 동사의미와 연계되어 있고 통사적인 구조들을 포함하지 않는 한 – 그가 말한 바와 같이 '어휘·의미적 범주'(lexikalisch-semantische Kategorie)이다(S.33). 이러한 점에서 Andersson에서도 역시 동작상은 문법의 대상영역 외부에 있는 것처럼 보인다. 그러나 의미구별이 언제부터 문법적인 분석의 대상이 되었는가 하는 것은 Andersson에서 인용한 부분에서 볼 때 개인적인 판단의 문제인 것처럼 들린다. "특히 중요한" 그리고 "상당히 많은 동사들"과 같은 표현들은 문법의 과제에 대한 규정방법을 시급한 결정사항으로서 제시한다. 문법은 음성과 의미의 연결(Zuordnung)에 대한 모든 규칙들의 총체로서의 언어체계(Sprachsystem)를 기술의 대상으로 삼는다는 점에서 우리의 의견이 일치한다고 전제할 수 있다면, 1.5.의 상론에 따라서 우리의 특수한 경우에 대한 과제설정은 명백해진다. 즉 문법은 형태·통사적인, 다시 말해 여기서는 문법적인 구별과 상관되는 의미적인 구별만을 기술한다.

Andersson(1972)이 확실하게 증명한 바와 같이, 의미적 구별인 '제한성/비제한성'(Grenzbezogen/Nichtgrenzbezogen)(또는 다른 용어로 말하자면: '완결성/지속성'(Terminativ/Durativ)은 문법적 구별과 연관된다. 즉 의미적 구별은 당연히 문법에서 다루어진다. 그러나 한정동사와 지속동사는 견해 A에 의해서 이전에 이미 동작상의 내부에 있는 두 가지 유형으로 규정되었다. 따라서 Andersson은 Flämig처럼 두 동사군의 문법적인 차이를 그대로 동작상의 문법적인 차이로 해석한다.

1.6.1. 제한적 동사/비제한적 동사 - 동작상의 두 주요유형

Flämig(1965)와 Andersson(1972)에서 의미자질의 문법적인 연관성이 무엇을 의미하는가를 설명하기 위하여 필자는 제한동사와 비제한동사(내지는 완결동사와 지속동사) 사이의 가장 중요한 문법적인 차이들을 제시한다. 이 두 동사들은 주석 없이 다만 Flämig(1965:10-11)와 특히 Andersson(1972:28-49)이 이 주제에 대해 기술하고 있는 것에 대한 표제어(Stichwort)로서만 간주될 수 있다.

	제한동사	비제한동사
1. 타동사		
a) 상태수동	das Buch ist gefunden	?das Buch ist geliebt
	(그 책이 발견되었다)	*das Buch ist gesehen
b) 등가의 과정수동	das Buch *ist* gefunden *worden*	das Buch *wird* geliebt/gesehen
	(그 책이 발견되었다)	(그 책이 사랑 받는다/보여진다)
c) 등가의 능동구조	jemand *hat* das Buch *gefunden*	jemand *liebt/sieht* das Buch
	(누군가가 그 책을 발견하였다)	(누군가가 그 책을 사랑한다/본다)

d) 따라서 부가적으로 사용된 분사 Ⅱ가 상이한 해석을 갖는다. (d)
를 c)와 비교)

das gefundene Buch.   *das geliebte/gesehene Buch
(발견된 책)

2. 자동사
  a) 완료형 조동사

die Kinder *sind* eingeschlafen   die Kinder *haben* geschlafen
(애들이 잠이 들었다)   (애들이 잠을 잤다)

die Paare *sind* ins Zimmer   die Paare *haben* im Zimmer
getanzt (쌍들은 방안으로 춤을   getanzt (쌍들은 방안에서 춤을
    추며 들어갔다)   추었다)

(그러나)

der Mann *ist* auf die Straße   der Mann *ist* auf der Straße
gegangen (길거리로 걸어나갔다) gegangen (길거리에서 걸었다)

  b) 부가적으로 사용된 분사 Ⅱ

die *eingeschlafenen* Kinder   *die geschlafenen Kinder
(잠이 든 아이들)

die ins Zimmer *getanzten* Paare *die im Zimmer getanzten Paare
(방안으로 춤추면서 들어간 쌍들)

der auf die Straße *gegangene*   *der auf der Straße gegangene
Mann (길거리로 걸어나간 남자) Mann

부설(Exkurs):

견해 A에 따르면 제한동사와 비제한동사의 도식에 적합할 것 같은데
이상하게도 수집된 여러 예들에서 나타나지 않는 한 집단의 동사들에 대

해서 주의를 환기시키고자 한다.[7] 언제나 단순동사와 전철파생으로 구성되는 쌍의 형성이 문제가 되는데, 여기서는 전철 los-와 aus-가 예시된다.

1. 전철은 행위의 시작을 표현한다.

지 속 상	시 동 상
reden 말하다	losreden 말하기 시작하다
schreien 소리지르다	losschreien 소리지르기 시작하다
gehen 가다	losgehen 출발하다
fahren 차를 타고 가다	losfahren 출발하다 (차로)
laufen 달리다	loslaufen 달리기 시작하다

2. 전철은 성공적인 종결에 이르기까지 행위가 수행됨을 표현한다.
   (Isačenko(1962:394)에서의 "종결상"(exhaustiv))

지 속 상	종 결 상
lernen 배우다	auslernen 교육을 마치다/ 다 배우다
schlafen 잠자다	ausschlafen 충분히 자다
arbeiten 일하다	sich ausarbeiten 완성하다
toben 광란하다	sich austoben 광란을 그치다
schlafen 잠자다	sich ausschlafen 충분히 자다
heulen 울부짖다	sich ausheulen 실컷 울다
laufen 달리다	sich auslaufen 피곤할 때까지 달리다

---

7) Andersson(1972:67)은 sich auslaufen(지칠 때까지 달리다)의 어휘적인 바꿔쓰기로 간주될 수 있는 통사적 구성 sich müde laufen(피곤할 때까지 달리다)을 (격지배상) 제한적인 것으로 인용하지만, – 이런 종류의 제한성은 말없이 배제될 수 있다 – 이런 종류의 전철파생은 필자가 아는 한 Andersson에서도 등장하지 않는다.

많은 다른 전철파생과는 달리, 특히 이 파생유형이 비교적 생산적임에
도 불구하고 수집된 예들에서 빠져있다는 점이 이상하다. 이들은 독일어
동작상의 등장에 대한 증거물이라기보다는 오히려 다른 표현수단으로서
사용될 수 있을 것이다. 필자는 3.3.에서 이 문제를 다시 논의하고자 한
다. 필자는 관례적으로 열거되는 쌍들과의 차이점을 제시하기 위해서 여
기서 이 동사쌍을 거론한다. schlafen(잠자다) : einschlafen(잠들다) 유형
의 쌍들과는 반대로, los- 내지는 aus-와 결합된 동사들은 문법적으로
이 전철이 없는 동사들과 동일하게 행동한다(그러나 이동동사에서의 특
수성을 유의하라). 제한동사와 비제한동사 사이의 문법적 차이에 대한
상기의 도표와 다음의 도표를 비교하라.

<table>
<tr><td><u>제한동사</u></td><td><u>비제한동사</u></td></tr>
<tr><td colspan="2">a) 완료형 조동사</td></tr>
<tr><td>der Mann hat losgeredet</td><td>der Mann hat geredet</td></tr>
<tr><td>der Mann hat losgeschrien</td><td>der Mann hat geschrien</td></tr>
<tr><td>der Mann ist losgegangen</td><td>der Mann ist gegangen</td></tr>
<tr><td>der Mann hat ausgelernt</td><td>der Mann hat gelernt</td></tr>
<tr><td>die Kinder haben ausgeschlafen</td><td>die Kinder haben geschlafen</td></tr>
<tr><td>die Kinder haben sich
ausgeschlafen</td><td>die Kinder haben geschlafen</td></tr>
<tr><td>der Hund hat sich ausgelaufen</td><td>der Hund ist gelaufen</td></tr>
</table>

b) 부가적으로 사용된 분사 II

*der losgeredete/losgeschriene   *der geredete/geschriene Mann
    Mann

[?]der losgegangene Mann   *der gegangene Mann

*der ausgelernte Mann   *der gelernte Mann
*die ausgeschlafenen Kinder[8] *die geschlafenen Kinder
*der ausgelaufene Hund   *der gelaufene Hund

이 집단의 완결동사들을 - 필자는 이들을 아주 잠정적으로 "완결동사 2"(Terminativum 2)라고 명명하고자 한다 - 지금껏 다루어온 "완결동사 1"(Terminativum 1)로부터 분리하는 것은 "경계"(Grenze)라는 개념에 대한 다른 종류의 관계이다.

완결동사1에서 '경계'라는 자질은 각각의 동사들이 한 상태에서 다른 상태로의 변화(Übergang)를 표현하는 의미에서 동사의미에 수용되었다.

변화상태(예컨대 "einschlafen")는 "깨어 있는"(wach sein) 상태와 "잠자는"(schlafen) 상태 사이의 상태이며, 그런 점에서 양자 사이의 "경계"로서 해석될 수 있다. (Steinitz(1975)에서 완결동사의 종류에 대한 보다 자세한 내용은 주석1 참조).

---

8) los-전철의 이동동사들은 sein을 가지고 완료를 형성하는 점에서 이 새로운 틀에서 빠진다. sein을 취하는 완료형성이 '완결성'(Terminativ) 자질과 더불어 분사의 부가가능성을 위한 필수적인 조건인 것처럼 보인다. 이를테면 der losgegangene Mann(걸어 나간 남자)이 왜 der losgegangene Schuss(발사된 총알)보다 덜 수용적인가에 대한 설명의 토대를 제공하는 또 다른 조건들이 확실히 첨부된다. 그러나 이것은 여기서 우리를 우리의 주제로부터 너무 멀리 끌고 간다.

die ausgeschlafenen Kinder(충분히 잠을 잔 아이들)는 다만 die Kinder haben ausgeschlafen(아이들은 충분히 잠을 잤다)에 대한 상관어로서만 불가능하고 다른 경우에서는 전적으로 수용될 수 있다. 그러면 이들은 상관어로서 술어형용사를 가져야 하며 따라서 형용사화한 분사II로서 해석되어야 한다. 부정어와의 형성방법도 역시 이러한 관계를 지시한다.

die Kinder sind ausgeschlafen : die ausgeschlafenen Kinder
die Kinder sind nicht/un-ausgeschlafen : die unausgeschlafenen Kinder
(애들은 충분히 잠을 자지 못했다)   (충분히 잠을 자지 못한 아이들)

전철화를 통한 부정은 완결상1로 구성된 동사들에서는 불가능하다.

die eingeschlafenen Kinder : *die uneingeschlafenen Kinder
(잠든 아이들)

완결동사2에서 "경계"라는 자질은 여러 가지 단계(Phase)(시작 또는
끝)가 한 상태 내부에서(innerhalb) 강조되는 의미에서 동사의미에 수용
되었다. 의미는 한 상태 내에서 특정 단면의 표현을 통해서 수식되며, 다
른 상태로의 변화(또는 다른 상태로부터의 변화)는 해당되지 않는다.

이 관계는 얼른 보기보다도 매우 복잡하다. 이 관계에서 필자가 보기
에 중요한 것은 두 집단 완결동사1과 완결동사2 사이의 차이를 명백히
하는 것이다.9)

그러나 완결동사2의 집단을 우선 논의에서 제외하고 다시금 Flämig
(1965)와 Andersson(1972)에서 등장하는 완결동사1의 동사집단과, 이들
과 문법적으로 차이가 나는 지속동사에 관해서 논의해 보자.

동작상 구분을 위해 문법적 기준을 사용하는 데 대한 예기치 못한 결과는
물론 이렇게 규정된 동작상 유형이 두 가지, 즉 제한적(grenzbezogen=
terminativ 완결적) 동작상과 비제한적(nichtgrenzbezogen=durativ 지속
적) 동작상으로 축소되었다는 사실이다. 왜냐하면 이 두 동작상 유형 이
외에는 어떤 동작상 유형도 문법적 기준에 의해 파악되지 못하기 때문이
다.

따라서 제한적 동사와 비제한적 동사들이 Andersson에서도 역시 두
가지 주요 동작상 유형을 형성한다. 그는 다음과 같이 말하고 있다.

---

9) 완결동사1과 완결동사2 사이의 언어적으로 연관적인 차이에 대한 또 다른 증거는 다음
의 병렬구조 안에 있는 두 집단 동사들의 행동이다. 이 구조에서 불변사 weiter(계속해
서)는 동사에서 언급된 상태가 변화되지 않는다는 데 대한 표지이다(주석3 참조).

*Er schlief ein und schlief weiter bis zum Morgen.
Er ging los und ging weiter, bis er umfiel. (그는 걷기 시작하여 넘어질 때까지 계속
걸어갔다)

"einschlafen"(잠이 들다)은 아직 "schlafen"(잠을 자다)이 아니라 "schlafen" 안으로 들
어가므로 계속될 수가 없다. 이와 반대로 "losgehen"(걷기 시작하다)은 이미 "gehen"(걷
다)이므로 계속될 수 있다. losgehen의 가능한 어휘적 바꿔쓰기는 zu gehen beginnen
(걷기 시작하다)이다.

"제한성/비제한성이 동작상 분야에서 의미적인 추상화의 최고 단계이며, 독일어에서 아주 명확하게는 서로 구별되지 않는 동사의 세 의미 부류에 해당하는, 문법적으로 연관적인 개념범주를 형성한다."

(Andersson 1972:62)[10]

Andersson은 독일어를 위해서 견해 A의 기타 동작상 유형들을 명시적으로 배제하지는 않지만, 이들이 - 36쪽의 주해를 제외하고는 - 그의 논문의 어디에서도 논의되지 않는다. 그러나 인용문과 다른 장소에서 표현된 의미론과 문법에 관한 그의 이해에 따르면, 반복상, 강화상 및 축소상의 유형들이 문법기술에서 결코 나타나서는 안 된다. 왜냐하면 이들은 문법에서의 상관어(Korrelat)를 가질 수 없는 순수한 "개념적 범주"이기 때문이다.

제한적 동작상을 시동상(Ingressiv), 종결상(Egressiv) 등으로 하위 구분하는 것은 Andersson에 있어서는 특별한 문제점이 될 수 없다. "구분이 불명확하면 우리는 이 문제를 미해결인 채로 남겨두고 단순히 제한적 동작상에 대해 언급할 수 있을 것이다." 왜냐하면 "다만 제한성/비제한성만이 동사의 문법적인 체계에 대해 특정한 관계를 갖기 때문이다." (Andersson 1972:40)

---

10) Andersson(1972)에 의하면 이 두 동사군 외에 '제한성/비제한성' 자질에 대하여 중립적인 세 번째 집단이 있다. 이 집단의 동사들은 여러 가지 통사적인 위계단계의 보충을 통해서만 명시화된다. 예컨대 "계열소 den Wagen auf den Hof ziehen(차를 안마당까지 끌고 오다)에서 ziehen은 어휘적으로 중립적이며, 격변화 I에서는 비제한적이지만(... den Wagen ziehen 차를 끌다), 격변화 II에서는 제한적이다(etwas auf den Hof ziehen 무엇을 안마당까지 끌고 오다)."(Andersson 1972:45)

1.6.1.의 처음에 있는 도표에서 나온 동사들 tanzen(춤추다), gehen(가다)은 이 중립적인 동사군에 속한다. 방향부사나 장소부사를 통한 보충에서 비로소 이들은 제한적 구조 내지는 비제한적 구조가 된다.

어휘적인 격변화(I, II) 제한성의 단계와 술어 결합적인 행위구분의 관점에서 필자는 Andersson(1972) 자신을, 특히 5.2.장을 지적하지 않을 수 없다. 그러나 필자는 이 중립적인 동사들을 견해 B의 동작상 중립적인 동사들(2.4.2. 참조)과 혼돈해서는 안 된다는 사실에 대해 주의를 환기시키고 싶다.

'제한적' 동작상과 '비제한적' 동작상의 두 유형은 Andersson(1972)에서는 우선 동사에 의해서 정의되며, 그런 점에서 그의 말대로 '어휘·의미적 범주'(S.33)의 요소들이다. 그러나 "동작상 내용의 요인은 다시금 다른 방식을 통해서도, 즉 부사어나 기능동사 등을 통해서도 표현될 수 있는 개념으로 파악된다."(S.39) 따라서 이제는 Andersson(1972:33)에 따라서 '개념적 범주'(begriffliche Kategorie)인 동작상의 범위가 확대된다. 그러나 이러한 확대에서는 획득된 문법적인 기준들이 흔들린다. 왜냐하면 Andersson이 '제한적'(grenzbezogen)으로 해석하는 보다 광범위한 통사적 구성들이 문법검사에서는 제한적 동사들과 동일한 방법으로 명확하게 반응하지 않기 때문이다. 제한적 표현을 강조하는 문법적인 특성들 중의 하나로서 분사Ⅱ의 부가가능성만을 비교해 보자.

der Mann geht auf die Straße: der auf die Straße gegangene Mann
(그 남자는 거리로 걸어 나간다) (거리로 걸어 나간 그 남자)
der Mann arbeitet sich müde : *der sich müde gearbeitete Mann
(그 남자는 일을 해서 피곤하다)
der Mann beginnt zu arbeiten: *der zu arbeiten begonnene Mann
(그 남자는 일하기 시작한다)
das Kind schlief plötzlich   : *das plötzlich geschlafene Kind
(그 애는 갑자기 잠이 들었다)

예컨대 Als er dies erfuhr, freute er sich(이 사실을 들었을 때 그는 기뻐했다)(Andersson(1972:48)과 주석 10 참조)와 같은 "술어와 결합하는 행위의 제한"에 대해서는 부가어검사(Attribuierungstest)가 전혀 적용될 수 없다.

따라서 독일어에서는 '동작상' 범주의 문법적인 토대가 완결동사2와 그리고 많은 통사적인 구조들의 변칙적인 행동에 의해서 상당히 동요한다.

1.6.2. 기능동사구(FVG)

지속동사와 완결동사는 이들을 여타의 동작상 유형들과 더욱 명확하게 구별해 주는 또 다른 하나의 특성을 가지고 있다.

두 동사집단의 어휘소 재고는 조어(파생어, 합성어, 신조어)를 통해서 확대될 뿐만 아니라, 재고의 확대를 위해서 통사적 수단인 기능동사구 (Funktionsverbgefüge: 이하 FVG로 칭함)도 사용된다. 통일적인 구조모형 '(전치사+) 명사화한 동사(또는 형용사)+기능동사'11)를 통해서 두 동사부류의 체계 안에 있는 우연한 여백이 보충형태(Suppletivform)로 채워질 수 있다. 필자는 다만 예시하기 위해 다음의 예들만을 제시하며 그밖에는 Steinitz(1977)를 참고하기 바란다. 거기서 필자는 지속동사(Durativum), 기동동사(Inchoativum, 오해를 피하기 위해서 이 책에서는 완결동사 (Terminativum)로 칭함) 및 사역동사(Kausativum)를 문법범주로서 다룬다('문법적'이란 형태 · 통사적인 구별과 의미적인 구별의 상관관계로서 이해된다).

지속동사	완결동사
sich ängstigen 두려워하고 있다	in Angst geraten 두려움에 빠지다
sich bewegen 움직이고 있다 in Bewegung sein 움직이고 있다	in Bewegung kommen 움직이다/동요하다
in Gefahr sein 위험에 빠져 있다	sich gefährden 위험에 빠지다 in Gefahr kommen 위험에 빠지다

---

11) 경우에 따라서는 FVG의 특수형태를 형성하거나 혹은 FVG의 외부에 있는 다른 모형, 즉 ins+명사화한 부정형+kommen이 이 구성모형에서 제외될 수 있다. 이 통사적 구성들은 제한적이 아니고 러시아어 진화상(Evolutiv)에 해당한다. 예컨대 ins Schwätzen kommen(수다를 떨기 시작하다) : 러시아어 razboltat'sja(2.2.1; 3.3; 주석 16 비교).

많은 경우에서의 중복성은 FVG라는 형성모형의 커다란 생산성에 대한 증거이며, 이 FVG는 우연한 여백이 채워질 수 없는 곳에서도 사용된다. Flämig에 있어서 FVG는 독일어에서 동작상의 문법화에 대한 발전경향을 위한 간접증거이다(Flämig 1965:10 비교). 필자는 다만 체계화(Systematisierung)와 문법화(Grammatikalisierung)를 강조할 뿐이다. 그것이 물론 필자에게 있어서는 독일어체계에서 동작상의 존재에 대한 확인은 아니다. 필자가 보기에 FVG는 동사부류로서의 지속동사(Durativum)와 완결동사(Terminativum)가 동작상의 체계에 결코 속하지 않는다는데 대한 하나의 논증을 제공한다. (이러한 견해를 필자는 다음 장에서 견해 B로서 설명할 것이다.)

◇ 지속동사와 완결동사 이외에 어떤 동작상 유형도 FVG의 형성모형에 참여하지 않는다(주석 11 참조). 지속동사를 위한 stehen, sein, liegen 등과 완결동사를 위한 kommen, geraten 등의 몇몇 기능동사들은 그밖의 다른 동작상을 구별하지 못한다.
◇ 지속동사와 완결동사 이외에 사역동사(Kausativum)도 역시 동일한 형성모형에 참여한다. 사역동사는 단지 견해 A의 몇몇 대변자들에 의해서만 동작상으로 간주되는 동사부류이다.

이러한 사실은 오히려 계열 in Bewegung sein(움직이고 있다) : in Bewegung kommen(움직이기 시작하다) : in Bewegung bringen(움직이도록 하다)이 제시하는 바와 같이, 지속동사와 완결동사를 동작상체계에서 끌어내어 사역동사와 더불어 통사·의미적으로 어차피 주어져 있는 하나의 체계적인 관계 속으로 끌어오는 것을 정당화시켜 준다.

1.7. 결과

독어학에서 견해 A의 많은 다른 대변자들과는 달리, Flämig(1965)와 Andersson(1972)은 그들의 논의과정의 여러 곳에서 독일어 동작상의 가부(可否)에 대한 결정을 처음으로 논의하도록 하는 입장을 취하고 있다.

우선 양자는 동작상 "개념"을 의미론에 배열시킨다. 동작상이 우선 동사의미에 관련되는 점에서, Flämig(1965)는 동작상(Aktionsart, 더 자세히 말해서 Aktionalität)을 '의미범주'라 지칭하고, Andersson(1972)은 '어휘・의미범주'라 지칭한다. 그러나 Andersson은 견해 A의 다른 대변자들과 마찬가지로 동작상의 외연영역을 확장시킨다. "필자는 제한성/비제한성을 어휘・의미적인 범주로 뿐만 아니라 개념적인 범주로도 파악한다. 제한적/비제한적 행위의 의미는 여러 가지 수단을 통해서 표현될 수 있다."(Andersson 1972:33)

1.6.1.에서 기술한 제한적 동사와 비제한적 동사의 상이한 문법적 태도는 Flämig와 Andersson으로 하여금 동작상의 위상을 새로이 규정하도록 유도한다.

> "문법적인 차이가 동작상의 차이로 소급될 수 있기 때문에, 동작상 자질을 통해서 구별되고 따라서 진정한 문법부류를 나타내는 동사부류들이 이 문법자질을 고려하여 서로 구분될 수 있다는 사실은 중요하다. ... 따라서 상이한 동작상을 취하는 동사들의 구별도 역시 틀림없이 문법의 영역에 속한다. ... 물론 문법자질에 따른 동작상의 구별은 의미적 관점에 따라 실행되는 아주 다양한 구별을 허용하지는 않는다."
>
> (Flämig 1965:11)

"과정단계의 의미론"으로서 "엄밀한 의미에서의 문법"에는 속하지 않는 이와 같은 세분을 토대로 하여, Flämig(1965)는 동작상을 문법적-의미적 범주(grammatisch-semantische Kategorie)로서 파악한다.

Flämig의 논증은 명백히 순환적이다. 인용문의 첫 번째 부분장에서는 문법적인 차이가 동작상의 차이로 소급되는 반면에, 두 번째 부문장에서는 문법적인 차이가 이미 동작상의 자질에 의해 구별되어 있는 동사부류의 구별을 위한 규정어(definiens)가 된다. 의미적인 동작상이 언어표현의 문법적인 규칙성에 대한 기능인지 또는 그 반대인지가 명확하지 않다. 동작상에 대해 "문법적-의미적"이란 명칭을 부여하는 것은 어쨌든 이 범주가 비통일적임을 반영하지만, 그러나 이음표(Bindestrich)가 첫 번째와 동시에 두 번째의 것인지(sowohl-als-auch), 일부는 이렇고 다른 일부는 저런 것인지(teils-teils), 또는 첫 번째 구성성분이 두 번째 구성성분을 한정하는지를 설명하지 않는다.

Andersson(1972)이 제한적 동사와 비제한적 동사에서의 문법적인 결과를 바탕으로 하여 '개념범주인 동작상'에 하나의 부가어를 첨부하여 이것을 현재 '언어적 개념범주'(sprachliche Begriffskategorie)라고 일컫는다.

Andersson(1972)이 본질적으로 동작상을 두 동사부류, 즉 필자가 견해 B(2장 참조)에 따라서 동작상으로 보지 않으며 따라서 논의의 중심에 두지 않는 두 동사부류로 한정하는 점에서, 필자는 그의 논문을 결코 정당하다고 평가할 수가 없다. 필자는 Andersson이 제한적 동사와 비제한적 동사의 구별에서 문법적으로 중요한 사실들을 찾아냈다고 생각한다. 필자는 다만 이들을 달리 해석하여 동작상의 체계로 분류하는 것이 아니라, 이들 상호간에 그리고 사역동사와 더불어 체계적인 방법으로 연관되는 동사부류의 형성으로 해석하여 분류할 뿐이다(1.6.2. 참조).

2. 동작상 개념에 대한 견해 B

견해 B가 비록 전문분야에서 결코 지배적인 견해는 아니지만 슬라브어와 핀란드-헝가리어에서 발전된 것은 우연이 아니다.

특히 이 주제에 대한 Schlachter(1968)의 일련의 논문과 Isačenko (1962)의 러시아어 형태론에서 견해 B가 독어학자들을 위해 가장 설득력 있게 제시되었다. Avilova(1976)도 역시 러시아어의 동사상(Verbalaspekt)에 관한 논문의 한 장에서 견해 B에 따라서 동작상을 다루고 있다. 저자들 사이의 견해 차이가 비교적 사소하지만 논증이 계속되는 과정에서 필요하다고 생각되는 곳에서는 그러한 차이점을 언급하려고 한다. 필자는 러시아어의 동작상 기술에 의거해 견해 B를 구체적으로 기술하는데 이때 본질적으로 Isačenko(1962)를 따른다. 왜냐하면 바로 그가 독어학자들이 가지고 있는 오해를 고려하고 있기 때문이다.[12]

2.1. 일반적인 규정

필자는 여기서 견해 B의 대변자들의 생각을 나타내는 몇 가지 인용문을 제시하고자 한다.

---

12) 우리의 목적을 위해서는 그것이 대체로 만족스러울지 모른다. 그러나 필자는 독일어 동작상과 러시아어 동작상의 대조적인 비교가 고립된 어형(Wortform)이 아니라 적절한 자료에 대한 토대로서 문장에 의지해야 한다고 확신한다. Andersson(1978)은 독일어 동작상에 관한 그의 논문에서 톨스토이의 소설 "안나 카레리나"의 세 가지 독일어 번역본에서 추출한 5,529개의 문장을 분석하여 이것을 원전과 비교하고 있다.

> "원래 어떤 동사들은 행위의 기술을 단순히 명명하는 차원을 넘어서서,
> 어떤 방향으로 특수화한다는 관찰이 이러한 범주(즉 동작상)를 설정하도록
> 하였다."

(Schlachter 1968:189)

이러한 특수화에 대한 언어적 표현이 - Schlachter에 의하면 - 출발동
사에 첨부된 형태론적 표지이다. "어떤 방향으로"라는 애매한 표현은 이
표현이 또한 견해 A의 대변자들에 의해서도 언급된 "과정의 표상에 관
한 무한한 의미적 구별가능성"을 고려한다면 정당하다. 그러나 견해 A와
는 달리 Schlachter는 불가피한 선정체계, 즉 문법적인 (여기서는 형태론
적인) 표지를 제시한다.

또한 Isačenko(1962:386)에서도 러시아어의 동작상에 대한 규정은 개
인적인 판단의 문제가 아니다.

러시아어에서 동작상은 의미적이며 두 가지 형식적인 표지를 통해서
동사의 특수한 범주로서 특징지어진다.

1. "출발동사"의 본래의미가 추가적으로 수식된다. 이때 출발동사의 어
   휘의미는 불변이다.
2. 형식적인 표현수단으로서 수식적인 후철(Suffix)이나 전철(Präfix)
   이 독립적으로 존재하는 동사(대개 단순동사)에 첨부된다.
3. 동작상(Aktionsart)을 표현하는 동사들은 상(Aspekt)에 따른 쌍을
   형성하지 않는다(Aspektunpaarigkeit).

Isačenko는 요점 3에 결부된, '동작상' 범주에 대한 외연영역의 제한으
로 말미암아 그의 슬라브어 동료학자들로부터 많은 비판을 받았다. 특히
상(Aspekt)과 동작상(Aktionsart) 사이의 구별이 어렵기 때문에, 필자는
가능한 한 슬라브어학자들 사이의 논의에 관여하고 싶지 않다. Avilova

(1976)는 동작상의 특성에 관한 그의 논의에서 이 비판적인 요점 3을 고려하지 않는다(2.4.4. 참조).

> "우리는 동작상 체계를 단순동사에 의해 표현된 양적-시간적 특성이나 또는 행위의 결과에 도달한 것과 관련된 행위의미의 다양성을 바탕으로 나뉘어진 동사부류의 구조·의미적 체계로 살펴볼 것을 제안한다."
>
> (Avilova 1976:314)

견해 B에 따르면 동작상 중립적인 기본의미와 추가적인 동작상 수식 사이의 의미관계와 상관되는, 단순동사와 파생동사 사이에 있는 문법관계의 존재가 언어체계 내에서 '동작상' 범주를 가정하도록 한다.

그러한 문법적인 표지가 언어체계에 결여되어 있다면, 견해 B에 따르면 그 언어체계는 해당 범주를 포함하지 않는다. 이와는 아무 상관없이 동일한 수식을 다른 수단들, 예컨대 어휘적 수단들로 표현할 수 있는 가능성은 - 그러나 이러한 어휘적 수단들이 언어체계에 존재한다(언어체계란 음성과 의미의 배열에 대한 모든 규칙들의 총체로 이해되는데, 이러한 사실을 항상 명심해야 한다) - 아주 다른 방법으로 고정되어 있다. 이 말은 형태론적으로 표지된 모든 동작상의 체계가 자연히 개별 언어적으로 규정되어 있다는 것을 의미한다. 또한 요구된 형태론적 계열소를 이용할 수 있는 언어들 역시 무한히 많은 의미적인 수식가능성들 중에서 어느 것이 각각 언어적으로 규칙적으로 파악될 수 있는가 하는 점에서 서로 구별된다.

2.2. 러시아어에서의 동작상

러시아어 동작상을 제시할 때의 요점은 독일어 자료와 견해 A에 의해 가정된 독일어 동작상 유형들과의 비교에 있다. 그러한 점에서 필자는 Isačenko가 독일어로 작성한 기술을 이용한다. 필자는 그가 독일어로 바꿔 쓴 러시아어 동작상의 예들을 본질적으로 차용할 수 있기 때문이다. Avilova(1976)와의 차이점은 원래 다만 - 이 관계에서 부수적인 - 동작상의 하위부류와 앞에서 언급한 상과 동작상의 문제점에 대한 관계에서만 존재한다(2.4.4. 비교).

다음 도표들의 모든 동작상 유형에서는 동작상 중립적인 출발동사의 모든 예들(다음에 오는 파생동사에 대해 상대적인 단순동사), 동작상 특수적인 파생동사(접미사 형성) 및 특히 등가번역으로 사용되는, 러시아어 동사형태에 대한 독일어 바꿔쓰기의 예들이 나타난다. 견해 A에 의해 가정된 유사한 독일어 동작상 유형과 - 예들이 존재하는 경우에 한해서 - 1.4.에 있는 예들이 비교된다.

2.2.1. 단계의미를 갖는 동작상

A. 시동상(始動相 Ingressiv)

정의: 시동상은 행위의 출발점(Ausgangspunkt)과 동작의 시작을 표현한다.

주석: 협의의 행위를 표현하지 않는 동사들에 대해서는 시동상이 존재하지 않는다. 예컨대 stoit'(kosten 값이...이다), znat'(wissen 알다). (이것은 여타의 단계동작상에서도 적용된다.)

형태론적 표지: 전철 za-, vz-, po-

보기:

중립적인 단순동사	시동상	독일어 바꿔쓰기
govorit′	zagovorit′	zu sprechen beginnen 말하기 시작하다
igrat′	zaigrat′	zu spielen beginnen 놀기 시작하다
pet′	zapet′	zu singen beginnen 노래하기 시작하다
kričat′	zakričat′	losschreiben 쓰기 시작하다
smejat′sja	zasmejat′sja	(laut) auflachen (큰 소리로) 웃음을 터뜨리다
revet′	vzrevet′	aufbrüllen 포효하다
letet′	poletet′	losfliegen 이륙하다
ljubit′	poljubit	liebgewinnen 좋아하게 되다

독일어 문법에서 유사한 동작상 유형: 견해 A의 독일어 동작상 유형 '시동상'은 견해 B의 러시아어 동작상 유형과 단지 부분적으로만 유사하다. 한 행위나 또는 한 상태 내부에서(innerhalb) 시작을 강조하는 표현들만이 러시아어의 시동상과 의미적으로 등가이다. 이것이 1.6.1.에 따르면 완결동사2이다. 다른 상태로의 변화(Übergang)를 나타내는 표현은 1.6.1.에 따르면 완결동사1이며 이것은 견해 B에 의하면 동작상에 속하지 않는다 (더 자세한 것은 다음 절을 참조하라). 이와 동일한 사실이 어떤 상태/행위의 종결과 관련되는 '종결상'(Egressiv) 유형에도 적용된다.

시 동 상	다음을 통해서 동작상이 표현됨
aufblühen 꽃피기 시작하다 eintreten 들어가다 losfliegen 이륙하다	분리전철
erblühen 꽃피기 시작하다 erwachen 잠깨다 entschlafen 평안하게 죽다	비분리전철

시 동 상	다음을 통해서 동작상이 표현됨
zu sprechen beginnen 말하기 시작하다 sogleich schlafen 즉시 잠자다 plötzlich liegen 갑자기 눕다	통사적인 구성
in Gang kommen 움직이기 시작하다 in Aufregung geraten 흥분하기 시작하다	기능동사구

B. 진화상(Evolutiv)

정의: 진화상은 행위의 시작단계를 표현하는데, 이 경우 행위의 강도
　　　가 증가함(Anwachsen)을 표현한다.

형태론적 표지: 전철 raz-가 재귀후철(Reflexivsuffix) -sja와 결합됨

보기:

중립적인 단순동사	진화상	독일어 바꿔쓰기
begat'	razbegat'sja	ins Laufen kommen 달리기 시작하다
boltat'	razboltat'sja	ins Schwätzen kommen 수다떨기 시작하다
šumet'	rasšumet'sja	ins Lärmen kommen 떠들기 시작하다

독일어 문법에서 유사한 동작상 유형: 없음

그러나 러시아어 진화상에 대한 독일어 바꿔쓰기(Umschreibung)가 한
상태에서 다른 상태로의 변화단계를 표현하는 유형인 기동상(Inchoativ)에
대한 예들로 나타난다. 기동상과 종결상을 구별하는 것은 견해 A에서는
어렵다(주석1 비교). 그러나 기동상과 진화상의 차이는 아주 명백하여(다만
두 표현 in Gang kommen(움직이다)(=기동상)과 ins Reden kommen (말
하기 시작하다)(=진화상)만을 비교), 예컨대 Erben(1968:76)에서 발견되
는 혼용은 견해 A의 입장에서도 피할 수 있을 것이다.

기동상	다음을 통해서 동작상이 표현됨
reifen 익다, altern 늙다	동사어간
übersetzen 번역하다	비분리전철
erbauen 세우다, besteigen 오르다	비분리전철
zum Schlafen kommen 잠자다 ins Reden kommen 말하다 in Gang kommen 움직이다	기능동사구

C. 한정상(Delimitativ)

정의: 한정상은 행위의 진행에 대한 시간적인 제약(zeitliche Einschränkung)
    을 표현한다.

주석: 형성방법은 아주 생산적이지만 몇몇 동사군에 대해서는 한정상
    이 형성될 수 없다. 예컨대, znat'(wissen), chotet'(wollen 원하다),
    bogatet'(reich werden 부유하게 되다).

형태론적 표지: 전철 po-

보기:

중립적인 단순동사	한정상	독일어 바꿔쓰기
govorit'	pogovorit'	eine Weile sprechen 잠시 이야기하다
guljat'	poguljat'	ein wenig spazieren gehen 잠시 산책하다
igrat'	poigrat'	ein wenig spielen 잠시 놀다

독일어 문법에서 유사한 동작상 유형: 없음

D. 결과상(Resultativ)

정의: 결과상은 어떤 행위의 (성공적인) 결말을 (미세한 의미차이로)
    표현한다.

주석: 결과상은 의미적으로 볼 때 "순수한 완료상"에 가장 근접하여
많은 사람들이 결과상을 완료상과 동일시한다.

보기:

중립적인 단순동사	결과상	독일어 바꿔쓰기
kipjatit'	vskipjatit'	zum Kochen bringen 끓게 하다
žit'	prožit'	ein bestimmtes Alter erreichen 특정한 나이에 이르다 eine bestimmte Zeit leben 일정한 시간 동안 살다
rabotat'	prorabotat'	durcharbeiten 완성하다
užinat'	otužinat'	das Abendessen beenden 저녁식사를 끝내다
begat'	ubegat'sja	sich müde laufen 피곤할 때까지 달리다
begat'	nabegat'sja	sich satt laufen 싫증나게 달리다 sich auslaufen 지칠 때까지 달리다

독일어 문법에서 유사한 동작상 유형: 행위/상태의 시작(Anfang)이
'시동상'(Ingressiv)에 적용되는 것과 같이 견해 A에서는 행위/상태의 끝
(Ende)이 '종결상'(Egressiv)에 적용된다.

종 결 상	다음을 통해서 동작상이 표현됨
sterben 죽다 finden 발견하다 setzen 앉다 binden 묶다	동사어간
aufstehen 일어서다/일어나다 durchlesen 통독하다 aufessen 다 먹어 치우다 absenden 발송하다	분리전철
verklingen 울림이 멎다	비분리전철
zu sprechen aufhören 말하기를 멈추다	통사적 구성
zum Abschluss kommen 종결되다	기능동사구

2.2.2. 양적인 의미를 갖는 동작상

A. 약화상(Attenuativ)

정의: 약화상은 어떤 행위에 대한 강도의 약화(Abschwächung)를 표현한다.

형태론적 표지: 전철 po-, pri-, pod-

보기:

중립적인 단순동사	약화상	독일어 바꿔쓰기
razvleč'	porazvleč'	ein wenig unterhalten 잠시 동안 이야기하다
prideržat'	poprideržat'	leicht festhalten 약하게 잡다
uleč'sja'	priuleč'sja	allmählich nachlassen 점차로 진정되다

독일어 문법에서 유사한 동작상 유형: 없음

B. 일회상(Semelfaktiv)

정의: 일회상(또는 momentan 순간상)은 복합과정들 중에서 한 부분과정을 표현한다.

주석: 일회상은 일련의 연속적인 부분과정들로 구성되는 하나의 복합과정을 표현하는 동사들에 의해서만 형성될 수 있다. 예컨대 dyšat'(atmen 호흡하다)와 같은 동사들은 어휘의미에서 '반복성'(Iterativ) 의미자질을 갖는데(2.4.3. 비교), 이것을 동작상 의미인 반복상(Iterativ)과 혼동해서는 안 된다.

형태론적 표지: 후철 -nu-

주석: 이렇게 표지된 동사들은 대부분의 사전에서 "일회 행위에 대한 의미를 갖는"(Bielfeldt 1958:Ⅶ) 완료상의 파트너로서 표현된다.

보기:

중립적인 단순동사	일회상	독일어 바꿔쓰기
kolot′(stechen, sticheln)	kol′nut′	einen Stich versetzen 한 뜸을 수놓다
dyšat′(atmen)	dychnut′	einen Atemzug tun 한 번 숨을 내쉬다
kopat′(graben)	kopnut′	einen Spatenstich tun 한 번 삽질하다

독일어 문법에서 유사한 동작상 유형: 없음

C. 반복상(Iterativ)

정의: 반복상은 어떤 과정의 반복적인 출현을 표현한다.

주석: 이 유형은 러시아어에서는 그 잔재만 남아 있지만 체코어에서는 아주 생산적이다.

형태론적 표지: 후철 -yv-/-iv-

주석: 동일한 후철 -yv-가 완료상 전철동사에 대한 소위 2차적인 미완료상 파트너를 형성하기 위해서도 사용된다(비교 dopisat′: dopisyvat′(zu Ende schreiben 끝까지 쓰다)).

보기:

중립적인 단순동사	반복상	독일어 바꿔쓰기
vidat′	vidyvat′	oft sehen 가끔 보다 zu sehen pflegen 보곤 하다
govorit′	govarivat′	oft sagen 가끔 말하다
sidet′	siživat′	oft sitzen 가끔 앉아 있다

독일어 문법에서 유사한 동작상 유형: 견해 A의 동작상 유형 '반복상'은 이질적으로 구성되어 있다. 반복상은 Isačenko에서 일회상에 대해 동작상 중립적인 단순동사로서 나타나는 동사들과 견해 B의 러시아어 반복상에 대한 바꿔쓰기로 간주될 수 있는 통사적 구성들을 포함한다(이에

대해서는 2.4.3.1.의 반복상에 대한 부설 참조).

반복상	다음을 통해 동작상이 표현됨
atmen 호흡하다 schreiten 걸어가다 schwingen 흔들다 gackern 닭이 꼬끼오 하고 울다 flattern 날개를 펄럭이다	동사어간
zu besuchen pflegen 방문하곤 하다 gewohnt sein früh aufzustehen 일찍 일어나는 데 습관이 되어 있다 stündlich etwas einnehmen 매시간 무엇을 먹다 regelmäßig berichten 규칙적으로 보고하다 oft lachen 가끔 웃다	통사적 구성

D. 축소상-반복상(Diminutiv-Iterativ)

정의: 행위의 약화(Abschwächung)가 반복적으로 나타난다.

형태론적 표지: 전철 po-가 반복상 후철과 결합한다.

보기:

중립적인 단순동사	축소상- 반복상	독일어 바꿔쓰기
kašljat'	pokašlivat'	bisweilen husten 가끔 기침하다 hüsteln 잔기침을 하다
kričat'	pokrikivat'	hin und wieder etwas schreien 가끔씩 약간 소리치다
kurit'	pokurivat'	gelegentlich rauchen 가끔 담배를 피우다

독일어 문법에서 유사한 동작상 유형: 축소상 유형은 후철동사들에 의해서만 나타난다.

축소상	다음을 통해서 동작상이 표현됨
hüsteln 잔기침을 하다 lächeln 미소짓다 tänzeln 춤추듯 움직이다 köcheln 약간 끓이다	후철 -l-

E. 강화상-반복상(Intensiv-Iterativ)

정의: 강화상-반복상은 축소상에 대한 반대로서 특히 집중적으로 또는
　　　힘들여 수행된 행위를 표현한다.

형태론적 표지: 전철 vy-, 후철 -yv-

주석: 이 유형은 러시아어에서 아주 드물게 나타난다.

보기:

중립적인 단순동사	강화상- 반복상	독일어 바꿔쓰기
zvonit′	vyzvanivat′	(die Glocken) kunstvoll läuten (종을) 예술적으로 울리다
pisat′	vypisivat′	(Buchstaben) umstädlich malen (철자를) 상세하게 그리다 (Titel) sorgfältig ausschreiben (제목을) 조심스럽게 써넣다

　독일어 문법에서 유사한 동작상 유형: 직접적인 대응물은 나타나지 않
는다. 반복상 유형 가운데는 어원적으로 볼 때 형태론적으로 파생된 것
으로 인식될 수 있는 일단의 동사들이 있다.

강 화 상	다음을 통해서 동작상이 표현됨
klappern 달그락거리다	후철 -r-
schluchzen 흐느껴 울다 schnitzen 새기다 bücken (등을) 구부리다 triefen 물방울져 떨어지다	동사어간의 변화

F. 분포상(Distributiv)

정의: 분포상은 차례대로 일어나는 한 주어에 대한 일련의 개별행위들
　　　의 총계 또는 여러 주어의 동시적인 행위들의 총계로서 기술되
　　　는 하나의 행위를 표현한다.

형태론적인 표지: 전철 pere-, po- 등

보기:

중립적인 동사	독일어 바꿔쓰기
On *zaper* dver'/ vse dveri.	Er schloss die Tür/alle Türen zu. 그가 문을/모든 문을 닫았다
Vse *uskočili* so svoich mest.	Alle sprangen von ihren Plätzen auf. 모든 사람들이 자리에서 벌떡 일어났다

분포상	독일어 바꿔쓰기
On *pozapiral* vse dveri.	Er schloss (nacheinander) alle Türen zu. 그는 모든 문을 (차례차례) 닫았다
Vse *pouskakali* so svoich mest.	Alle sprangen (nacheinander) von ihren Plätzen auf. 모든 사람들이 (차례차례) 자리에서 벌떡 일어났다

독일어 문법에서 유사한 동작상 유형: 없음

2.3. 라플란드어에서의 동작상

필자는 어느 정도 이국적인 언어의 동작상을 간단히 살펴보고자 하는 의도에서만 라플란드어(Lappisch) 동작상에 대한 Schlachter의 논문을 언급한다.

Schlachter(1968:202-259)에 의하면 라플란드어는 아주 광범위한 의미의 명시화를 갖는 파생형태소의 특별한 생산성을 통해서 특징지어진다. 동사의 모든 파생어들이 전부다 동작상이 되는 것은 아니지만, 중요한 것은 언어체계가 의미의 미세한 차이를 표현하기 위해서 고정된 접사(Affix)의 계열소를 제공하며, 파생이 대부분 동사파생으로, 즉 이미 동사적으로 파악된 표상을 변화시킨다는 점이다.

다음은 라플란드어의 한 어족에서 나온 보기들로서 독일어 바꿔쓰기가 첨부되어 있다.

기본어: luobos   ausgebreitet
      (부가적 형용사)   (사지를 쭉 뻗은)

파생어: luöb'bâhit   ausgebreitet liegen
      (사지를 뻗고 눕다)

      lūbiidit   sich allmählich ausbreiten
      (점차로 드러누워 편안한 자세를 취한다)

      luobbetit   auf einmal in einen ausgebreiteten
                          Zustand geraten
      (갑자기 사지를 뻗은 상태로 들어가다)

      lub'bidit   sich(auf einmal) ausgebreitet hinlegen
      ((갑자기) 다리를 쭉 뻗고 드러눕다)

luöb′bot   einen Teil nach dem anderen
                          ausbreiten
(하나 하나씩 펼치다)

lub′bit   auf einmal ausbreiten
(갑자기 펼치다)

luöb′bâhâd′dât   sich ein bisschen herumräkeln
(팔 다리를 약간 펴다)

luöb′bâhâs′tet   zu lange hingestreckt liegen
(너무 오랫동안 사지를 뻗고 누워 있다)

luöb′bâhāhčât   ausgebreitet zu liegen anfangen
(사지를 뻗고 눕기 시작하다)

lūbiidâd′dât   durch kleine Ansätze die Absicht
                          verraten, sich auszubreiten
(작은 단초들을 통해서 드러누울 의도를 드러내다)

lūbiidâh′tet   zum Sichausbreiten veranlassen
(드러누워 편안한 자세를 취하도록 야기하다)

lub′bidâs′tet   sich ganz schnell hinstrecken
(재빨리 사지를 뻗고 눕다)

lubbidāhčcât   die Absicht verraten, sich ausgestreckt
                          hinzulegen
(몸을 길게 뻗고 누울 의도를 드러내다)

lub′bidâh′tet   nicht verhindern können, dass ...
                          sich hinstreckt
(사지를 뻗는 것을 저지할 수 없다)

(Schlachter 1968:215)

2.4. 견해 B의 정의를 위한 토대

2.4.1. 2.2.의 동작상 유형에 대한 비교논의에서의 추론사항

1. 견해 B에 따르면 지속동사와 일부의 완결동사는 – 즉 상태의 변화를 지칭하는 동사들(완결동사1) – 동작상의 체계에 속하지 않는다. 견해 A에 따르면 이들이 바로 동작상의 두 주요부류를 형성한다.

2. 견해 A에 따르면 독일어에서는 원칙적으로 러시아어에서와는 다른 동작양 유형들이 존재하는 것은 아니다. 그러나 러시아어에서 확정된 몇몇 동작상 유형들은 이들이 그 기준에 따라서 결코 배제되어 있는 것은 아니지만 독일어 문법에서는 나타나지 않는다: 진화상(Evolutiv), 한정상(Delimitativ), 약화상(Attenuativ), 일회상(Semelfaktiv), 분포상(Distri-butiv) (라플란드어 유형들은 말할 것도 없다). 견해 B에 따라서 독일어 동작상이 어떠한 상태에 놓여 있는가에 대해서는 3.3.에서 논의하기로 한다.

3. 견해 B에서 형태론상 통일적으로 표지된 예들이 견해 A에서는 언어적 표현가능성의 광범위한 변이형들과 대립된다(단순동사로부터 통사적 구성들에 이르기까지).

4. 표현들의 의미적인 구성도 이와 평행한다. 즉 의미적인 구성이 견해 B에서는 통일적이고 견해 A에서는 다양하다. 예컨대 '반복성' 자질은 다양한 방법으로 의미에 통합되어 있음에도 불구하고, fliegen(날다), oft fliegen(가끔 날다), zu fliegen pflegen(날곤 하다)과 같은 표현들을 하나의 유형으로 결합시킨다(2.4.3. 참조).

1-4에서 언급된 견해 A와 견해 B 사이의 차이점들이 동작상을 분류하고 개별 동사들을 특정유형에 배열하는 관점에서 두 견해 내부의 차이점들과 비교될 수는 없다. 또한 동작상의 외연영역을 하나의 동사군이나 두 동사군으로 간단히 제한하거나 또는 확장할 수도 없다. 이러한 차이들은 근본적인 차이에 대한 징후이며 결국 언어이론적인 토대에 그 원인이 있다.

견해 B는 몇몇 개념형성을 통해서 '동작상' 범주가 무엇인가에 대한 설명의 토대를 구축한다. 이로써 견해 B는 동시에 단지 **형태론적**(morphologisch) 동사파생어만을 동작상의 표지로서 인정하려는 결정에 대한 논증의 토대를 얻는다.

견해 A는 '동작상' 범주에 대해 문법에서 어느 정도만이라도 확실한 위치를 보장할 수 있는 어떤 등가의 대응물도 제공할 필요가 없다. 이로써 동작상을 위해서 다양한 언어적 표현형태를 많이 제공하는 데 대한 정당성도 역시 견해 A에는 결여되어 있다. 그러면 동작상의 주요 유형이 되는 지속상과 완결상(1.6. 참조)의 두 부류에 대한 문법적인 토대구축은 문법체계에서 동작상 범주에 대한 위치를 단지 외관상으로만 고정시킨다. 이 절의 논의과정에서 지속동사와 완결동사의 (물론 문법적인) 차이가 필연적으로 두 동사부류 사이의 동작상 차이와 관련될 필요는 없다는 사실에 대한 논증이 제시될 것이다.

견해 B의 기술도구에서는 다음과 같은 이분법(Dichotomie)이 나타난다.

동작상 중립적인 표현 : 동작상 명시적인 표현
의미구성적인 자질   : 의미수식적인 자질
자질부여적인 전철   : 수식적인 전철

의미자질의 문법화   : 의미자질의 어휘화

이러한 개념들은 문법의 여러 층위들에 분포되어 있으나 명확하게 서로 관련될 수 있다. 통합적인 이론이라면 이들의 토대를 명백히 밝히고 파생과정을 기술해야 할 것이다.

2.4.2. 동작상 중립적/동작상 명시적

견해 B에 따르면 어떤 언어에서 '동작상' 범주를 가정하기 위해서는 필연적으로 이러한 범주에 대해 중립적인 일단의 동사들이 존재함을 전제로 한다. 동작상 중립적(aktionsartneutral)인 동사들의 배경 하에서 비로소 다른 동사들이 동작상 명시적(aktionsartspezifiziert)인 동사들로서 대조를 이룬다(이미 표현된 과정들에 관련해서는 반복, 강화 등이 표현된다).

견해 A의 몇몇 대변자들만이(Flämig(1965), Erben(1968) 및 1.4.1. 참조) 동작상 중립적인 동사와 동작상 명시적인 동사의 차이를 언급하고 있을 뿐이며, 다른 대변자들은 이 차이를 형태론적 파생을 예시하는 경우에서만 말없이 사용하고 있으나, 그러한 차이가 일반적으로 통용되는 기준의 수준에는 어디에서도 이르지 못하고 있다. Helbig/Buscha([4]1977: 70)에 있는 blühen(피어 있다) : erblühen(피기 시작하다), lachen(웃다) : lächeln(미소짓다)과 같은 쌍들은 본래 동작상 중립적인 동사와 동작상 명시적인 동사의 쌍으로서만 해석될 수 있을 뿐이다. 그러나 동일한 단순동사 blühen, lachen이 이번에는 중립적인 관계사(Relat) 없이 지속상에 대한 예로서도 나타난다. flattern(날개를 펄럭이다), atmen(호흡하다)(=반복상) 또는 reifen(익다), finden(발견하다)(=완결상)과 같이 동작상으로 분류되는 여타의 단순동사들도 역시 관계사 없이 나타난다. 쌍을 형성함에 있어서 이러한 여백(Lücke)을 필수적(체계적) 또는 우연적으로 해석하려는 어떠한 시도도 없다.

견해 B는 이러한 혼란에 빠지지 않는다. 견해 B에서는 단순동사가 문자 그대로 동작상 중립적이며 파생어가 동작상 명시적이다(예컨대 dyšat′(atmen) (동작상 중립적) : dychnut′(einen Atemzug tun 한 번 숨을 내쉬다) (=일회상)). 견해 B 내에서 이분법 '동작상 중립적/동작상 명시적'은 다시 개념형성 '의미구성적/의미수식적'(bedeutungskonstitutiv/-modifizierend)으로 소급될 수 있다.

2.4.3. 의미구성적 자질/의미수식적 자질

견해 A에서는 두 유형의 의미자질의 구별을 위한 어떠한 등가물도 존재하지 않는다. 견해 B에 따르면 의미자질은 언어표현의 의미구성에 두 가지 방법으로 참여할 수 있다.

1. 의미자질은 과정표현의 의미를 위해서 **구성적**(konstitutiv)이 될 수 있다. (Schlachter의 용어로는 "필수적 특성"(notwendige Eigenschaft)).

> "필수적 특성은 표상(Vorstellung)에 대한 불가분의 구성성분이다. 따라서 필수적 특성은 의미의 언어적인 구성성분이 아니라 심리적인 구성성분에 속하므로, 일차적으로 문법의 대상이 아니라 언어심리학의 대상이다. 이것은 '일상적인'(usuell) 의미구성을 도와주므로 동사에서는 보통 파생을 통해서 표현되지는 않는다. 이것은 동작상이 아니라 동작 그 자체를 표현된다."
>
> (Schlachter 1968:227-228)

(의미론의 한 분야인 소위 어휘의미론을 언어심리학으로 돌리려는 Schlachter의 생각은 여기서 논의할 필요가 없다.)

구성적인 의미자질은 Isačenco(1962)가 "어휘적 기본의미" 또는 "동사특성"으로 간주하는 의미자질이다. 구성적인 의미자질의 탈락은 어휘적 기본의미를 변화시키거나 또는 파괴한다.

2. 그러나 의미자질은 또한 과정표현의 의미를 위해서 수식적(modifi-zierend), 즉 우연적이 될 수도 있다. (Schlachter의 용어로는 "우연적 특성"(zufällige Eigenschaft)).

> "우연적 특성은 상관관계나 또는 독립적으로 첨부되는 의미요소들에서 생겨난다. 동작상의 파생어(접사를 통해 형성된 파생어)에 대해 기본 단어가 사용되고 두 동사의 의미가 후철기능에 상응하는 관계에 있으면, 파생어는 우연한 특성을 표현한다. 그렇지 않으면 기본단어가 불가능하기 때문이다."
>
> (Schlachter 1968:225)

견해 B의 정의토대에 따르면 동작상은 단지 의미수식적 자질에만 근거할 수 있다. Schlachter와 Isačenco는 "동작상의 기본의미는 동사의 기본의미에 대한 추가적인 의미수식이며"(Isačenko 1962:415/386), 기본의미 자체를 파괴하거나 변화시키지 않는다는 점에서 의견이 일치한다. 수식(Modifizierung)은 슬라브어와 핀란드-헝가리어에서는 형태론적으로 표지되며, 그 결과 새로운 동사가 아니라 출발동사에 대한 동작상적인 파생동사가 생겨난다.

2.4.3.1. '반복성' 예시

필자는 의미자질의 의미구성적 용법과 의미수식적 용법 사이의 차이점을 '반복성'(Iterativ) 자질을 가지고 예시적으로 설명하고자 한다.

동사적 구성에 대한 의미성분으로서의 반복성(Iterativität)은 기본과정이나 또는 복합과정들에 대한 시간적인 양화사(Quantifikation)로서 정확히 분석될 수 있다. 양화사의 경우에는 적어도 두 가지 시간관계가 고려될 수 있다.

1. 과정시간(Vorgangszeitraum)

모든 과정은 그 진행을 위해 특정한 시간을 요구한다. 이때 우리는 시점(Zeitpunkt) t_1, t_2, ... 가 기본과정에 할당되고, 이와 반대로 시점의 연속 $Z=t_1$, t_2, ..., t_m이, 즉 시간(Zeitraum)(=시간구간(Zeitintervall), 정확히 말해서 $Z=(t_1, t_2)$, (t_2, t_3), ... 그러나 우리는 다음에서 이러한 정밀표기를 사용하지 않는다)이 복합과정에 할당된다고 가정한다. 우리는 이것을 내부적(intern) 시간관계라 칭한다.

2. 관계시간(Bezugszeitraum)

과정에 관한 양화사는 시간적 자료나 또는 다른 과정에 대한 관계를 통해서, 어쨌든 외부적으로 결정되어 있는(1.과는 무관한) 시간(Zeitraum: Bz)에 따라서 상대적으로 나타난다. 우리는 이것을 **외부적(extern)** 시간관계라 칭한다.

'반복성'(Iterativität)으로 특징지어진 양화사의 종류는 반복(Wieder-holung)의 종류인데, 이것은 양화사가 오는 과정들의 동질성을 함축한다.

이제 러시아어 dyšat′, 독일어 atmen(호흡하다), flattern(날개를 펄럭이다)과 같은 단순동사들과 vidyvat′와 같은 형태론적 파생 또는 oft sehen(가끔 보다), manchmal flattern(가끔 날개를 펄럭이다)과 같은 통사적 구성들을 비교해 보자. 이들은 모두 어떤 방법으로든 '반복성' 자질을 포함하고 있다.

단순동사에서의 반복성:

"날개를 펄럭이다"(flattern)는 다음을 통해서 결정되어 있는 하나의 복합과정 Fl을 표현한다.

a) "날개짓"(Flügelschlag) fs를 취하는 기본과정들 Fl = fs_1, fs_2, ..., fs_m 의 집합이
b) 중단 없는 연속으로
c) 하나의 시간 Z=t_1, t_2, ..., t_m, 즉 과정시간(Vorgangszeitraum) 내부에서 진행된다.

우리는 이것을 다음과 같은 도표로 기술할 수 있다.

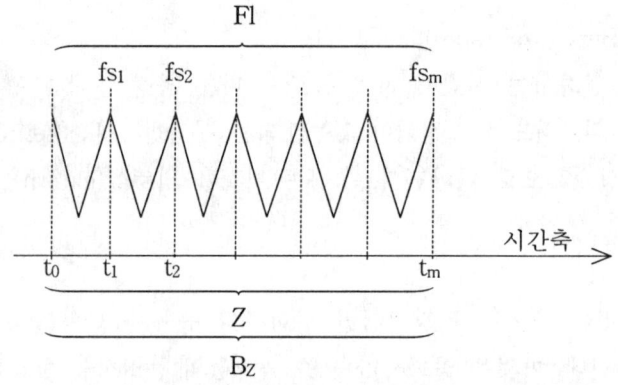

반복성은 여기서 복합과정 "날개를 펄럭이다"(flattern)를 다함께 구성하는(konstituieren) 기본과정들 "날개짓"(Flügelschlag)의 연속과 관계가 있다. 반복이 없이는 "flattern"의 과정이 형성되지 않는다. 내부적인 시간관계의 영역 안에서 양화된다.

기본과정 fs를 위한 관계시간(Bezugszeitraum) Bz는 복합과정 Fl의 과정시간(Vorgangszeitraum) Z이다.

$$Bz = Z = \sum_{i=1}^{m} t_i \ \text{혹은} \ \bigcup_{i=1}^{m-1} (t_i, t_{i+1})$$

형태론적 파생 또는 통사적 구성에서의 반복성:

vidyvat' 내지는 oft sehen(가끔 보다)은 다음을 표현한다.

a) (아마도 그 자체 복합적인) 과정들 S의 집합이
b) 불연속적인 순서로
c) 하나의 시간 Bz=Z_1, Z_2, ..., Z_n, 즉 관계시간(Bezugszeitraum) 내부에서 진행된다.

우리는 이것을 다음과 같은 도표로 기술할 수 있다.

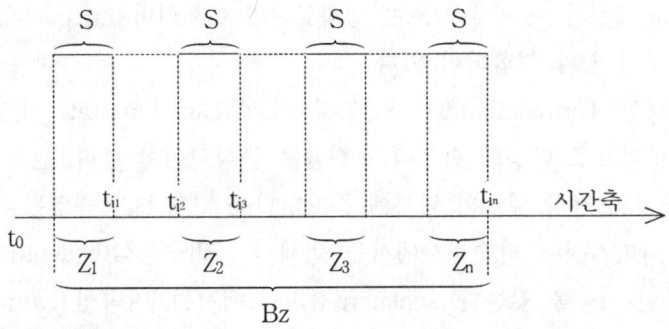

반복성은 여기서 양화사를 통해 시간적으로 수식되는, 즉 외부적 시간 관계의 영역과 관련하여 양화되는 과정들 "보다"(sehen)의 연속체와 관련된다. 반복성의 결여로 인해 과정 "sehen"이 침해되지는 않는다.

관계시간은 과정시간의 총계를 포함하지만, (불연속성으로 인해) 그것과 일치하지는 않는다.

$$Bz > \sum_{k=1}^{n} Z_{ik} \text{ 혹은 } Bz \supset \bigcup_{k=1}^{n} Z_{ik}$$

$$\text{(그리고 } Z_{ir} = (t_{ir}, \ t_{ir+1}))$$

따라서 manchmal flattern(가끔 날개를 펄럭이다)과 같은 통사적 구성 안에서는 이중의 시간적 양화사가 들어 있다.

'반복성'이 단순동사의 의미표현에서는 러시아어의 형태론적 파생어나 또는 통사적 구성에서와는 다른 위상을 가지고 있다는 사실이 분명해졌 다. 이것은 '의미구성적/의미수식적'이라는 특성에 정확히 일치한다.

내부적 시간관계의 영역 안에 있는 양화사(Quatifikation)는 과정에 대해 구성적(konstitutiv)이며, 단순동사의 어휘의미 안에 고정되어 있다.

외부적 시간관계의 영역 안에 있는 양화사는 과정에 대해 수식적 (modifizierend)이며(과정이 시간적으로 배열된다), 형태론적 표지(러시 아어 vidyvat'에서의 -yva-)나 또는 양화표현의 어휘의미(oft, manchmal 등과 같은 부사어)와 결합되어 있다.

또한 '완결성'(Terminativität) 자질과 '축소성'(Diminutivität) 자질 등 도 동일한 방법으로 다양한 언어적 표현들로 분석되어야 한다. 단순동사 는 원칙적으로 동작상 체계의 외부에 존재한다는 견해 B가 증명된다. 문 제가 되는 의미자질이 단순동사에서는 언제나 의미구성적(bedeutungs-konstitutiv)인 기능을 갖는다: schlafen(잠자다)에서는 '지속성'(Durativ), reifen(익다)에서는 '기동성'(Inchoativ), finden(발견하다)에서는 '종결성' (Egressiv), platzen(파열하다)에서는 '순간성'(Momentan), glimmen(희미 하게 빛나다)에서는 '축소성'(Diminutiv), brüllen(포효하다)에서는 '강화 성'(Intensiv)이 의미구성적인 자질이다. 각각 이러한 자질들 없이는 이 동사의 의미가 형성되지 않는다.

독일어에서는 의미수식적(bedeutungsmodifizierend)인 기능을 갖는 동

일한 자질들이 통사적 구성과 때로는 형태론적 파생어(이것이 러시아어
에서의 규칙임)에서도 나타날 수 있다: losgehen(출발하다) 또는 zu
gehen beginnen(가기 시작하다)에서는 시동성(Ingressiv), auslernen(교
육을 마치다)에서는 종결성(Egressiv), tröpfeln(방울져 떨어지다) 또는
leicht/etwas tropfen(약간씩 뚝뚝 떨어지다)에서는 축소성(Diminutiv)이
의미수식적인 자질이다. 각각 이 자질들 없이도 gehen(가다), lernen(배우
다), tropfen(떨어지다)의 의미는 그대로 보존된다.

형식적으로 완성된 의미분석에서는 의미구성적 자질과 의미수식적 자
질 사이의 구별이 본질적으로 상이한 영역형성(관련영역의 확정)을 통해
서 재구성될 수 있다. 분석된 '반복성'(Iterativ) 자질에서 적용해 볼 때,
가장 좁은 영역(Scopus)의 양화사(내부적 시간관계 안에 있는 반복성
(Iterativität)=구성적)만이 어휘적으로 통합될 수 있으며(동사어간의 의
미에 포함됨), 그리고 넓은 영역의 양화사(외부적 시간관계 안에 있는 반
복성=수식적)만이 형태론적으로나 통사적으로(통사적 구성에서) 표현될
수 있으며 또한 표현되어야 한다.

의미자질이 동사어간의 의미에 통합되는 것은 이 자질이 의미에 대해
구성적임을 함축한다. 그러나 이러한 함축의 역이 성립되는 것은 아니다.
즉 모든 의미구성적인 자질이 전부다 어간의미의 구성성분이 되는 것은 아
니다. 모든 동작상을 뛰어넘어 조어(Wortbildung)는 합성어(Komposition)와
더불어 새로운 의미를 구성하기 위해 형태론적 파생의 수단을 이용한다.
독일어에서처럼 러시아어에서도 전철화(=접두사화 Präfigierung)가 새로
운 동사를 형성하기 위한 가장 생산적인 수단들 중의 하나이다.

전철화에 의한 조어와 전철화에 의한 동작상 형성을 구별하기 위해서
Isačenko(1962)는 '자질부여적 전철/수식적 전철' 개념을 도입한다. 이 개
념형성은 별 어려움 없이 '의미구성적 자질/의미수식적 자질' 개념에 삽
입될 수 있다.

2.4.4. 자질부여적 전철/수식적 전철

1. '자질부여적 전철'(qualifizierendes Präfix)은 의미구성적 자질에 해당한다. "자질부여적 동사전철을 (단순동사에) 첨가하는 것은 새로운 어휘단위, 즉 독립적인 동사를 형성하는 결과를 초래한다."(Isačenko 1962: 363)

varit'(kochen 끓이다/요리하다)에 대해 전철파생 razvarit'(zerkochen 삶아서 허물어지다), vyvarit'(auskochen 오래도록 끓이다), obvarit' (abbrühen 삶다/데치다)이 존재하는데, 이들은 단순동사의 의미에 여러 가지 방법으로 자질을 부여하고 이를 통해서 그 의미를 제한한다는 점에서 단순동사의 의미를 변화시킨다. 의미변화가 지나치게 되면 출발동사와의 모든 관계가 상실될 수도 있다(예컨대 varit' : perevarit'(verdauen 소화하다)).

2. '수식적 전철'(modifizierendes Präfix)은 의미수식적 자질에 해당한다. "수식적인 동사전철을 첨가하는 것은 상이한 동작상을 형성하는 결과를 초래한다."(Isačenko 1962:363)

varit'에 대해 자질부여적인 전철을 갖는 파생어 이외에 수식적인 전철을 갖는 파생도 존재한다: povarit'(eine Weile kochen 잠시동안 끓이다) – 한정상(Delimitativ)/svarit'(fertig kochen 다 끓이다) – 결과상 (Resultativ). 자질부여적인 전철과는 달리, 수식적인 전철은 동작상적인 수식만을 전체의미 안으로 가져오고 기본의미는 그대로 보존된다. 어떤 새로운 동사가 생성되는 것이 아니다. 수식적인 전철들만이 동작상의 의미가 명확한 후철-yv-, -nu-와 비교될 수 있다.

동사파생어 안에 있는 전철이 두 가지 방법으로 기능을 한다는 사실에 대해서는 논란의 여지가 거의 없을 것이다. 따라서 이러한 기능을 명명하는 '자질부여적 전철/수식적 전철'이라는 개념형성은 전적으로 타당하다. 다만 전철유형의 순환적인 규정을 피할 수 있는 명백한 기준들을 발견하기가 어렵다. 여기서 견해 B와 결과적으로는 필자의 결정도 또한 공격을 받을 수 있다.

Flämig 역시 다음과 같이 기술하는 것을 보면 그는 Isačenko와 동일한 구별을 목표로 하고 있다.

> "가끔 독일어의 전철형성은 기본동사에 비해 기본의미의 변이형을 표현할 뿐만 아니라 본질적으로 변화된 의미도 갖는다: treten(밟다)/vertreten (대표하다), kommen(오다)/bekommen(얻다), heben(들어 올리다)/beheben (제거하다). 이 때문에 기본어휘의 과정에 대한 동작상의 차이들이 더 이상 나타나지 않는다."
>
> (Flämig 1965:9)

물론 이러한 사실은 독어학자들로 하여금 동작상의 표지로서 전철형성의 유용성을 상대적인 것으로 간주하도록 할 뿐이다.

그러나 기본의미의 변이형(이를테면 '수식적인 전철화'를 통한)과 의미변화('자질부여적인 전철화'를 통한) 사이에는 이 두 종류 중에서 어느 하나를 결정하기가 쉽지 않은 넓은 영역의 "유동적인 변화"가 있다. 예컨대 러시아어에서 varit′ : povarit′(eine Weile kochen 잠시동안 끓이다) (=수식적)/varit′ : razvarit′(zerkochen 삶아서 허물어지다) (=자질부여적), 또는 독일어에서 laufen(달리다) : sich auslaufen(피곤할 때까지 달리다) (=수식적)/kommen(가다) : bekommen(얻다) (=자질부여적).

여기서 언어자료의 상이한 해석은 견해 B 내에서도 동작상에 대한 외연영역의 규정에서 차이를 나타낸다. 이러한 차이는 상(Aspekt)에 대한 규정에서 명백히 표현된다.

확실히 단순동사 형태의 의미와 형태론적 파생어의 의미는 형태의 상과 복잡한 방법으로 관련된다. 미완료적(imperfekt)인 단순동사의 전철화

는 완료화를 초래한다. 이제 전철화가 동작상을 형성한다면 우리는 더
이상 상의 쌍(Aspektpaar)에 관해 언급할 수 없으며 각각 미완료동사 내
지는 완료동사에 관해 언급할 수 있을 뿐이다. 따라서 상에 대한 쌍을 형
성하지 않는 것(Aspektunpaarigkeit)은 항상 동작상(Aktionsart) 의미에
대한 암시이다. 이차적인 미완료화를 바탕으로 하는 상에 대한 쌍의 형
성은 상이하게 해석될 수 있다. 그것이 Isačenko(1962)에 있어서는 출발
동사에 대한 파생어의 독립성에 대한 표시이고(razvarit′(삶아서 지나치
게 연하게 하다 - 완료상) : razvarivat′(삶아서 연하게 하다 - 미완료상)),
Avilova(1962)와 같은 다른 슬라브어 학자들에 있어서는 이러한 결정이
필수적인 것이 아니다.13) 우리가 어느 쪽을 지향하더라도, 독일어에서도

---

13) 다음의 비교를 토대로 Avilova(1976)와 Isačenko(1962) 사이의 차이점을 보다 자세히
    기술하고자 한다.

   (1) Avilova: 전철형성이 순수한 완료화의 표지가 될 수 있으며 그렇다면 그것은 동작
       상의 외부에 있다. pisat′: napisat′ pis′mo와 čitat′: pročitat′ knigu에서 전철은 각
       각 다만 종결에 도달한 것만을 표현하며, 목적어로 향하는 행위는 결과의 도달을
       통해서 끝난다. perepisyvat′: perepisat′ rabotu에서처럼 이차적으로 형성된 미완료
       상을 갖는 상의 쌍이 존재한다. (Avilova 1976:299-300 비교)
        Isačenko: 전철형성을 통해서 원칙적으로 상의 파트너가 형성되지 않는다. 극소수
       의 예외를 제외하고 기본의미의 전철은 상구별과 상관없는 의미자질을 추가하며
       이로써 동사의 쌍을 파괴한다. pisat′: napisat′, čitat′: pročitat′는 동작상 중립적인
       동사와 동작상 명시적인 동사의 관계에 놓여 있으며 모든 동사는 하나의 상을 갖는
       다. 상의 비쌍(Aspektunpaarigkeit)은 수식적이며 상형성적인 전철에 대한 형태론
       적 표지이다. (Isačenko 1962:358ff.)
   (2) Avilova: 규칙적으로 상의 쌍(Aspektpaar)을 형성하는 동작상이 있다. 특히 상유형
       '특수한 결과상'(speziell-resultativ)이 문제된다(한정사(Determinans)를 통해서 완
       료상과 구별된다). 쌍 perepisyvat′: perepisat′, progovarivat′: progovorit′의 전체가
       특수한 결과상에 속한다. (Avilova 1976:300-301)
        Isačenko: 이차적인 명령법을 전철동사로 형성하는 것이 단순동사에 대한 파생어
       의 의미적인 독립에 대한 표지이다. 완전한 동사적 계열소를 갖는 새로운 동사가
       생겨났다. perepisyvat′: perepisat′는 동작상체계에 속하지 않으며 순수한 상의 쌍
       을 형성한다. 상의 쌍은 자질부여적이며 단어형성적인 전철에 대한 형태론적 표지
       이다(Isačenko 1962:358ff.).
        상당한 차이들이 상의 상이한 해석으로 소급된다. Isačenko는 상의 쌍에 대한 기
       준을 대부분의 슬라브어학자들에 비해 너무 엄격한 방법으로 사용하였다. 종종 형

동사적 파생어의 넓은 영역을 위해서는 '자질부여적 전철/수식적 전철'이라는 개념형성의 유용성이 인정된다.

treten(밟다)/vertreten(대표하다) 등과 같은 아주 명백한 쌍들에서는 전철이 동작상의 차이가 아니라 독립적인 단어를 표시한다는 점에서 견해 A와 B가 일치한다. 즉 전철은 자질부여적인 기능이나 또는 의미변화적인 기능을 갖는다. 다른 한편 견해 B가 gehen(가다)/losgehen(출발하다), arbeiten(일하다)/durcharbeiten(쉬지 않고 일하다/완성하다), essen(먹다)/aufessen(다 먹어 치우다)과 같은 종류의 쌍들에서는 전철이 동작상을 형성하는 것으로 간주할 수 있다는 점에서 견해 B는 견해 A에 동조할 수도 있을 것이다. 왜냐하면 견해 B가 시동성 내지는 종결성과 같은 자질을 통해서만 기본단어의 의미를 변화시키거나 또는 수식하기 때문이다. (이에 대해서는 3.3.을 비교하라)

그러나 이 두 견해는 "유동적인 변화"(fließende Übergänge)의 영역에 들어서자마자 엄격히 구분된다. 견해 A가 동작상 유형인 시동상, 기동상 및 종결상의 예시로서, 간단히 말해서 완결동사나 제한동사의 예시로서 인용하는 대부분의 독일어 전철형성이 이 유동적인 영역 안에 있다.

견해 A와 견해 B의 일치점 및 형식화에서의 유사성이 이미 여기서 끝을 맺는다. "기본의미의 변이형"이 특히 Flämig에서는 견해 B 개념도구에서의 "수식적 전철"과 같은 전문용어가 아니다. 우리는 "변이형"(Variante)을 직관적으로 이해해야 한다. 즉 변이형과 기본의미 사이에는 어느 정도 투명한 관계가 존재하는데, 이런 종류의 관계들은 문제가 되지 않는다. 따라서 견해 A가 lesen(읽다), tropfen(뚝뚝 떨어지다)에 파생어 durchlesen(통독하다), tröpfeln(방울져 떨어지다)을 병행시키는 것과 마찬가지로, 단순동사 schlafen(잠자다), klingen(울리다)에 완결상(terminative Aktionsart)을 갖는 변이형으로서 전철파생어 einschlafen(잠들다), verklingen(울림

태론적인 구별이 의미적인 구별과 일치하지 않으며 자의적으로 구분된다.

이 멎다)을 병행시키는 데에는 아무런 어려움이 없다.

어쨌든 견해 B를 위해서는 마지막 두 쌍이 동작상 파생에 대한 예가 될 수 있다. durchlesen(통독하다)의 의미는 lesen(읽다)의 의미와 동일한 지시대상(Denotat)의 조건들을 충족시킨다. durchlesen도 항상 lesen이며 따라서 기본의미는 그대로 보존된다. einschlafen의 경우는 그렇지 않다. 즉 einschlafen(잠들다)은 schlafen(잠자다)과 동일한 조건을 충족시키지 않는다. einschlafen은 schlafen이 아니다. einschlafen은 변화(Übergang)의 단계를 표현하고 schlafen은 이 단계 다음의 상태를 표현한다. 그러한 점에서 두 동사는 체계적으로 의미상 서로 관련되어 있지만, 동작상 중립적인 기본의미와 동작상적인 의미수식의 쌍으로 관련되어 있는 것은 아니다.

견해 B에 따르면, 독일어 문법에서 변화상태를 표현하는(완결동사1 집단) 이러한 모든 완결동사들은 동작상에 속하지 않는다. 왜냐하면 이들은 해당 단순동사의 의미를 수식하는 것이 아니라 유사하지만 구별할 수 있는 다른 의미를 구성하기 때문이다(3.3.2. 참조).

이러한 조건 하에서 지속동사와 완결동사 사이의 문법적 구별은 앞서 이와 상반되는 가정(1.6. 참조)과 똑같이 동작상 외부에 있는 두 가지 동사부류에 대한 가정을 잘 뒷받침 해준다.

2.4.5. 의미자질의 문법화/어휘화

언어체계에서 원칙적으로 상이한 위치값(Stellenwert)을 가지고 있는, 러시아어 poguljat'(잠시 산책하다), siživat'(종종 (어떤 장소에) 앉아 있다)와 같은 동사파생어 및 독일어 ein wenig spazieren gehen(잠시 산책하다), oft sitzen(가끔 앉아 있다)과 같은 통사적 구성 안에 있는 의미자료의 가공(Verarbeitung)에 대한 상이한 방법을 기술하기 위해서, 필자는 '범주'(Kategorie)라는 개념을 아주 잠정적이긴 하지만 규정하지 않을 수 없다. 필자는 몇 가지를 1.5.에서 이미 언급하였다.

음성구조와 의미구조의 상호 연결에 대한 기술로서의 문법을 이론적인 배경으로 취하지 않는 전통적인 견해에 따르면, 더 이상 물을 수도 없고 제한할 수도 없지만 실행할 수 있는 하나의 구상(Konzept)에 대한 생각이 '범주'(Kategorie)라는 개념에 결부된다. 이러한 구상은 각각 하나의 통일적인 관점 하에서 여러 가지 사건들의 배열을 예정한다. 범주형성을 위한 기준들뿐 아니라 개별적으로 가정된 범주를 위한 배열관점들도 언어기술에 대한 하나의 통일적인 전체모형으로부터 항목별로 도출될 수는 없다. '범주'는 아주 직관적으로 잡다한 혼합물에 대한 명칭으로서 사용된다.

따라서 현대 언어학에서 '범주'에 대한 개념은 분석되고 또 정확히 규정되어야 한다.

첫째, '범주'의 개념이 '언어적인 범주'로 이해되는 경우에만, 다시 말해서 배열관점이 언어적인 관점인 경우에만, '범주'의 개념은 언어체계를 설명의 대상으로 삼는 기술에 포함된다. 이러한 사실은 일반적인 언급이며 필자는 단지 이 용어에 대한 엄격하지 않은 사용의 관점에서만 감히 그렇게 말하는 것이다.

둘째, '범주'의 개념을 통해서 먼저 기술층위에서 언어적으로 연관적인 하나의 관점 하에서 언어단위의 **통일적인** 행동에 관한 가설, 즉 언어체계에서 범주의 존재에 관한 가설이 설정된다.

언어체계가 동질적인 집단을 형성하지 않고 아주 특수한 규칙성을 갖는 여러 부문(Komponente)들로 나뉜다는 일반적으로 수용되는 전제하에서, 문법도 역시 체계적으로 상호 연관되어 있는 여러 가지 기술층위를 포함하고 있음에 틀림없다(특히 언어단위들의 음성적, 음운론적, 형태론적, 통사론적, 의미론적 표현층위). 기술층위의 위계에 따라서 각 층위에서 특수한 범주목록의 위계가 존재한다. 즉 모든 층위는 그들의 특수한 범주들을 갖지만 여러 층위의 범주들은 서로 연관되어 있음에 틀림없다.
    언어단위들의 개별적인 표현층위가 서로 결합되어 있으면, 이들은 결
국 음성구조와 의미구조의 상호 연결에 대한 규칙들의 총체를 체계로서
이해한다. 그리고 특정단위들이 어떤 배열관점 하에서 하나의 범주로 총
괄되면, 이를 통해서 이 음성과 의미의 연결에 대한 특정한 단면은 경우
에 따라서는 많은 표현층위를 넘어서서 파악되어야 한다. 이 관계에서
필자는 적어도 형태·통사적 표현층위와 관련된 범주유형을 '문법범주'
(grammatische Kategorie)라고 칭한다. 1.5.를 언급함과 동시에 필자는
재차 이 용어를 일반적인 의미보다는 더 넓은 의미로 사용하고 있음을
강조하고 싶다. 즉 이 용어는 굴절형태론뿐만 아니라 모든 형태·통사적
현상들을 포함하며, 이들 중 일부는 의미적인 사실과도 관련된다. '문법
범주'는 후자의 경우 적어도 의미표현 층위의 단위와 형태·통사적('문법
적'이라고 잘못 총괄되는) 층위의 단위로 구성되는 집합이다. 따라서 문
법범주는 의미특성과 문법표현 사이의 관계 또는 의미자질의 문법화를
파악하는 데 사용된다. 의미자질의 어휘화는 이와 명백히 구별되어야 한
다. 1.5.를 지시하면서 필자는 의미자료의 언어화의 두 가지 유형에 대한
규정들을 다음에서 대비시키고자 한다.

문법화(Grammatikalisierung)란 다음을 말한다.
◇ (복합적인) 의미자질이 형태·통사적 표지와 결합하여 "문법적인
    형태소", 즉 비기저 형태소(Nichtbasismorphem)(=굴절형태소나 파
    생형태소)나 또는 문법적인 단어가 된다. 이것은 굴절형태론 내지
    는 조어를 통해서나 또는 통사론에서 일어난다.
◇ 일반적(generell)인 부류형성적인 의미자질이 문법적인 표지와 체
    계적이며 계열형성적인 방법으로 결합된다. 문법적으로 표지된 자
    질은 어휘단위나 또는 어군의 부류(Klasse)와 관련된다.

◇ 이 언어단위들은 일반적인 의미특성에 제한되어 있기 때문에 포괄
  적으로 독립적이며 특정한 문맥에 결부되어 있다("속의미적"
  (synsemantisch)이라는 용어가 이러한 관계에 어울린다).

어휘화(Lexikalisierung)란 다음을 말한다.
◇ 의미자질의 다발이 음운론적 형태와 결합하여 어휘단위가 된다. 어휘
  단위는 어휘부(Lexikon)에서 내항을 형성한다. 어휘내항(Lexikonein-
  trag)은 문법구조 및 어휘부의 구조에 대한 이론적인 전제에 따라
  서 기저형태소(Basismorphem)나 단어가 된다. 어휘단위에 연결되
  는 형태·통사적인 표지는 의미적 진술과 음운적 진술에 비해 이
  차적이다. 이러한 사실은 어휘단위의 구성 자체와 관련된다. 이러
  한 형태·통사적 표지는 어휘단위를 통사적인 문맥에 삽입할 때
  필요하다. (이러한 주장은 종합적이면서 효과적이며, 특히 어휘단
  위의 품사분류가 또한 의미적으로도 규정되어 있음을 함축한다. -
  필자는 이러한 문제점을 도외시할 필요성을 느낀다.)
◇ 의미특성들은 특히 특수한(speziell), 특이한 자질들을 포함한다. 의
  미특성들은 비체계적인 방법으로 개별적인 어휘단위에 관련되어
  있다.
◇ 이 어휘단위들은 독립적이며 모든 문맥에서 완전한 의미를 보유한
  다(이들은 "자립의미적"(autosemantisch)이다.)

(Steinitz(1977:97-99)와 Wurzel(1977:134-138)에서 "문법적" 대 "어휘
적"이 여러 가지 관점에서 규정되어 있다. 또한 1.4.4.에서 언급한 문법적
표지에 대한 조건들을 비교하라.)
  이와 같은 잠정적인 규정들은 문법화한 의미자질들이 '문법범주'의 집
합에 속한다는 것을 말해준다.

1.5.에서 필자는 상기의 사실에 대한 역이 적용되지 않음을 간단히 언급한 바 있다. 즉 모든 문법범주가 전부다 하나의 의미차원을 가질 필요는 없다. 순수 통사적인, 예컨대 동사에서의 수 및 다른 일치현상과 같은 문장구성적인 기능을 갖는 범주들이 존재한다. 그러나 상기의 기준에 적합하지 않은 통사적 규칙들도 존재한다. 즉 특정한 일반적인 의미자질들은 확실히 통사적인 결과를 갖지만(예컨대 문장에서 목적어를 필수적으로 요구하는 '사역성'(Kausativ) 의미자질), 문법적인 형태소나 단어가 의미자질에 상응한다는 의미에서 그 의미자질들이 문법화될 필요는 없다. 이들은 어휘화될 수 있으며 따라서 한 단어의 의미로 통합된다(이러한 사실은 예컨대 동사 töten(죽이다), füttern(먹여주다), zeigen(보여주다)에서 '사역성' 의미자질에 적용된다). 하나의 임의의 의미자질을 공유하는 어휘단위들은 항상 하나의 의미부류나 또는 "의미범주"로 총괄될 수 있다. 그러나 부류형성적인 의미자질이 통사규칙에 관련될 때 비로소 이러한 부류형성은 문법적으로 연관적(relevant)이 된다(예컨대 독일어 '사역성'(Kausativ)의 경우에서처럼, 그러나 flattern(날개를 펄럭이다), graben(파다) 등의 '반복성'(Iterativ)의 경우에서는 그렇지 않다). 필자는 이 경우도 역시 '문법범주'의 개념에 포함시키는 것이 정당한지를 확신하지 못하고 있다. 만일 그것이 정당하다면, "의미범주"가 '문법범주'의 한 성분인 경우에만, 다시 말해서 의미범주가 특정한 문법적 표지를 통해서(그것은 바로 문장의 적격성에 필수적인 통사적 문맥에 대한 진술이 될 수도 있다) 이 문법범주를 정의하는 하나의 쌍을 형성하는 경우에만, "의미범주"는 문법기술의 대상이 된다.

필자가 보기에 이러한 종류의 문법범주는 동사들 가운데서 사역동사(Kausativum) 이외에 또한 완결동사1(Terminativum 1)과 지속동사(Durativum)가 있다(1.6.1.과 1.6.2. 그리고 Steinitz(1977)를 비교하라). 그러나 언급된 전제들 가운데서 '동작상'이 문법범주(더 자세히 말해서 범주로서 개별적인 유형들을 갖는 하나의 범주구조)가 되려면, 문법적 표지로서의 문맥적 진술은 광범위하게 삭제된다. 예컨대 tröpfeln(한 방울씩 떨어지다)은 tropfen(뚝뚝 떨어지다)과 어떤 변별적인 통사적 문맥을 통해서도 구별되지 않기 때문이다. 따라서 만일 언급된 전제들 가운데서 '동작상'이 문법범주가 되려면, 우리는 단지 다음과 같이 말할 수 있을 뿐이다. 즉 '반복성'(Iterativ), '축소성'(Diminutiv), '진화성'(Evolutiv) 등과 같은 의미자질들이 문법적인 형태소나 또는 문법적인 단어들에 연결되어야 한다. 이러한 사실은 본질적으로 동작상에 대한 견해 B에 해당하며 러시아어에서 적용된다.

견해 B에 따르면, 어떤 언어에서 의미자질과 문법적 표지에 대한 쌍형성(Paarbildung)이 가능한 경우에만 그 언어에는 '동작상'이라는 문법범주가 존재한다. 만일 문제가 되는 의미자질에 대한 통일적인 문법적 수단, 즉 문법화가 존재하지 않는다면, '동작상' 범주에 관해 언급하는 것은 의미가 없으며 혼란스러운 일이 될 것이다. 왜냐하면 그것은 해당언어에 전혀 존재하지 않는 체계성(Systematik)을 가정하기 때문이다.

따라서 견해 B를 위해서는, 예컨대 ein wenig spazieren gehen(약간 산책하다), oft sehen(가끔 보다)과 같은 통사적 구성들에서 의미자질을 어휘화하는 가능성은 '한정성'(Delimitativ) 또는 '반복성'(Iterativ) 자질이 그 언어에서 범주의 위상을 갖는다는 데 대한 증거가 아니라, 임의의 언어에서 임의의 언어자료를 표현할 수 있는 가능성에 대한 일반적인 가설을 위한 간접증거이다. 견해 B를 위해서는 단지 문법적인 표지(grammatische Kennzeichnung)만이 '동작상' 범주에 대한 척도이다.

Andersson(1972:15)은 몇몇 러시아어 문법에서 다음과 같이 비난하고 있다: "러시아어학에서 동작상을 논의하는 경우에 동사의 의미론 이외에 다른 현상들은 거의 다루어지지 않는다. 동작상의 내용을 다른 언어수단을 통해서 표현할 수 있는 가능성은 ... 경시되거나 또는 단지 부수적으로

만 언급된다.” 그러나 이러한 외관상의 불이행은 많은 러시아어 문법에
서 본질적으로 보다 엄격한 동작상에 대한 견해 B의 탓으로 돌릴 수 있
다. 필자는 견해 B에 대한 이론적인 규명을 2.4.에서 명백히 하려고 시도
하였다.

3. 비판적인 비교

3.1. 문제제기 및 기술대상의 미결정에 대한 재구성

견해 A는 견해 B처럼, 비록 "의미범주"의 기치 아래서이긴 하지만 특정 언어, 예컨대 독일어의 동작상을 기술할 것을 요구한다. 필자가 제시하려고 시도했던 바와 같이, 독일어를 위해 의미적으로 규정된 동작상 유형들은 독일어 체계로부터는 전혀 그 동기를 찾을 수 없다. 그러나 다른 한편으로는 이런 동작상 유형들이 형태론적으로 규정된 러시아어(및 다른 슬라브어들)의 동작상 유형들과 아주 유사하여 - 비록 두 언어의 동사체계가 아주 상이한 구조를 가지고 있지만 - 다음과 같이 추측할 수 있다.

◇ 러시아어에서는 존재하지만 독일어에서는 존재하지 않는 형태론적 표지들이 어쨌든 동작상 유형의 설정을 위한 토대가 되었다(견해 B는 형태론적 표지에 바탕을 두고 있다.)
◇ 독일어 동작상에 대한 연구는 러시아어에서 확정된 이러한 유형에서 출발하였다.

이제 견해 A를 점차로 견해 B로부터 분리함으로써 두 견해의 본질적인 차이들을 재구성할 수 있다. 필자는 이러한 역사의 추론과정이 특히 상(Aspekt)과 동작상(Aktionsart)의 복잡 다단한 혼합으로 말미암아 개관하기 어려운 역사의 실제적인 진행에 항상 일치하는 것은 아님을 확신하고 있다. 그러나 견해 A의 발전은 중요한 전환점에서 필자가 다음에 개괄적으로 재구성하려는 바와 같이 진행될 것임에 틀림없다.

슬라브어에서 **형태론적**으로 보장된, 동사 기본의미의 수식체계에 대한 도구를 통해서 독일어 동사체계가 유사한 현상들에 따라서 샅샅이 조사 되었다. 그러나 우선은 아무런 성과도 나타나지 않았다. 동작상과 의미와 의 상관관계, 즉 형태론적 표지들에 대한 고정된 체계가 독일어에는 존 재하지 않기 때문에, 동작상 유형들을 구분하는 의미자질들이 이제 높이 평가되었다. 형태론적인 구별과 의미적인 구별의 상관관계 대신에 의미 적인 구별가능성들만이 배열원칙으로 격상되었다.

그러나 의미적인 구별만으로는 – 이러한 사실을 견해 A의 대변자들도 인식하고 있다 – 과정들을 개념적으로 구별하고 그 진행과정에서 수식 할 수 있는 무한한 가능성으로 인해 어떤 선정기준(Auswahlkriterium) 도 제시하지 못한다. 결국 아주 통일적으로 이루어졌던 선정에 대한 이 유는 전적으로 만족스럽지 못하다(1장 참조). 그러나 슬라브어들이 무언 중에 선정체계를 제시했다는 사실은 모든 이들에게 명백하다. 이제 독일 어는 동작상 연구의 성공에 대해 보다 밝은 전망을 가지고 연구할 수 있 었다. 다른 언어의 형태론을 이용하여 조사된 동작상 유형들은 형태론적 인 "속박"에서 해방되었으며, 오직 의미론에만 바탕을 둔 동작상 유형들 로서 다양한 언어적 표현들에 관련되었다. 이 다양한 언어적 표현들에 대한 동작상의 척도(Indikator)는 언어체계의 여러 영역, 이를테면 형태 론(파생어), 어휘론(동사어간 의미) 또는 통사론(여러 가지 어휘적 바꿔 쓰기)에서 유래하였다.

분류의 토대에 대해 충분하게 성찰되지 않은 미결정을 통해서 동작상 에 관한 변화된 견해, 즉 견해 A에 대한 **첫 번째** 조치(Schritt)를 취하게 되었다. 이로부터 문제제기에 있어서 변화가 나타났는데, 이 변화는 결국 문법기술의 가능한 과제들에 관한 이해와 관련된다. 그 결과로서 서로 관계없는 두 가지 문제제기(Fragestellung)가 대립되어 나타난다.

1. 견해 B가 형식화할 수 있는 질문은 다음과 같을 것이다.

어떤 단순동사에 대해서 체계적인 형태론적 파생어들이 다양하게 주어져 있다면(예컨대 러시아어에서), 다양한 형태론적인 형태들이 어떤 방법으로 의미적인 구별과 연관되어서 양자가 다 함께 하나의 동작상체계를 형성하는가?

이러한 질문에 대한 답변은 무한히 많은 의미구별들 중에서 어느 것이 문법화된 것으로서 언어체계(Sprachsystem)에 속하는가를 결정하는 것이다. 이것은 언어기술에서 언어체계의 이론적인 표현을 가정된 범주(Kategorie)의 형태로서 취하고 있음에 틀림없다.

2. 견해 A에 따른 질문은 다음과 같을 것이다.

과정수식의 의미적인 구별에 대한 선택이 주어져 있다면(예컨대 독일어에서), 이러한 구별들에 대해서 어떤 표현가능성들이 존재하는가?

이러한 질문에 대한 답변은 의미적인 구별유형들을 언어체계로 수용하는 것에 대해서 결정을 내릴 수가 없다. 왜냐하면 주어진 임의의 다른 구별들을 표현할 수 있는 가능성은, 우리가 의미자료의 보편적인 표현가능성(및 번역가능성) 원칙을 수용하게 되면, 모든 다른 언어에서와 마찬가지로 독일어에서도 존재하기 때문이다.

그러나 동작상의 의미에 대한 표현가능성은 견해 A에 의해서, 물론 아주 다양한 엄격성을 가지고 있지만, "범주"로서의 동작상이 독일어에서도 존재한다는 사실에 대한 간접증거로 가정된다.

Schmidt(1965)는 이것을 다음과 같이 표현한다.

"그러나 우리는 문법적인 형태자질에 대한 체계가 없다는 사실로부터 - Admoni, Brinkmann 및 다른 학자들이 하는 것처럼 - 독일어에는 동작상의 범주가 존재하지 않는다는 결론을 내려서는 안 된다. 독일어는 명확하게 형성된 문법범주로서의 동작상은 가지고 있지 않지만, 분명히 사건이나 존재의 진행방법에 있어서의 차이를 명확히 해줄 수 있는 어휘적이며 문법적인 종류의 수단들은 가지고 있다. ... 그러나 우리는 독일어에서 다양한 표현형식들을 가지고 여러 가지 동작상을 확정할 수 있다."

(Schmidt 1965:207)

따라서 형태론적인 (또는 통사론적인) 계열소에 의지하지 않고서도 의미자질에 대한 임의적인 어휘적 바꿔쓰기가 동작상 유형에 대한 증거로 간주될 수 있다. 예컨대 통사구문 zu sehen pflegen(보곤 하다), oft sehen(가끔 보다), stündlich sehen(매시간 보다)(러시아어 vydyvat')은 독일어 '반복상'(Iterativ) 유형에 대한 증거로 간주될 수 있다.

이러한 지주(支柱) 없이는 견해 A가 두 번째 조치로서 원래의 견해로부터 벗어나야 한다. 어떤 동사의 어휘적인 기본의미의 요소들, 즉 소위 구성자질(konstitutives Merkmal)들 역시 동작상의 의미로 해석된다. 예컨대 상기에 언급된 통사구문들 외에도 graben(파다), schreiten(걷다), flattern(날개를 펄럭이다)과 같은 단순동사들은 동작상 유형인 '반복상'의 출현에 대한 예로서 등가로 간주된다(2.4.3.1. 비교).

이로써 어떤 것도 세 번째 조치, 즉 동작상 개념에 대한 외연영역(Extensionsbereich)의 확장에 더 이상 방해가 되지 않는다.

동작상 중립적인 동사들(모든 단순동사들이 여기에 속한다)과 동작상 파생어들 사이의 구별, 즉 견해 B에 의해서도 가정된 원래의 이 구별은 모든 동사(예외가 가능함)를 하나의 동작상으로 배열하기 위해서 지양(止揚)된다. '지속상'(Durativ)은 동작상의 유형으로 수용되고 '완결상'(Terminativ)의 유형은 확대된다.

독일어를 위해서는 일반적으로 지속동사(Durativum)가 단순동사라는 사실이 여기서 하등의 장애가 되지 않는다. 왜냐하면 형태론적 표지 역시 다른 곳에서는 체계적으로 나타나지 않기 때문이다. 물론 슬라브어와 핀란드-헝가리어를 기술하기 위해서 지속동사를 동작상체계에 통합하려는 결정에 대해서는 단호하다. 왜냐하면 그러한 결정은 다른 변화들과 더불어 다방면에서 보장된 이 체계에 대한 구조를 파괴하기 때문이다.

◇ 의미적으로 : 동작상 중립적인 동사와 동작상 수식적인 동사의 이분법
◇ 형태론적으로 : 단순동사와 파생어의 이분법
◇ 동사체계(Verbsystem)에 대한 하나의 범주로서 동작상을 규정

"이로써 형태론적인 출발점이 논리·의미적인 출발점을 위해서 최종적으로 배제되어 있다."

(Schlachter 1968:190)

schneiden(자르다)에 비해 schnitzen(새기다)이, Er irrt(그가 틀리다)에 비해 Er irrt sich(그가 착각하다)(Duden 1959:84)[14]가 강화의 표현이

---

14) 여러 논문들에서 동작상에 대한 예로서 등장하지만, 특정한 동작상유형의 설명을 위해 도움이 되지 않거나 혹은 기술된 체계에 전혀 적합하지 않은 언어표현들의 몇 가지 예가 첨부된다. 따라서 필자는 이들을 특이한 경우들로 이해하지 않을 수 없다.

- wecken(잠에서 깨우다)과 nähren(먹이다/기르다)에 비해 erwecken(일깨우다/고무하다)과 ernähren(양육하다/부양하다)은 행위의 강화를 표현한다(Flämig 1965). 주석: 의미차이는 다른 종류의 성질이다.
- man raucht(담배를 피우다)는 습관적인 반복행위를 표현한다(Flämig 1965). 주석: 반복성은 여기서 아주 간접적인 방법으로, 즉 man raucht oft(가끔 담배를 피운다)에서와는 아주 다른 방법으로 형성된다.
- Er durchbohrte das Brett(그는 널빤지에 구멍을 뚫었다): Er bohrte es durch(그는 널빤지를 뚫고 들어갔다). 전철 형태소의 고정된 결합과 고정되지 않은 결합 사이의 차이는 보다 정확한 과정단계를 표현하는 데 도움이 된다(Erben 1968:75). 주석: 이

라는 이상한 상황을 허용하는, 의미적 사실에 대해 문법적으로 증명되지 않은 관계가 물론 견해 A의 대변자들에게도 애매한 기분이 들도록 해주었다.

그러나 동작상에 대한 외연영역의 확대는 문법가들에게 형태론적 기준과 등가인 것처럼 보일 수 있는 하나의 새로운 기준을 제시한다. 즉 지속동사와 완결동사는 이제 자연스럽게 동작상의 차이에 근거하는 것으로 해석될 수 있는 문법적인 차이들을 제시한다(1.6.과 1.7. 참조).

이제 대상영역의 미결정은 확정되었다. 즉 원천적으로 그리고 견해 B에 따라서 동작상체계의 외부에 있는 지속동사(Durativum)와 완결동사 1(Terminativum 1)은 완전한 구성원으로 수용될 뿐만 아니라, 이들은 독일어에서 (견해 A에 따라서 독일어에서뿐만 아니라) 동작상의 두 가지 주요유형(Haupttyp)을 형성하며, 이들의 특수성 (문법적인 차이들) 때문에 결국 독일어 '동작상' 범주를 위한 증명의 책임을 홀로 떠맡아야 한다.

결국 동일한 용어 '동작상'(Aktionsart)은 매우 상이한 언어적인 영역을 포괄한다. 물론 어느 누구에게도 이미 다르게 사용된 용어의 사용을 거부할 수도 없으며, 그리고 심층에 놓여 있는 차이들을 말소할 위험을 전혀 피할 수도 없다. 이러한 차이들을 강조하는 것이 필자가 재구성하려고 시도한 목표였다.

필자가 보기에는 또 한 가지를 명확하게 이야기하는 것이 중요하다. 견해 A에서 언어적인 사실에 대한 출발점, 문제제기 및 취급을 비판함

러한 세분된 의미차이를 위해서 견해 A도 특별한 동작상 유형을 확립하지 못했다.
- reden-sagen은 상이한 동작상을 표현한다. reden은 끊임없이 진행중인 사건을 표현하고, sagen은 완성단계의 순간에 있는 사건을 가리킨다(Schmitdt 1965:20). 주석: 이러한 특수한 차이는 '지속성/비지속성'과 같은 일상적인 용어를 통해서나 또는 명확한 예에 대한 해명 없이는 기술될 수 없다.
- 예컨대 schlucken(삼키다/마시다)에 대한 schluchzen(흐느껴 울다)에서처럼 독일어에서 강화상을 표현한다고 하는, 단순동사에 대한 대부분의 형태론적인 동사어간 변화는 오늘날의 언어체계에서 고찰해 볼 때 억지로 꿰어 맞춘 것처럼 보인다. (1.4.4.3. 비교)

으로써 필자는 "어떤 언어 L$_i$에서 의미적인 격단위(Größe) 'X'에 대해 어떤 표현가능성이 존재하는가?"와 같은 질문의 정당성을 원칙적으로 의심하고 싶지는 않다. "시간"(Zeit) (Flämig(1964)의 용어로는 "시간성" (Temporalität)) 또는 "양상"(Modalität)과 같은 특성들은 개별 언어적인 형성과는 아주 무관한 기본명사(Grundterm)들로서 가정될 수 있는 근본적인 인지구조에 근거한다. 어떤 언어나 또는 많은 언어들에서 이러한 격단위의 실현가능성에 대한 연구는 이 격단위 자체에 대한 분석과 그리고 상이한 언어체계가 갖는 구조의 특수성에 대한 분석에 사용된다. 그러나 견해 A의 대변자들은 동작상을 다룰 때 단지 외관상으로만 이 질문에서 출발할 뿐이고, 실제로는 이 질문이 그들에게 있어서는 "언어 L$_j$의 언어범주 'Y'에 대해 언어 L$_i$에서는 어떤 표현가능성들이 존재하는가?"라는 질문을 불명확하게 줄여 놓은 말이다. 필자는 이 논문의 논의 과정에서 이점을 명확하게 하였기를 희망한다. 그러나 후자의 질문은 또한 대조언어학에서 그 정당한 위치를 갖는다. 한편으로는 바로 이 위치(Platz)도 역시 언급되어야 한다. 이 질문에 대한 대답은 대답으로서 L$_i$의 체계 안에 존재하는 범주들에 대한 질문으로 전가되어서는 안 된다. 다른 한편으로는 이 질문에 대한 대답은 우선 비교되는 언어들의 구조가 적어도 다루어진 부분영역에서 어느 정도 해명되어 있음을 전제로 한다.

3.2. 견해 A와 견해 B의 차이점에 대한 요약

1. B: 언어체계 내에서의 동작상의 토대: 주어진 문법적 표지들은 과정의 의미에서 가능한 수식의 특정한 선택에 관계된다. 이로써 무한히 많은 수식가능성들로부터 개별 언어적으로 정의된 동작상 유형들을 선택하기 위한 기준이 주어져 있다.

A: 언어외적 사실에서의 동작상의 토대: 과정의 상이한 진행방법.
선택기준이 없기 때문에 의미적으로 볼 때 이론적으로 불명확하
게 세분되어 확정된다.

2. B: '동작상'은 문법적(grammatisch)인 개념이다. 이 개념은 동사체계
와 관련되어 있으며, 동사의미를 수식하는 특정한 자질을 위한 특
정한 문법적인(고찰된 언어에서는: 형태론적인) 척도(Indikator)들
을 분리한다.

A: '동작상'은 형태론적인 동작상 표지를 갖는 언어들에서는 문법적
인 개념이고 그 외에는 의미적인 개념이다. 이 개념은 다양한 언
어적 표현들과 관련되어 있으며, 이들을 특정한 의미자질의 개개
척도로서 총괄한다. 두 가지 동작상 유형인 지속상과 완결상의
상이한 문법적인 태도는 '동작상'을 문법적·의미적(grammatisch-
semantisch) 개념으로 만든다.

이것이 개별적으로는 다음을 의미한다.

3. B: '동작상'은 단순동사와 형태론적 파생어의 계열소적 구별에 근거
한다.

A: '동작상'은 문법적인 토대 위에서 어떤 통일적인 표지도 갖지 않
는다. (필자의 주해: 단순동사와 형태론적 파생어의 구별은 원칙
적으로 사용되지 않는다.)

4. B: 형태론적인 구별은 의미적인 구별인 동작상 중립적/동작상 명시
적 구별과 관련된다.

A: (필자의 주해: 이러한 구별이 규칙적으로는 고려되지 않는다.)

5. B: 변별적인 쌍 의미구성적 자질/의미수식적 자질, 자질부여적 전철/
   수식적 전철 중에서 각각 두 번째 성분만이 동작상을 형성하고,
   첫 번째 성분은 독립적인 어휘의미를 형성한다.
   A: (필자의 주해: 이러한 구별이 고려되어 있지 않거나 또는 전철의
   경우에서는 체계적으로 사용되지 않는다. 여기서 나온 하나의 결
   과로서 어휘의미와 동작상의 의미가 등가로 다루어진다.)

6. B: '동작상' 범주는 그 언어적 표지들과 관련하여 동질적이며, 단지
   형태론적인 동사파생어들만이 범주의 척도로 간주된다.
   A: '동작상' 범주는 그 언어적 표지들과 관련하여 이질적이다. 단순
   동사, 형태론적 파생어 및 여러 통사적 구성들은 각각 동일한 동
   작상 유형의 척도로서 등가로 간주될 수 있다.

7. B: '동작상' 범주는 그 의미적인 특성들과 관련하여 동질적이다. 이
   특성들은 단지 단순동사의 기본의미에 대한 (부분적으로 세분
   된) 수식에만 관계한다. 모든 동사들 중에서 단지 일부만이 3-5
   에서 언급된 조건들을 충족시키기 때문에, 이 "협소한" 동작상
   개념 역시 일부의 동사에서만 적용될 수 있다.
   A: '동작상' 범주는 그 의미적인 특성들과 관련하여 이질적이다. 의
   미적, 문법적으로 구별되는 두 가지 광범위한 동사부류인 지속동
   사와 완결동사는 동작상 유형으로서 다양한 외미적인 수식을 갖
   는 여타의 비교적 소규모 집단들과 동일한 단계에 있다. 전체동
   사는 동작상의 유형에 따라서 나뉘어져 있으며 모든 동사는 (적
   어도) 하나의 유형에 배열된다.

3.3. 독일어에는 '동작상' 범주가 실제로 존재하는가?

어떤 언어에서 특정한 범주(Kategorie)를 가정하려면, 이것은 2.4.5.에 따라서 한 언어의 음성-의미의 연결(Laut-Bedeutungs-Zuordnung)에 대한 기술체계의 특정한 단면이 개념(Begriff)화되어야 함을 의미한다. 두 가지 측면에서 이것은 다음을 의미한다. 한편으로는, 범주의 설정은 우리가 의미자질로서 표현할 수 있는 특정한 의미특성들의 관점에서 표현수단의 체계화에 사용된다. 다른 한편으로는, 의미자질의 발견과 체계화만이 문제가 되는 것이 아니라, 의미자질이 언어형태와 체계적으로 상관되는지, 그리고 상관된다면 어떻게 상관되는지 하는 것이 문제가 된다. 그래서 범주의 설정은 특정한 문법적인 형태요소와 특정한 의미요소 사이의 관계에 관한 일반적인 가설의 설정으로 이해된다.

이러한 전제에 따르는 견해 B에 따라 '동작상'이라는 범주 하에서 그 전체가 정당화될 수 있는 현상들이 독일어 체계에 존재하는가? 견해 A에 따라서 가정된 동작상 유형들과 이러한 전제에 따르는 동작상 유형에 대한 증거들 가운데서 무엇이 불변적이며, 그리고 무엇이 이러한 관계에 속하지 않는가?

3.3.1. 동작상 체계에 속하지 않는 것은?

1. 단순동사(Simplex)는 단지 의미구성적인 자질들만을 포함하므로 문자 그대로 동작상 중립적(aktionsartneutral)이다. 다른 조건들 하에서 동작상의 토대가 되는 그러한 의미자질들 역시 의미구성적인 것으로서 단순동사에 포함된다. 따라서 동작상의 체계로부터 다음이 분리되어야 한다.

지속동사(Durativum) (schlafen 유형)

완결동사(Terminativum) (finden, reifen 유형)

반복동사(Iterativum) (flattern 유형)

형태론적인 파생어로서 어원적으로만 증명할 수 있는 모든 강화동사
  (Intensivum) (bücken 유형)

2. 자질부여적인 전철을 갖는 형태론적(morphologisch)인 파생어 역시 의미구성적인 자질들은 포함하지만, 동작상에서 요구되는 의미수식적인 자질들은 포함하지 않는다. 따라서 동작상의 체계로부터 다음이 분리되어야 한다.

완결동사1(Terminativum 1) (einschlafen 유형)

3. 동작상 자질들을 어휘적(lexikalisch)으로 풀어쓴 통사적 구성들은 문법적으로, 특히 동사부류를 통해서 정의되어 있는 동작상 체계에 속하지 않는다.

지속동사(Durativum) (in einem fort schneien 유형)

완결동사(Terminativum) (zu reden beginnen, plötzlich liegen 유형)

1.에 따르고 남아 있는 모든 반복동사(Iterativum) (oft gehen 유형)

4. 문법적(grammatisch)인 단어를 갖는 통사적 구성들과 '(전치사+) 명사화한 동사+기능동사' 유형의 FVG는 형태론적 파생어와 등가이긴 하지만, 두 부류 지속동사와 완결동사1(1.6. 참조)의 보충형태(Suppletivform)로서 동작상에 포함되지 않는다. 따라서 다음이 분리되어야 한다.

지속동사(Durativum) (in Gang sein 유형)
완결동사1(Terminativum 1) (in Gang kommen 유형)

이로써 견해 A의 동작상 체계는 근본적으로 완전히 해체되어 있다.

3.3.2. 독일어 체계에서 동작상의 후보자는?

단순동사(Simplex)와 접사파생어(Affixableitung) 내지는 FVG의 쌍이 동작상 중립적인 의미와 동작상 명시적인 의미의 관계를 언급할 수 있는 곳에서만 동작상에 대한 후보자(Kandidat)를 찾을 수 있을 것이다.

3.3.2.1. 전철파생어(Präfixableitung)

대개 제한적 동사들, 즉 완결동사들은 전철파생을 통해서 표현된다. 필자는 1.6.1.에서 다음과 같은 차이점을 고려하여 완결동사1(Terminativ 1)과 완결동사2(Terminativ 2)를 가정하였다.

1. 완결동사1은 그것의 지속동사(Durativ) 파트너와는 다른 문법규칙에 따른다. (비교 : das Kind ist eingeschlafen(그 아이는 잠이 들었다) : das Kind hat geschlafen(그 아이는 잠을 잤다), das eingeschlafene Kind(잠든 아이) : *das geschlafene Kind).

완결동사2(Terminativ 2)는 본질적으로 그것의 지속동사 파트너와 문법적으로 일치한다. (비교: der Mann hat losgeredet(그 남자가 말하기 시작했다) : der Mann hat geredet(그 남자가 말했다), *der losgeredete Mann : *der geredete Mann).

2. 두 집단은 '경계'(Grenze)라는 의미자질에 상이한 방법으로 관계한다. 1.6.1.에서 기술한 차이점은 이제 견해 B에 의해 발전된 '의미구성적/

의미수식적' 개념을 가지고 재구성할 수 있다. 필자는 하나의 예를 통해
서 이것을 다시 설명해 보고자 한다. 완결동사1(Terminativ 1)로 구성된
동사 einschlafen에서의 '경계'는 의미구성적(bedeutungskonstitutiv)인
자질이다. 즉 변화상태(Übergangszustand)인 "einschlafen"(잠들다)은 이
와는 다른 두 상태 "wach sein"(깨어 있다)과 "schlafen"(잠자다) 사이의
'경계'를 형성한다. 이 점에서 두 동사 einschlafen과 schlafen은 규칙적으로
서로 관련되어 있지만(변화상태를 주장함으로써 후상태(Nachzustand)가
함축된다), 이들은 두 개의 상이한 기본의미를 갖는다(각각 다른 상태가
단언된다).15) 따라서 필자는 3.3.1.에서 완결동사1로 구성된 동사를 동작
상 체계에서 제외하였다.

완결동사2(Terminativ 2)로 구성된 동사 (sich) ausschlafen(충분히 자다)
에서의 '경계'는 의미수식적(bedeutungsmodifizierend)인 자질이며, "(sich)
ausschlafen"의 상태에서는 우리가 "schlafen"의 상태 내에서 움직인다.
따라서 두 동사 (sich) ausschlafen과 schlafen은 동일한 상태 "schlafen"을
지시한다. 상태 schlafen은 전철을 통해서 다만 상태의 종결('경계')이 부각되
는 쪽으로만 수식된다. 이를테면 잠에 대한 심리적인 욕구가 충족되었을 경우
이다. sich ausschlafen은 어휘적인 바꿔쓰기(lexikalische Umschreibung)
인 sich satt schlafen(싫증날 때까지 자다) 또는 ausreichend schlafen(충
분히 자다)으로 의역할 수 있다.

이로써 완결동사2는 - 이상하게도 견해 A에 의해 거의 주목을 받지
못한 - 독일어에서 견해 B에 의해 정의된 '동작상' 범주의 보기에 대한
후보자 목록에 오를 수 있을 것이다. 완결동사2는 러시아어에서처럼 계
속해서 하위부류로 나뉠 수 있다.

---

15) '단언'(Behauptung)과 '함축'(Implikation)은 '전제'(Voraussetzung)와 더불어 생성문법
    내부에서 발전된 개념체계의 용어들이다. Steinitz(1975)에서 기동동사와 지속동사의
    분석을 위해서 이 개념들을 사용하려고 시도했다.

A. 시동상(Ingressiv)

정의: 과정이나 행위의 시작을 표현한다.

형태론적 표지: 전철 los-

보기:

중립적인 단순동사	시 동 상	바꿔쓰기
reden 말하다	losreden 말하기 시작하다	zu reden beginnen/ plötzlich reden
schreien 소리지르다	losschreien 소리지르기 시작하다	zu schreien beginnen/ plötzlich schreien
gehen 가다	losgehen 출발하다	zu gehen beginnen/ plötzlich gehen
fahren 차 타고 가다	losfahren 출발하다(차로)	zu fahren beginnen/ plötzlich fahren
laufen 달려가다	loslaufen 달리기 시작하다	zu laufen beginnen/ plötzlich laufen
lachen 웃다	loslachen 웃기 시작하다	zu lachen beginnen/ plötzlich lachen

러시아어에서 유사한 동작상 유형

시동상	독일어 바꿔쓰기
zagovorit'	zu sprechen beginnen 말하기 시작하다
zakričat'	losschreien 소리지르기 시작하다

B. 결과상(Resultativ)

정의: (성공적인) 종결까지의 행위의 수행을 표현한다.

형태론적 표지: 전철 aus-

보기:

중립적인 단순동사	결과상	바꿔쓰기
lernen 배우다	auslernen 교육을 마치다	lernen bis zu einem erfolgreichen Abschluss
schlafen 잠자다	ausschlafen 충분히 자다	schlafen bis man genügend Schlaf bekommen hat
reden 말하다	ausreden 말을 끝내다	reden bis man alles gesagt hat
wachsen 성장하다	auswachsen 다 자라다	wachsen bis man seine Normalgröße erreicht hat
arbeiten 일하다	sich ausarbeiten	sich müde/satt arbeiten 지치도록/싫증나도록 일하다/toben(광란하다) usw., arbeiten/toben usw., bis man genug hat 싫증날 때까지 일하다/광란하다
toben 광란하다	sich austoben	
schlafen 잠자다	sich ausschlafen	
heulen 울부짖다	sich ausheulen	
laufen 달리다	sich auslaufen	
tanzen 춤추다	sich austanzen	
husten 기침하다	sich aushusten	
schwatzen 잡담하다	sich ausschwatzen	

러시아어에서 유사한 동작상 유형: 결과상(Resultativ)

결과상	독일어 바꿔쓰기
prožit'	ein bestimmtes Alter erreichen 일정한 연령에 도달하다
ubegat'sja	sich müde laufen 지칠 때까지 달리다
nabegat'sja	sich satt laufen 싫증날 때까지 달리다

3.3.2.2. 후철파생어(Suffixableitung)

후철 -l-(드물게는 -r-)를 갖는 동사파생어가 견해 A에서 등장하는 모든 동작상 유형들 중에서 독일어 체계에 있는 동작상에 대한 첫 번째 확실한 증거이다. (1.4.4.2.와 주석 5. 및 Mater([2]1967) 예들을 참조).

중립적인 단순동사	축 소 상
schnitzen 새기다/조각하다	schnitzeln 잘게 썰다
schwappen 찰랑찰랑 소리내다	schwappeln (물이) 졸졸 소리내다
schnippen (가위를) 달각거리다	schnippeln 가위로 잘라 내다
knoten 매듭을 짓다	knöteln 작은 매듭을 짓다
falten 주름살을 짓다	fälteln 잔주름을 내다
deuten 해석하다	deuteln 억지 설명을 하려고 하다
ketten 쇠사슬로 매다/잇다	ketteln 작은 사슬로 매다/묶다
herbsten 가을이 되다	herbsteln 가을다워지다
tappen 발자국 소리를 내다	tappeln 약한 발자국 소리를 내다
brummen 윙윙거리다	brummeln 중얼거리다
werken 일하다	werkeln 심심풀이로 공작일을 하다
zischen 쉬 소리를 내다	zischeln 속삭이다
faulenzen 무위 도식하다	faulenzern 빈둥거리다
drecken 더럽히다	dreckern (일할 때) 더럽히다
platschen 철벙 소리를 내다	plätschern 졸졸 소리를 내다
schwappen 찰랑찰랑 소리내다	schwappern 찰랑이며 흘러내리다
mucken 투덜대다	muckern 투덜거리다

3.3.2.3. 통사적 구성과 FVG

문법적 단어들을 갖는 통사적 구성들과 '전치사＋명사화한 부정형＋기
능동사' 유형의 FVG

진화상(Evolutiv)

정의: 강도의 증가(Anwachsen)를 강조함으로써 행위의 시작단계
      (Anfangsphase)를 표현한다.

문법적인 표지: ins＋명사화한 부정형＋kommen[16)]

---

16) 이런 종류의 통사적 구성들이 FVG에 포함될 수 있다면 다음 세 형태들이 명확히 구별

중립적인 단순동사	진 화 상
laufen 달리다	ins Laufen kommen 달리기 시작하다
schwatzen 잡담하다	ins Schwatzen kommen 수다떨기 시작하다
rollen 구르다	ins Rollen kommen 구르기 시작되다
rutschen 미끄러지다	ins Rutschen kommen 미끄러지기 시작하다
träumen 꿈꾸다	ins Träumen kommen 꿈꾸기 시작하다
sinnieren 숙고하다	ins Sinnieren kommen 숙고하기 시작하다
stocken 멈추다	ins Stocken kommen 정체단계에 접어들다

러시아어에서 유사한 동작상 유형:

진화상	독일어 바꿔쓰기
razbegat′sja	ins Laufen kommen 달리기 시작하다
razboltat′sja	ins Schwatzen kommen 수다떨기 시작하다
rasšumet′sja	ins Lärmen kommen 소음을 내기 시작하다

예시된 집단들은 동작상형성을 위한 가장 중요한 조건들을 충족시킨다.

되어야 한다. 왜냐하면 이들은 세 가지 의미를 표현하기 때문이다.

1. ins + 명사화한 부정형 + kommen
   (예: ins Träumen kommen(꿈꾸기 시작한다), ins Laufen kommen(달리기 시작한다))
2. zum + 명사화한 부정형 + kommen
   (예: zum Träumen kommen(꿈꾸다), zum Laufen kommen(달리다))
3. 전치사 + 동사적 추상명사 + kommen
   (예: in Gang kommen 움직이다, 작동하기 시작하다)

   1.만이 시작단계(Anfangsphase), 보다 정확히 말해서 이미 시작된 행위의 점차적인 상승을 표현하고, 2.는 행위의 준비단계(Vorbereitungsphase)와 같은 것을 표현하며 'dazu kommen zu + 부정형'으로 의역할 수 있다: Peter kam heute nicht zum Arbeiten: Er kam heute nicht dazu zu arbeiten. (페터는 오늘 일을 하지 않게 되었다) 3.은 완결동사1의 범주에 속하며 새로운 상태로의 변화(Übergang)를 표현한다.

◇ 이 집단들은 '단순동사 : 접사파생어 내지는 기능동사구'라는 이분법에 참여한다.

◇ 접사(내지는 기능동사구)는 의미자질의 체계적인 표지를 위한 조건들을 만족시킨다(1.4.4. 비교). 이들은 일반적으로 본래의 의미를 거의 가지고 있지 않으며(los-는 예외) 어느 정도 생산적이다.

◇ 접사(내지는 기능동사구)는 의미수식적인 기능을 충족시키므로 우리는 '동작상 중립적/동작상 명시적'이라는 이분법에 참여한다고 말할 수 있을 것이다.

따라서 견해 A의 대변자들은 "독일어에 동작상의 범주가 있다"라는 그들의 확신을 정당화하기 위해서 이러한 집단들을 끌어올 수도 있었을 것이다. 그러나 이러한 집단들이 왜 그렇게 2등급의 위치를 차지하는가? - 후철 파생어의 경우에서처럼 - 아니면 전혀 나타나지 않는가?

이에 대한 가능한 대답은 다음과 같을 것이다. 즉, 비록 파생수단들이 생산적이라 하더라도 이들은 아주 제한적으로만 사용될 수 있기 때문에, 동작상 범주의 의미적인 토대에서 볼 때 물론 견해 A의 주요 부류인 지속상(Durativ)과 완결상1(Terminativ 1)의 배후에서 보이지 않는 비교적 소부류들만이 나타난다.

또 다른 후보자를 찾는 경우에 우리는 무엇보다도 전철파생어 내에서 비교적 작지만 어느 정도 생산적인, 형태론상 통일적으로 표지된 많은 의미집단들과 마주치게 된다. 다음의 집단들(이에 대해 필자는 몇 가지 보기만을 인용한다)이 왜 동작상을 형성해서는 안 되는가?

1. 유형 : 어떤 행위를 통해서 도달하거나 얻는 것

etwas ersingen(노래하여 벌다)/etwas ertanzen(춤추어서 획득하다)
etwas erlaufen(달려서 도달하다)/erschwimmen(수영하여 도달하다)

etwas erstehen(구입하다)/etwas erschlafen(매음하다)

2. 유형 : 중단된 활동을 통해서 점차로 어떤 상태에 도달하는 것

etwas anbraten(굽기 시작하다)/anfeilen(줄질하기 시작하다)
etwas anfeuchten(물기를 묻히다)/anfressen(부식하기 시작하다)
etwas angokeln(불장난하기 시작하다)/anhacken(도끼로 빠개다)
etwas anknabbern(갉아먹기 시작하다)

3. 유형 : 기대된 기준을 넘어서서 어떤 활동을 확장하는 것

etwas/jmdn überorganisieren(과도하게 조직하다)
etwas überlasten(짐을 과중하게 싣다)/überladen(과도하게 싣다)
etwas überhöhen(너무 높이다)/überheizen(지나치게 난방하다)
etwas übereilen(지나치게 서두르다)/überfordern(지나치게 요구하다)
etwas überfragen(무리한 질문을 하다)

그러나 우리는 이쯤해서 급히 멈추고 "동작상"이라는 명칭 하에서 이러한 의미집단들을 분류하는 의의에 대해 의문을 제기해야 한다. 우리는 여기서 아주 명백히 조어론(Wortbildung)의 영역에 있으며, 어휘부(Lexikon)에서 소위 의미집단(Bedeutungsnische)(Baldinger 1950)이나 또는 어휘집단(Wortnest)(Stepanova/Černyševa 1962)을 형성하는 형태론적인 파생어를 다루고 있다.

원래 견해 B의 내변자들에 의해서 적어도 러시아어에서는 조어론과 상형성(동사의 굴절계열소에 속하는) 사이의 경계선상에 있으며(Avilova 1976:265 비교), 따라서 그것의 위상이 특별히 고정되어 있지 않은 "동작상"의 개념이 당면한 사용을 위해서 한층 더 이론적으로 정당화되어야

할 것이다. 독일어에서는 많은 슬라브어와 핀란드-헝가리어에서와 마찬
가지로, 특정한 의미집단과 형태론적 표지와의 고정된 관계구조가 아니
라, 아주 상이한 종류의 의미수식이 있는 동사파생어들의 상호 무관하거
나 관계가 느슨한 집단들이 문제가 된다. 기술언어의 용어로서 범주
(Kategorie)는 대상언어의 사실들을 체계화하고 그리고 언어표현들 사이
의 규칙적인 관계를 발견하는 데 사용되어야 한다. 조어론의 동사파생어에
서 다루어질 수 있는 거의 모든 것에다 추가적으로 "동작상"(Aktionsart)이
라는 명칭이 붙여질 수 있다면, 그 개념은 이러한 체계화하는 힘을 잃어
버리게 될 것이다. 그렇다면 우리가 이 용어를 앞으로 계속 사용할 것인
지 또는 사용하지 않을 것인지 하는 것은 물론 자의적인 문제이다. 그것
은 기껏해야 혼란을 야기할지 모르지만 더 이상 방해가 되는 것은 아니
다. 이 용어가 도움이 되지는 않는다.17)

---

17) 다른 어휘부류의 조어에서 단순동사와 형태론적 파생어의 쌍들이 존재하는데, 이들은
축소적인 효과를 갖는 동사들에서 후철파생어에 대한 유추로 간주될 수 있다. 예컨대
lachen(웃다): lächeln(미소짓다), Haus(집): Häuschen(작은집), grün(녹색의): grünlich
(녹색 빛깔을 띤). 쌍들의 성분들 사이의 체계적인 형태론적 관계와 의미적인 관계가
여기서 특별한 종합적인 개념형성을 유발하지는 않는다. 여기서는 단순히 조어의 도움
으로 의미를 변화시키는 많은 가능성들 중의 하나의 가능성이 문제가 된다.
　　필자가 슬라브어학에 친숙하다면 필자는 아마도 기본동사의 동작상적인 파생어를 러
시아어에서도 일반적으로 파생형태소를 수단으로 하는 조어론(Wortbildung)의 체계로
배열하는 슬라브어학자들에 동의할 수 있을 것이다.

4. 결론: 문법에서의 '범주'

'범주'라는 용어가 이 논문에서 너무 자주 사용되어서 이 명칭으로써 증명된 개념을 1.5와 2.4.5.에서 개괄적으로 기술한 방향으로 계속해서 추구해야 할 의무감을 느끼지 않았다. 그 반면에 정확한 개념규정을 위한 기준자료가 아직도 충분하게 파악되어 분류되지는 않았다. 문법의 언어체계 내에서 음성구조와 의미구조의 규칙적인 배열을 기술하는 명백한 목표설정은 분명히 의미론을 문법에 포함시키며, 특히 언어표현 구조를 위한 비교적 독립적인 여러 표현층위들 중의 한 층위로서 문법에 포함시킨다. 따라서 이러한 의미에서의 의미론(Semantik)은 개별 언어적인 형성에서 표현되는 언어표현 수단의 체계와 관련되어 있다.

이로써 물론 막연히 "의미론"이란 개념 하에 포함되는 것의 일부만이 포함되었을 뿐이다. 언어학에서 점차 이 개념이 보다 자세히 분석되고 의미론 내에서 여러 부분영역들이 구성된다. 두 가지 개념, 즉 의미를 지니는 언어단위들에 관한 이론인 "언어학적 의미론"(linguistische Semantik)과 언어단위들에 관련되는 생물학적, 심리적인 정신과정의 토대에 관한 이론인 "인지적 의미론"(kognitive Semantik)이 당면한 주제에 해당한다. 인지적 의미론은 특히 개념적 자질들의 목록, 예컨대 우리가 말할 때 단지 선택적으로만 사용할 수 있는, 개념적으로 가능한 과정표상들의 구별에 관한 목록을 내포한다. "Die Straßenbahn blieb stehen"(전차가 멈추어 섰다)과 같은 하나의 과정에서 우리는 개념적으로 실제 무한히 많은 명확한 표현과 수식을 가할 수 있는데, 예컨대 이것을 각각 또한 말로써 언제, 몇 번, 어떻게, 어디에서, 왜 기차가 멈추었는지를 표현할 수 있다. 이들 중에서 어느 것이 의사소통에서 가장 개연성이 있게 언어적으로 실현되는가 하는 것은 "Die Straßenbahn blieb stehen"이란 과정이 표현되는 각각의 상황에 주로 따르지만, 또한 말해지는 언어체계의 구성에도 따른다. 여기서 비로소 언어학적인 의미론의 영역이 시작된다. 과정의 개념적 자질들 중에서 어느 것(welches)이 어떻게(wie) 표현될 수 있으며 또한 표현되어야 하는지가 언어학적 의미론에서 중요하다. 인지적 의미론이 아니라 언어학적 의미론을 위해서 예컨대, 과정의 수식이 문법적인 수단을 통해서 체계적으로 표현될 수 있는지(러시아어 Tramvaj *postanyval* ot moroza('전차가 결빙 때문에 가끔 얼마동안 멈추어 섰다') (Avilova 1976: 296), 또는 과정의 수식이 우연히 어휘적인 수단을 통해서 표현되어야 하는지(독일어 Die Straßenbahn blieb *wegen des Frostes ab und zu für kurze Zeit* stehen '전차가 결빙 때문에 가끔 얼마동안 멈추어 섰다' 비교)가 구별된다. 형태·통사적인 표현층위에서 어떤 대응물도 존재하지 않으면, '축소성-반복성'(diminutiv-iterativ)과 같은 자질들은 "음성과 의미의 연결 내부에 있는 배열원칙"이라는 위상, 즉 언어에서 범주(Kategorie)의 위상을 갖지 못한다. "ab und zu ein bisschen etwas tun"(가끔 조금씩 무슨 일을 하다)이라는 수식어가 러시아어에서는 축소상-반복상의 표현인 형태소 po- ... -yva-와의 체계적인 상관관계를 근거로 하여 언어체계의 의미부에 포함된다.

　　Steinitz(1977)에서 시작하여 이 책에서도 계속된 연구계획, 즉 동사적 구성에 대한 형태·통사적 구조들을 과정의미에 대한 의미구조들에 배열하는 분석을 통해서 의미론과 형태·통사론 사이의 일반적인 관계를 단편적으로 파악하려는 연구계획을, 필자는 또 한 편의 논문을 통해서 종결짓고자 한다. 그 논문에서는 언어적 범주화와 인지적 범주화 사이의 관계가 주제로 될 것이다.

이러한 배경에서 이 논문에서 등장하는 여러 가지 표현들을 "범주" (Kategorie)라는 개념을 통해서 다시 한 번 비판적으로 관찰해 보자.

◇ "독일어에서 동작상 범주" (Schmidt 1965)

◇ "동작상의 의미범주"와 "동작상의 문법범주"가 "문법·의미적 범주"로 통합된다." (Flämig 1965)

◇ "어휘·의미적 범주인 동작상"이 "개념적 범주"로 확대되고, 문법적인 상태를 토대로 하여 "언어적인 개념범주" 내지는 "문법적으로 연관된 개념범주"로 새로이 특징지어진다. (Andersson 1972)

◇ "문법범주인 상", "어휘범주" 및 "특별한 범주인 동작상" (Isačenko 1962)

◇ "문법범주와 어휘범주 사이의 경계선상에 있는 동작상" (Avilova 1976)

참고문헌

Admoni, V.(^{2}1966): Der deutsche Sprachbau. Moskau-Leningrad.

Andersson, S.-G.(1972): Aktionalität im Deutschen I. Uppsala.

_____(1978): Aktionalität im Deutschen II. Uppsala.

Avilova, N.S.(1976): Vid glagola i semantika glagol'nogo slova. Moskva.

Baldinger, K.(1950): Kollektivsuffixe und Kollektivbegriff. Ein Beitrag zur Bedeutungslehre im Französischen mit Berücksichtigung der Mundarten. Berlin.

Bielfeldt, H.H.(1958): Russisch-deutsches Wörterbuch. Berlin.

Cooper, W.E./J. R. Ross(1975): Word Order. In: R.E. Grossman, L.J. San, T.J. Vance et al. (eds) Papers from the Parasession on Functionalism, Chicago Linguistic Society, Chicago, III. S. 63-111.

Duden(1959): Grammatik der deutschen Gegenwartssprache. Mannheim.

Erben, J.(1968): Deutsche Grammatik. Ein Leitfaden. Frankfurt am Main und Hamburg.

Fabricius-Hansen, C.(1975): Transformative, intransformative und kursive Verben. Linguistische Arbeiten 26. Tübingen.

Flämig, W.(1964): Zur Funktion des Verbs. I. Tempus und Temporalität. Deutsch als Fremdsprache 4. S. 1-8.

_____(1965): Zur Funktion des Verbs. III. Aktionsart und Aktionalität. Deutsch als Fremdsprache 2. S. 4-12.

_____(1965a): Zur Funktion des Verbs. II. Modus und Modalität. Deutsch als Fremdsprache 1. S. 1-9.

Helbig, G./J. Buscha(^{4}1977): Deutsche Grammatik. Ein Handbuch für den Ausländerunterricht. Leipzig.

Isačenko, A.V.(1962): Die russische Sprache der Gegenwart. Teil I Formenlehre. Halle.

Krämer, P.(1977): Paradigmatische und syntaktische Beziehungen in der Wortbildung der deutschen Gegenwartssprache. In: Grazer Linguistische Studien 6. S.177-190.

Mater, E.(^{2}1967): Rückläufiges Wörterbuch der deutschen Gegenwartssprache. Leipzig.

Pasch, R./I. Zimmermann(1979): Die Rolle der Semantik in der Generativen Grammatik. Berlin, ZISW, vervielf. Ms.

Ross, J.R.(1979): The sound of Meaning. Unpubl. paper, M.I.T.

Schlachter, W.(1968): Arbeiten zur strukturbezogene Grammatik. München.

Schmidt, W.(1965): Grundfragen der deutschen Grammatik. Berlin.

Steinitz, R.(1975): Sind alle Inchoativa inchoativ? Linguistische Studien. Berlin, Reihe A, 18. S. 1-62.

_____(1977): Zur Semantik und Syntax durativer, inchoativer und kausativer Verben. Linguistische Studien. Berlin, Reihe A, 35, S. 85-129.

_____(1981): Der Status der Kategorie "Aktionsart" in der Grammatik (oder: Gibt es Aktionsarten im Deutschen?) Linguistische Studien. Berlin, Reihe A, 76, S. 1-122.

Stepanova, M.D./I.I. Černyševa(1962): Leksigologija sovremennogo nemeckogo jazyka.

Wurzel, W.U.(1977): Zur Stellung der Morphologie im Sprachsystem. Linguistische Studien, Berlin, Reihe A, 35. S. 130-165.

_____(in Vorbereitung): Zur Morphologie-Theorie (Arbeitstitel), Abschnitt: Zur Eingrenzung der Flexion. Berlin. ZISW.

부 록

대략 1년 전에 동작상의 위상에 관한 필자 논문의 임시적인 복사본이
나온 이후로 필자는 많은 사람들로부터, 특히 필자의 연구분야의 동료로
부터 많은 비판적인 논평(Kommentar)을 들었다. 이 논평을 토대로 필자
는 이 논문을 위하여 몇 가지 잘못되었거나 오해가 있는 표현을 개선함
과 동시에 1.5.와 2.4.5.를 보다 명확하게 형식화할 수 있었다. 이에 대해
필자는 ZISW의 II분과에 근무하는 동료인 E. Lang, R. Pasch, W.U.
Wurzel, I. Zimmermann과 필자에게 편지를 보내왔던 외국의 동료들에
게 감사한다.

몇 가지 원칙적인 질문과 이의(Einwand)에 대해서는 필자가 아직도
해답을 준비하지 못하고 있다. 그러나 동의하거나 비판적인 많은 논평들
이 필자의 견해로는 문제점을 비껴 갔거나 혹은 오해에 근거하고 있다.
오해에 대한 대부분의 책임은 독자의 기억 속에 항상 남아 있을 수는 없
는 필자 논증의 다양한 갈래와 필자의 논문에서 종종 명료하지 않은 어
법에 있다. 서면논평에서 나온 몇 가지 선정된 인용들은 필자의 반대논
평(Gegenkommentar)을 통해서 앞으로 보다 많은 독자층에서 유사한 오
해가 쌓이는 것을 막을 수 있으리라고 생각한다.

개인적인 견해를 공개적으로 표명한 데 대해 논평의 저자들이 필자를
나쁘게 생각하지 않기를 바란다. 필자는 이 부록을 전반적으로 - 양쪽
편에서 - 완성되고 정리된 견해만을 표명한다고 볼 수는 없는 좀 느슨한
대화로 이해한다.

Sven-Gunnar Andersson (Uppsala)

1. 이의:

"그것이 '자질부여적(필수적) - 의미수식적(우연적)' 자질을 표현해야 하는 경우 동작상을 비동작상과 구별하는 문제가 견해 B에서 발생한다고 믿는다. 하나의 상(Einaspektigkeit)은 - Maslow가 그것을 증명하였다 - 슬라브어학에서는 지양되어야 하지만 독일어에서는 문제가 되지 않는다. 그렇다면 여기서 다양한 의미집단을 위해 믿을만한 형식적인 검사(Test)가 완성되어야 한다."

필자의 논평:

여기서 견해 B는 아픈 곳이 찔렸다. 자질부여적이며 의미구성적인 전철과 의미수식적인 전철 사이의 구별이 하나의 의미를 가지며 배열에서 어려움이 따르는 넓은 영역의 "전형적인 경우"가 있다는 것은 사실이다. 견해 B 역시 논쟁의 여지가 있는 다수의 "모호한 경우"를 위해서, 적어도 제시된 언어들을 위해서 언제 정상적인 조어이고 또 언제 동작상 형성인지를 결정하는 이상적인 해결방안을 가지고 있지 않다. 이러한 구별이 초래하는 문제점을 2.4.4.에서 언급하였다.

이제 극단적인 해결책은 러시아어에서도 동작상에 대해 '조어론과 상형성 사이의 특별한 범주'의 위상을 거부하고 동작상 형성을 정상적인 조어론으로 이해하는 것이 되겠다. 그렇다면 '자질부여적 전철/의미수식적 전철'의 구별은 이 주제에 관련성이 없을 것이며 모든 (의미구성적 및 의미수식적) 전철화가 파생형태소에 속할 것이다(1.5 비교). 이것은 많은 슬라브어학자들 사이에서 보급된 견해이며(I. Zimmermann으로부터 정보를 얻었음), 필자는 이 견해를 주석 17에서 암시할 수 있었다. 문법의 다른 분야를 위해서도 이 구별은 아주 흥미가 있을 것이다.

필자의 견해로는 독일어를 위해서도 '의미구성적 자질/의미수식적 자질'의 구별이 가능하다. 의미수식적인 자질은 의미구성적인 자질이 할 수 있는 동사의 문법적인 행동을 변화시키지 않는다(1.6.1.의 완결동사1과 완결동사2의 대조 참조).

2. 이의:

"완결성(terminativ=grenzbezogen 제한성) 개념에 대하여. 비변형동사를 제외한 모든 사역동사가 견해 A에 따르면 완결성을 갖기 때문에, 지속성 – 완결성 – 사역성의 3분법과 완결성 개념에 대한 상론은 귀하가 완결성 개념을 견해 A의 대변자들(예컨대 Maslow, Bondarko, Petkov, Balin 및 필자)과 정확히 동일한 것으로 이해하지 않는다는 생각을 시사한다(아니면 필자가 오해를 했는가?). 이것이 견해 A와 견해 B 사이의 비교에 어느 정도 영향을 준다."

따라서 필자가 바로 첨부하는 Wolfgang Schlachter의 질문이 동일한 관계에 속한다. "귀하가 이전의 논문에서 지속동사, 기동동사 및 사역동사의 3부류를 (이 3분법이 순수한 나열적인 의미인지 아니면 이 3분법에 어떤 특성을 부여하는지?)" 어떠한 방법으로 선정했는가 하는 것이 필자에게는 명확하지 않다. 부류는 이질적입니다. 필자는 사역동사를 차라리 태(Diathese)로 보고, 지속성은 시간연장에 관련되고 기동성은 시간제한에 관련된다고 본다."

필자의 논평:

"필자가 이 논문에서 사역동사를 깊이 있게 다루지 않아서 사역동사를 완결동사와 상보적으로 대립시키고 있다는 인상이 생겨날 수도 있다는 것은 당연하다. 그러나 Steinitz(1977)에서 필자가 세 동사부류, 즉 지속동사, 완결동사(그 당시는 "기동동사"라는 용어로) 및 사역동사를 주제로

한 것은 우연이 아니다. 거기서 제시된 세 부류의 의미기술에서 분명히
밝혀진 것은 사역동사가 (그밖에 부정어와 결합하여 경계변화를 내포하는
소위 비변형동사(Intransformativum)를 포함하여) 제한적(grenzbezogen)
이라는 사실이다. 즉 사역동사는 다른 상태로의 변화를 함축한다(이로써
두 번째 단계에서 이 상태가 "후상태"가 된다). 이제 우리가 모든 사역동
사를 예외 없이 완결동사(terminativ)(변화를 함축하는)로 해석해도 되는
지 하는 것 자체가 하나의 문제점이다. 문장 Die Anziehungskraft der
Sonne bewirkt, dass sich die Erde auf einer elliptischen Umlaufbahn
befindet(태양의 인력이 지구가 타원형의 궤도에 머물러 있도록 한다)가
이러한 일반화에 반대되는 것처럼 보인다. 우리가 이 문장을 사실에 따
라, 즉 세계에 대한 지식을 통해서 문장 Die Anziehungskraft der Sonne
bewirkt, dass die Erde auf einer elliptischen Umlaufbahn bleibt(... 궤도
에 계속 머물러 있도록 한다) 및 ..., dass die Erde von ihrer elliptischen
Umlaufbahn nicht abkommt(... 지구가 타원형의 궤도에서 벗어나지 않
도록 한다)와 동일시할 수 있으며, 이 문장들은 이들의 의미표현에서 아
마도 부정어와 결합하여 '완결성'(Terminativ) 자질을 포함할 것이다
(Steinitz 1977:112-116). 다만 첫 번째 문장에서는 사태가 다르게 언어화
되어 있다. 즉 sich auf etwas befinden(...에 있다)은 이를 통해서 표현되
는 상태의 시간적인 제한에서 비명시적이며, 이 경우 사역동사 bewirken
(하다/야기하다)의 의미 안에는 시간적으로 제한되지 않은 상태의 영속
이 일차적으로 함축되어 있다.

　　그러나 다른 관점에서 필자가 말하는 완결동사 부류는 견해 A가 말하
는 부류와 동일하지 않다. 왜냐하면 이 논문에서 말하는 완결동사1만이
이 관계에 속하고 완결동사2는 이에 속하지 않기 때문이다. 그러나 필자
는 이러한 차이를 필자의 논증에서 계속 고려하고자 한다.

　　이미 제시한 바와 같이 지속동사 - 완결동사 - 사역동사의 관계를 형

성하는 의미적인 이유가 있다. 즉 동사 schlafen(잠자다)은 명시적인 시간제한이 없는 상태(상태 그 자체에서가 아니라 동사의 의미에서 볼 때)를 표현하므로 지속동사(durativ)이다. 이에 반해 einschlafen(잠들다)은 잠자는 상태로의 변화를 표현한다(이 변화의 지속에 대해서는 동사에서 어떤 것도 확정되지 않는다). 이 동사는 결과상태로서 "schlafen"을 그 의미에 함축하며 이 결과상태를 통해 제한되어 있으므로 완결동사(terminativ)이다. 끝으로 einschläfern(재우다)은 사람이나 사태가 야기하여 (고등)생물이 잠이 드는 것을 표현한다. 따라서 einschläfern은 그 의미에서 einschlafen뿐 아니라 2단계에서는 schlafen의 의미도 함축한다.

세 부류를 연관지어 기술하는 데에는 또한 형태・통사론적인 이유도 존재한다. 하나의 공통적인 기저형태소에 대한 형태론적으로 아주 불완전한 파생체계가 FVG의 체계적인 계열소를 통해서 채워진다(유형 brennen/in Brand stehen(불타고 있다)(지속동사) : in Brand geraten(불타기 시작하다)(완결동사) : in Brand stecken(불을 지르다)(사역동사)). 여러 가지 통사적인 행동방식이 각각 한 부류를 다른 부류와 구분한다(예컨대 상태수동, 완료형성, 부가적으로 사용되는 분사 II에 대한 상이한 행동, 상이한 유형의 부사어와의 다양한 결합가능성, 타동사 대 자동사 등. 1.6.1 비교).

이와 같이 체계적인 방법으로 의미적 사실이 형태・통사적 사실과 연관되는 것을 필자는 "광의에서" '문법범주'라고 일컫는다.

3. 이의:

"필자는 연구사적인 사실과 조화시킬 수 없는 견해 A의 생성에 대한 재구성(Rekonstruktion)을 가장 문제가 많은 것으로 생각한다. 이 재구성은 견해 B의 정당화를 위해서도 요구되므로 필자는 이 점이 상당히 중요하다고 생각한다."

필자의 논평:

이러한 비판과 관련이 있는 3.1.을 필자는 이제 좀더 신중하게 도입하였지만 여전히 동일한 견해를 가지고 있다. 즉 독일어에서도 동작상을 연구하기 시작한 것은 슬라브어에서 동작상 연구의 영향이었다는 사실을 필자에게 일깨워 준 것은 Andersson(1972)의 논문이었다. 필자는 재구성 시도를 아주 단순화하였다고 보지만 원칙적으로 적절하다고 생각한다(예컨대 부분적으로는 거의 분리할 수 없는 상과 동작상의 혼합을 아주 무시하였다).

물론 필자는 견해 B가 본론에서 벗어나 그 정당성에 대한 역사로의 가설적인 얘기가 필요하다는 주장을 거부하고 싶다. 적어도 독일어에서 설정된 동작상의 유형으로 가는 방법을 명확히 하기 위하여 필자는 본론에서 벗어난 얘기를 하였다. 적어도 필자는 1.에서 독일어에 있는 가능한 원천을 발견하려고 시도하였으나 성과를 거두지 못했다.

4. 이의:

"필자는 후에 이점을 아마도 짧은 논문의 형식으로 보다 자세하게 논의할 것이다. 아마도 필자 역시 Maslov가 Isačenko의 구상을 가지고 그랬던 것처럼 독일어를 위해서 견해 B를 견해 A에 도입하려고 시도할 것이다."

필자의 논평:

필자가 자세한 비판을 기대할 수 없는 것이 유감이다. 그러나 견해 B를 견해 A에 도입하려는 생각은 원칙적인 오해에 그 원인이 있지 않나 생각한다. 두 견해의 이론적인 전제조건이 아주 달라서 무엇이 문법연구의 대상이 되어야 하는가에 대한 결정뿐만 아니라 개개의 분석도 역시 하나하나 인식될 수는 없다. 필자는 견해 A의 대변자들이 가지고 있는 이러한 낙관론에 직면하여 약간 당황한다. 왜냐하면 이러한 차이를 밝히는 것이 이 논문에서 원래 필자의 의도였기 때문이다.

Karel Frank (Olomoŭc)

이의 :

"필자는 in Gang sein(진행 중이다), beim Schreiben sein(쓰는 중이다) 등과 같은 지속적 FVG가 왜 동작상으로 해석되어서는 안 되는지 그 이유를 모르겠다. 단순동사를 통해서 지칭된 사건 내에서 일어나는 계열 형성적인 수식이 문제가 된다."

필자의 논평 :

필자가 laufen(달리다), schreiben(쓰다)과 같은 지속적 단순동사를 동작상으로 보지 않는 것과 똑같은 이유로 지속적 FVG도 동작상으로 보지 않는다. 전체의 지속동사(Durativum)가 완결동사1(Terminativ 1) 및 사역동사(Kausativum)와 더불어 문법적으로 중요한 하나의 부류를 형성한다(Andersson의 두 번째 이의에 대한 필자의 논평 참조). FVG는 다양한 기능들을 가지고 있는데, 특히 테마-레마의 변화가능성과 발화상황에서 중요하지 않는 (비명시적인) 구성성분들의 삭제가능성을 제공한다. FVG의 가장 중요한 기능들 중의 하나가 필자의 생각으로는 독일어 지속동사, 완결동사 및 사역동사의 체계에서 우연한 여백(Lücke)을 채워주는 기능이다(Steinitz 1977 참조).

FVG에 대하여 역시 동일한 하위부류의 완전동사(Vollverb)가 존재하는 곳에서 두 구성들 사이의 의미차이는 많은 경우들에서 부인될 수 없다. 그러나 동일한 하위부류의 완전동사와 FVG 사이의 의미차이는 아주

상이한 성질이며 종종 의미차이의 미세함 때문에 파악하기 어렵다. 무엇
보다도 이 차이들은 필자가 보기에는 동작상의 차이에서 오는 성질이 아
닌 것처럼 보인다. 어쨌든 이 차이들은 견해 A뿐만 아니라 견해 B에 따
라서도 본 논문의 대상이었던 관습적인 동작상체계에 배열될 수 없다.
언급된 의미해석을 가지고 다음 보기만을 비교해 보자.

schreiben : beim Schreiben sein - '지속성' : '강조된 지속성'
vergessen werden : in Vergessenheit geraten -
　'완결성＋피동' : '완결성＋비자의성'
abschließen : zum Abschluss bringen - '사역성' : '사역성＋?'

Persson(1975)은 이러한 쌍들을 물론 상이한 동작상 유형으로 배열한
다. 그는 '동작상'의 범주를 필자의 개념보다 과장되게 사용하고 있다. 동
작상이 Persson에서는 '종결성-순간성', '종결성-지속성' 등과 같은 팽창
된 의미자질에 추가된다. 이때 이 두 상이한 유형의 의미적 특성은 정의
상 상호 구분되지 않는다. 아주 복잡한 구별에서 볼 때, 언어화된 명시화
에 관계한다기보다는 오히려 (언어외적인) 실재(Realität) 안에 존재하는
(끝없는) 명시화가능성에 관계하고 있다는 인상을 떨쳐버릴 수가 없다.

Christer Platzack (Lund)
　(필자는 논평에서의 쪽수를 이 논문의 쪽수에 맞추었다.)

1. 이의:

"S. 175, längst ner. 필자는 여기서 귀하께 전적으로 동의할 수가 없
다. 필자는 언어형태(체계적인 방법으로 형태론적으로 표현된)와 귀하가

언급하고 있는 "사고내용"(gedankliche Inhalte)의 양자로부터 출발하는 것이 언어표현에서 중요하다고 생각한다. 후자는 비록 언어가 구조화되는 것처럼 항상 구조적인 것이 아님에도 불구하고 결국 우리가 살고 있는 공동체에 의존하는 어떤 구조를 가져야 한다. 귀하는 특정한 내용을 표현하기 위해서 언어가 어떤 방법을 취하는 것이 흥미로울 수 있다는 사실을 논문의 후반부에서 지적하고 있다. (그러한 수단이 체계적인 것으로 이해될 수 있는가 없는가 하는 것은 필자가 보기에는 인간이 표현하는 – 비체계적으로 보이는 것도 더 나은 모사를 통해서 쉽게 체계화될 수 있다 – 방법에 대한 특정한 범위 안에 달려 있다.)

필자의 논평:

"사고내용"이 우리가 살고 있는 공동체에 의존하는 어떤 구조를 가져야 한다는 것이 아무리 이상하게 들리더라도 필자는 특히 이 관계에서 이러한 일반적인 형태의 문장으로 시작할 수는 없다.

필자는 상황에 대한 정신적인 구조와 처리가 비언어적인 경로를 통해서도, 예컨대 심리학에서 그림검사나 반응검사 등을 통해서도 요구될 수 있다는 것을 전혀 의심치 않는다. 그러나 이때 검사되는 것이 논문이나 인용된 저자들에서 언급되는 "사고내용"과 자동적으로 동일시될 수는 없다. 우리는 너무 성급한 연결에 대해 주의해야 한다. 더욱이 이의가 목표로 했던 비교적 불분명한 영역인 "과정의 수식"을 위해서 반복상, 시동상, 진화상 등과 같은 과정의 명시를 통한 비언어적인 검사형태가 조사될 수 있었다는 것은 필자로서는 생각하기 어렵다. 그러나 심리학에 문외한인 필자가 다만 경험이 부족할 수 있다는 사실에도 불구하고, 우리는 질문의 방법과 연구의 순서가 마치 개별적인 전문분야에 의존하는 것처럼 처리할 수는 없다. 우리가 "사고내용"을 끌어들일 때에는 심리적인 사실에도 관계하지만 언어학자로서 언어와 관련되는 사실에 관계한다.

좀더 한정해서 말한다면 – 논문에서 언급된 학자들과 논문 그 자체가 특별히 문법을 연구하기 때문에 – 언어체계에 관련된 사실과 관계한다.

일반적인 이의에 대한 일반적인 논평: 문법연구에 대한 기저는 특정한 언어체계의 구조에 대한 연구로 이해하여 어떠한 경우에서도 이 체계 자체가 되어야 하지 상황에 대한 가능한 사고적인 처리가 되어서는 안 된다. 그것이 어느 정도 잘 연구되면, 현재 이미 다루어진 개체를 표현하는 동일한 의미적 사실을 위한 상이한 표현수단들에 관한 연구는 한 언어나 또는 여러 언어들에서 아주 큰 관심을 불러일으킬 수 있는데, 필자 역시 이 논문에서 그것을 말하고 있는 것이다. 그러나 일반적인 이의는 필자가 1.3.의 처음에 처해 있는 아주 구체적인 상황에 관련된다. 즉 가능한 과정수식을 유한한 수의 하위집단으로 제한하는 것과 관련하여 언어체계의 외부에서는 개입가능성이 전혀 존재하지 않는다. 따라서 언어체계(Sprachsystem)의 출발점에 관한 생각이 이 자리에서 논의된다.

2. 이의:

"S. 177, nedre halvan. 필자는 "동작상 중립적인 표현"의 필요성에 대한 의도를 이해할 수가 없다. 다른 범주들(예컨대 수나 격)에는 어떤 중립적인 표현들도 존재하지 않는가?"

필자의 논평:

한편으로는 슬라브어나 핀란드-헝가리어, 소위 동작상 언어들에서도 동작상 범주를 수 및 격과 동시에 언급할 수는 없다. 필자는 여기서 굴절범주와 파생범주 사이의 이질적인 차이에 관해서는 논의할 수가 없다. 이들은 Wurzel에서 설득력 있게 논의되어 있다. 그러나 우리가 동작상 범주를 파생범주로 간주하지 않으려고 결심하는 경우에도, 견해 A의 대변자들이 독일어에서는 말할 것도 없고 러시아어에서도 동작상을 전형적인 굴절범주로 간주할 수는 없을 것이다. 왜냐하면 굴절은 형태론 및 엄격한 체계성과 관계가 있으며, 견해 A의 대변자들이 말하는 독일어 동작상은 그 실현형태에서 모든 표현층위, 즉 어휘로부터 형태론을 거쳐서 다양한 통사적 구성에 이르기까지 산재해 있기 때문이다.

다른 한편으로는 "중립성"이나 무자질성이 이를테면 격이나 수에서보다는 동작상에서 보다 중요한 기능을 갖는다(예컨대 복수가 단수에 비해 어디에 자질성이 있는가!). 이러한 속성을 갖지 않는, 다시 말해서 이러한 속성에 대해 중립적, 무자질적 또는 비명시적인 동일한 과정을 관련시켜 대조하지 않는다면, 과정이 도대체 어떻게 반복상, 진화상 또는 축소상으로 기술될 수 있겠는가? 많은 경우에서, 예컨대 단순동사와 파생어에 대한 쌍의 형성에서(tropfen: tröpfeln 등) 필자가 1.4.1.에서 기술한 바와 같이 견해 A의 대변자들도 무언중에 그렇게 하고 있다.

3. 이의:

"S. 182. 귀하가 여기서 많은 것을 언급하고 있다. 그러나 필자는 동시에 이의를 제기하고자 한다. 만일 여러 가지 다른 통사기호들(부사어, 목적어, 불변사 등)이 진술내용에 대해 동일한 영향을 갖는다면 (비록 그것들이 동일한 문맥 안에서 교체될 수 없는 것이라 하더라도), 그 기호들에 어떤 공통적인 것이 존재한다는 것을 의미하지 않는가? 특정한 표현이 다른 표현들 중의 한 집단과 더불어 특정한 효과를 갖는 것은 그 표현 안에 있는 여타의 정보들에 크게 의존하기 때문이다."

필자의 논평:

이러한 기호들에서의 공통점은 이들이 가지고 있는 (다소간의) 동일한 의미이다. 이미 말한 바와 같이 이 기호들을 비교하는 것은 정당하다. 우리는 다만 이를 통해서 언어의 문법체계를 만들 수 없다는 사실을 알아야만 한다.

4. 이의:

"<u>S. 197/198</u>. 필자는 문법이 표현하는 것에 대한 귀하의 정의가 제한적인 것이라고 생각한다(그것은 아마도 우리 사이의 커다란 방법론적인 차이일 것이다). 형태만이 문제가 되는 규칙도 존재하며 또한 의미만이 문제가 되는 규칙도 존재한다. 귀하의 정의에 따르면 귀하는 고전적, 전통적인 문법의 방식으로 보는 것으로 귀결되는데, 개개의 언어단위는 그것이 표현하는 개념들에 의해서 정의된다. 예컨대 모든 것이 상이한 시제와 격 등에서 "전체의미"를 발견하려고 시도하는 것에 대해 생각해 보라. 아마도 인간은 어떤 구조적인 출발점으로부터 특정한 격 등에 대한 언어체계 안에서 어떤 종류의 공통의 "가치"를 찾는 것을 생각해볼 수 있을 것이다. 그러나 그것은 겨우 어떤 공통의 의미에 지나지 않을 것이다."

필자의 논평:

이 비판이 관련되는 장을 필자는 약간 변경하였다. 그러나 가능한 한 오해가 생겨나지 않도록 하기 위해서 필자는 원래 견해 A만을 비판적으로 요약하려던 1.5.를 상당히 확대하여, 비판의 출발점에 대한 위치를 - 그것은 본질적으로 견해 B이다 - 나중의 장을 미리 끌어와 가능한 한 명확하게 요약하여 기술하려고 시도하였다. 이로써 필자는 문법의 기술대상에 관한 협의의 정의에 대한 비난을 반박하였기를 희망한다. 모든 층위에 대한 특수한 범주가 존재하는 것처럼 언어의 형태적인 면에만 관련되는 규칙과 의미적인 면에만 관련되는 규칙들도 존재한다. 그러나 의미면(다른 용어로: 의미구조)의 특성이 체계적인 방법으로 형태면(보다 정확히 말해서: 음성구조)의 특성에 관련되어 있다는 것을 강조하는 것도 역시 중요하다. 다시 말해서 언어학적 분석의 대상이 되기 위해서는 의미자료가 언어화되어 있어야 한다. 이 경우에 통사론, 형태론 및 어휘부에 중간단계(Vermittlungsinstanz)의 기능이 부여된다. 이제 문법의 과제는 다양한 유형의 중간단계를 엄격히 분리하여 각 유형 그 자체를 연구하고 난 후에 이들간의 상호작용을 기술하는 것이다.

5. 질문

"귀하가 문법범주의 개념을 상정하게 되면 241쪽 이후의 문제점들을 반복하게 될 것이다. 귀하의 정의 안에서는 동사, 명사와 같은 품사가 문법범주가 될 수 있는가?"

필자의 논평:

'문법범주'에 대한 필자의 "광의"의 정의에서는 품사도 역시 문법범주에 속한다. 품사들은 통사적, 형태적 및 의미적인 관점에서 분명히 서로 다르게 행동한다. 그러나 - 우리가 일단 독일어 동작상에서처럼 거기에 속하지 않는 현상들을 무시하였을 경우에는 - 이러한 개념의 구별이 시급하다는 사실이 필자에게는 점점 더 분명해졌다. 한편으로는 형태론에서 굴절범주와 파생범주가 구별될 수 있으며, 다른 한편으로는 명사, 동사와 같은 품사와 명사군, 동사군과 같은 어군이 구별될 수 있다. 우리가 품사를 아마도 문법적·어휘적 범주로 간주할 수도 있지만 그것은 여기서는 이차적인 문제이다.

6. 이의:

"S. 220. 동작상의 유형인 반복상이 견해 A에서는 이질적이지만 견해 B에서 나타나는 것에 한해서는 정당하다는 귀하의 언급이 과연 정당한가?"

필자의 논평:

반복상을 위해 견해 A에 의해 인용된 예들이 두 가지 다른 품사들에 속하는 것을 보기 위해서 우리가 견해 B의 추종자가 되어서는 안 된다. 견해 A도 역시 flattern(날개를 펄럭이다)에서는 '반복성' 의미자질이 어군 oft sehen(가끔 보다)에서와는 아주 다른 방법으로 통합되어 있다는 사실을 어떤 방법으로든지 해결해야 한다. (2.4.3.1. 참조)

7. 이의:

"S. 226. 견해 A의 추종자들이 독일어에서는 러시아어에서와는 다른 동작상이 (원칙적으로) 존재하지 않는다고 가정한다면, 그들은 완결상/지속상을 의미하는 것이다. 귀하는 – 필자는 귀하가 여기서 그렇게 하고 있다고 보는데 – 견해 B에 따라 동작상을 정의하고, 그리고 나서 견해 A에 따라서 동작상을 정의하기 위해 견해 A를 비판하지는 않을 것이다!"

필자의 논평:

견해 A에 의해 가정된 독일어 동작상 유형이 러시아어의 그것과 아주 유사하다는 확정은 필자의 "발견"이지 발견에 대한 단언은 아니다. 완결상 및 지속상의 범주가 처음에는 독어학에서 점차적으로 주요 동작상 범주로 판명되었으며, 그 다음에는 독일어 문법 및 특수한 연구에서 다양한 동작상 유형이 동등한 자격으로 병행하게 되었는데, 이들 중에서 1.2.에서 인급된 것이 가장 일반적인 동작상 유형이다. 두 가지 유형인 완결상과 지속상에 한정하는 데에는 충분한 근거가 있다. 이 두 유형만이 예컨대 강화상이나 반복상과 같은 순수한 의미적인 차이에 비해서 문법적인 차이를 명확히 나타내기 때문이다. 그러나 한편으로는 견해 A의 추종자들이 이 두 가지 유형으로 나누는 이유를 충분하게 규명하지는 못하고 있으며 기타 유형들이 독일어에서 명확히 배제되지는 않는다. 다른 한편으로는 완결상과 지속상의 문법적 구별이 예컨대 러시아어에서 형태범주를 형성하는 (즉 문법적인) 강화상, 반복상, 진화상 등의 구별과는 다른 종류의 성질이다. 이러한 사실이 견해 A에 의해서는 무시되었으며 필자는 이것을 논문의 여러 곳에서 강조하려고 시도하였다.

8. 이의:

"S. 247/248. 필자는 이것을 정확히 이해할 수가 없다. 만일 귀하의 의견에 따라 견해 A에서처럼 a) 동작상이 순수한 의미적인 개념이라고 생각하거나, b) 모든 언어에서 모든 것이 다 표현될 수 있다고 주장하여, 그래서 만일 우리가 특정한 의미적 개념이 예컨대 독일어나 러시아어에서 어떻게 표현되는가 하는 방법에 대해 연구하게 된다면, 그 의미적 개념이 동일하다는 것이 자명해진다 – 논점의 출발점이 바로 그것이 아니었던가! 따라서 (비록 그것이 당연히 그렇다고 하더라도) 우리는 독일어의 동작상 연구가 슬라브어에 기초를 둔다는 결론을 내릴 수는 없을 것이다."

필자의 논평:

견해 A의 대변자들이 순수한 의미적인 동작상 개념에서 출발할 것을 주장한다는 사실을 필자는 반복해서 말하지 않을 수 없다. 필자는 과정수식의 무궁한 저장소(=동작상적인 과정들의 의미적인 세분)로부터 "어떤 의미적인 개념"을 무슨 방법과 기준을 가지고 끌어낼 수 있는가를 찾아보려고 노력하였으나 성공을 거두지 못하였다(1.4.3. 비교). 이러한 "어떤 의미적인 개념"이 예컨대 러시아어에서는 물론 형태론적인 척도(Indikator)에 바탕을 두면서 동작상 유형도 역시 형성한다는 사실이 외관상으로 볼 때 나중에 드러났다. 필자는 독일어 동작상 유형의 기원에 대해 다른 어떤 가능성도 알지 못했기 때문에 슬라브어의 어원(Wurzel)에서 추측해 보았던 것이다. (Andersson의 세 번째 이의에 대한 필자의 논평 참조).

Ingemar Persson (Lund)

Persson은 Lund의 "Sprache und Pragmatik II" 학회를 위한 기고에서 이미 필자 논문의 복사본을 참고하였다. 그것은 물론 필자를 기쁘게 한다. 필자가 대부분의 동작상 유형들을 해체한 후 견해 A에 따라서 독일어에서 "좀더 나은" 동작상 후보자를 찾고 있는 3.3.2.에서 필자의 아주 회의적인 논의들을 Persson은 견해 A의 대변자로서 그 자신의 의미대로 아주 편파적으로 해석하여 필자의 연구결과를 유용(流用)하고 필자의 견해를 어느 정도 수용하고 있다. 3.3.2.에서 열거된 여러 가지 동사군들이 Persson에서는 부지불식간에 독일어 동작상의 후보자 목록에서 구성원의 목록으로 바뀐다.

"Steinitz는 무엇보다도 몇 가지 전철형성과 FVG가 독일어에서 결과상과 진화상을 표현한다는 사실을 고려하고 있다. … Steinitz의 구상을 논의하려는 것은 아니다. 다만 이 논문에서 논의되는 kommen-구성이 Steinitz의 동작상 개념에 대한 엄격한 정의에도 부합한다는 사실과, 더욱이 동작명사(Nomen actionis)를 취하는 구성과 dazu+부정사를 취하는 구성 사이의 관계가 Steinitz의 체계범위 내에서 해명될 수 있다는 사실만을 제시하고자 한다. 이것은 Steinitz와는 대립된다. Steinitz는 ins Laufen kommen(달리기 시작하다)과 같은 FVG를 진화상에 대한 예로서 언급하지만, 주석 16에서는 전치사 zu를 취하는 해당구성(zum Arbeiten kommen 일하다/일하게 되다)들이 준비단계를 표현하고 dazu+부정사 (dazu kommen, zu arbeiten 일하게 되다)로 풀어 쓸 수 있기 때문에, 이 FVG가 동작상을 표현하지 않는다고 말하고 있다." (Persson 1980:6-7)

필자의 결론:

(복잡한) 의미자질이 형태·통사적 표지와 상관되는 언어에서 하나의
체계를 기술하기 위해서는 이 결합체에 범주명칭, 우리의 경우에서 '동작
상'이라는 명칭을 부여하는 것은 의미가 있다. 이와 반대로 단순동사이든
혹은 아주 다른 종류의 통사적 구성이든 간에, 우리가 모든 동사에 대해
서 의미표현을 구성하는 여러 의미자질(semantisches Merkmal)들에 추
가하여 다양한 하위명칭을 갖는 '동작상'(Aktionsart)이라는 명칭을 또
다시 부여한다면, 그것은 아무런 체계적인 가치도 없을 것이며 반대로
'동작상'과 같은 그러한 개념형성의 조직적인 힘을 파괴할 것이다. 이러
한 사실을 인식하거나 인정하지 않고서 우리는 여기서 오직 필요에 따라
서는 무한히 세분할 수 있지만 문법체계를 위해서는 중요하지 않은 어휘
의미론(lexikalische Semantik)의 토대 위에서만 움직이고 있는 것이다.

필자는 이것을 좀 덜 까다로운 경우를 예로 들어 설명하고자 한다. 독
일어는 영어와는 달리 무표의 경우(특정한 문맥에서는 습관적으로도 해
석될 수 있는 경우)에 대해서 발화와 행위의 동시성(그 실제적인 통용)을
표현하는 형태론적인 형식을 사용하지 않는다. 영어 John writes letters:
John is writing letters 사이의 구별이 독일어 동사체계에는 없다. 실제
발화상황에서 바로 이 구별이 문제되는 경우에는 어휘적인 수단, 예컨대
gerade(바로 지금)를 통해서 구별이 실현될 수 있다: Peter schreibt
Briefe(페터는 편지를 쓴다) : Peter schreibt gerade Briefe(페터는 지금
편지를 쓰는 중이다). 그러나 독일어에서는 간혹 영어의 문법적 차이에
근접하는 의미차이가 있는 동사쌍, 예컨대 tragen(입는다): anhaben(입고
있다) 쌍이 존재한다.

John wears blue jeans : John is wearing blue jeans
Peter trägt Niethose   : Peter hat Niethose an

이제 단지 독일어가 여러 가지 언어수단들을 가지고 영어에 존재하는 형태론적 범주를 대체로 적절하게 번역할 수 있다는 이유만으로 견해 A 의 어떤 열성적인 옹호자도 "독일어에서도 '진행형'이라는 범주가 있다" 라고 말하지는 않을 것이다. 필자는 이러한 상황이 견해 A와 B에 의해서 통일적으로 기술될 수 있으리라고 믿는다.

영어의 체계에서 형태화되어 있는(동사 접미사 -ing) 의미자질이 독일어에서는 특별한 어휘단위(gerade 바로 지금/때마침)를 통해 실현되거나 혹은 다른 의미자질들과 더불어 한 어휘단위에 통합되어 나타난다(anhaben: tragen).

필자는 독일어의 '진화성'(Evolutiv), '결과성'(Resultativ) 등의 의미자질도 역시 이렇게 보지 다르게 보지는 않는다. 필자는 ins Laufen kommen 뿐만 아니라 sich ausschlafen도 역시 (zum Abschluss kommen(종결되다)은 더욱 아니며, 이것은 einschlafen처럼 필자에게는 정상적인 완결동사의 구성이다) Persson이 말하는 독일어 동작상에 대한 예로서 간주하지는 않는다. 그렇다고 해서 이들이 '진화성' 내지는 '결과성'이라는 의미자질을 내포하고 있다는 사실을 부인하는 것은 절대로 아니다. 그러나 이런 자질들을 취급하는 장소가 형태론이나 통사론이 아니라 조어론(Wortbildung)이다. 필자는 원래 어휘부 안에 있는 조어론과 그 위치에 대해서는 말하려고 하지 않았지만 오해를 피하기 위해서 필자의 입장을 대략적으로 확정하지 않을 수 없다.

어휘부(Lexikon)의 일부가 특히 주어모형(Wortbildungsmuster)에 관한 일반적인 규칙들을 내포한다고 가정해 보자. 그러면 다음과 같은 규칙을 형식화할 수 있을 것이다.

동사어간＋aus → [+ Resultativ] /＿＿＿ [+ Durativ]

이 규칙은 (sich) ausschlafen(충분히 자다)의 집단을 포괄하며 이 규칙이 의미하는 것은 지속동사(Durativ)가 aus와 결합하여 '결과성' 의미자질을 추가로 얻는다는 것이다. (물론 이 규칙은 거의 모든 조어규칙들처럼 그 사용에서 아주 제약되어야 한다.)

우리는 3.3.2.에서 분류한 여타의 "어휘집단"(Wortnest)을 이와 동일한 방법으로 처리할 수 있다. 예컨대 축소명사를 기술하기 위하여 다음과 같은 규칙을 설정할 수 있다.

명사+-chen → [+ Diminutiv]/ _____ [- Abstrakt]

그럼에도 불구하고 의미자질을 '동작상'으로 표지하는 위치가 어디에 있으며 그리고 의미자질이 추가적으로 무엇을 설명할 수 있는지를 필자는 알지 못한다.

zum Laufen/Schwatzen kommen과 ins Laufen/Schwatzen kommen이 다같이 Persson(1980)이 말하는 것처럼 '진화성'(Evolutiv) 의미자질을 내포하는지, 혹은 필자가 말하는 것처럼(주석 16) 내포하지 않는지에 대해서 우리는 이러한 범위 내에서는 이제 논쟁할 수가 있다. 더욱이 zur Darlegung kommen(설명하다) 구성도 역시 '진화성' 의미자질을 포함하는지에 대해서는 의견이 일치할 수가 없을 것이다. 그러나 이에 대한 논쟁의 장소가 견해 A의 대변자에 의한 호의적인 수용에 대해 - 아마도 아주 강조하여 - 자신을 방어하기 위해서 필자가 사용하려고 했던 이 부록이 될 수는 없을 것이다. 독자들은 다음의 사실을 알아야 한다.

필자는 독일어에서 '동작상' 범주의 존재를 믿지 않으며, 견해 A의 대변자들이 필자의 논증과정을 개별적으로나 또는 전체적으로 논박하지 않는 한, 필자는 여전히 이 생각을 고수할 것이다.

부록에 대한 참고문헌

Andersson S.-G.(1972): Aktionalität im Deutschen I. Uppsala.

Persson, I.(1975): Das System der kausativen Funktionsverbgefüge. (=Lunder germanistische Forschungen 42). Lund 1975.

_____(1980): Zu Konstruktionen mit *kommen, gelangen* vom Typ *zur Darlegung kommen*. Vervielf. Beitrag zur Tagung "Sprache und Pragmatik II." Lund.

Steinitz, R.(1977): Zur Semantik und Syntax durativer, inchoativer und kausativer Verben. Linguistische Studien, ZISW. Berlin, Reihe A, 35. S. 85-129.

Wurzel, W.U.(in Vorbereitung): Zur Morphologie-Theorie(Arbeitstitel). Berlin. ZISW.

제 4 부
연사 werden과 상황유형

Die Kopula *werden* und die Situationstypen

Renate Steinitz(1999)

1. 연사동사

시간적인 배열과 상적인 배열을 책임지는 완전동사(Vollverb) 안에는 다른 논항 이외에도 상황논항(Situationsargument) s가 고정되어 있다. sein, werden, bleiben과 같은 연사동사(Kopulaverb) 역시 이런 관점에서는 완전동사처럼 행동하지만[1]), 본질적으로는 이들의 과제가 연사동사로서 끝난다. 연사의 고유의미는 예컨대 상태동사와 기동동사를 구별하는 부류형성적(klassenbildend)인 의미성분에 국한된다. 이에 반해 완전동사는 부류형성적인 의미성분 이외에도 부류증명적(klassenbelegend)인 의미성분도 가지고 있다.

연사의 의미 안에는 완전동사의 한 부류에서와 같이 통사적인 보충어(Komplement)에 대한 변항(Variable)이 고정되어 있다. 그러나 타동사 및 다른 동사들에서는 보충어가 동사의 어휘내항에 개체변항 x로서 고정되어 있으며 지시적인 DP로 실현되는 개체논항(Individuen-Argument)이고, 이에 반해 연사동사, 이동동사 및 위치동사에서는 술어변항 P로 표현되고 비독립적인 지시적인 구로 실현되는 술어논항(Prädikat-Argument)이다(Steinitz(1997a, 1997b) 참조). (동일시하는 연사문장과 이와 결부된 문제점에 대해시는 익기서 논의하지 않겠다.)

연사동사는 부류형성적인 의미성분만을 지니기 때문에 그 보충어에 범주적인 전제조건을 제시하지는 못하지만, 주요 어휘부류인 명사, 형용

---

1) 모든 동사들이 상황논항을 갖는지 또는 ähneln(닮다), heißen(불리다), sein(이다)과 같은 상태동사들도 이러한 상황논항을 갖는지 하는 것은 논란의 여지가 많다. 이에 대해서는 Maienborn(1999)를 참조. 이 문제에 관해서는 여기서 논의하지 않겠다.

사, 전치사, 동사의 투사체는 될 수가 있다.

그러나 연사의 동사구성적인 보충어는 많은 제약을 받는다.

◇ 연사가 어휘적인 핵어로서 VP의 시간적 및 양상적인 배열을 담당하기 때문에 완전동사는 보충어로서 다만 비정형 동사로서만 나타날 수 있다.

◇ 현대 독일어에서는 동사적인 보충어가 bleiben에서만 나타나는데, 이들은 본질적으로 위치동사들이다: liegen bleiben(놓여 있다) 대 *liegen werden/*liegen sein(Steinitz(1999) 비교).[2]

◇ werden은 분포상 많은 제약을 받는데, 예컨대 장소를 나타내는 PP의 문맥에서는 올 수가 없다: *ins Zimmer werden 대 im Zimmer sein/bleiben(방안에 있다/머무르다). 이 제약은 많은 언어에서도 존재하므로 우리는 이것을 우연한 여백으로 가볍게 처리할 수가 없다. Lang/Schmitt/Steinitz(준비중)에서 하나의 설명방법을 시도하고 있다.

◇ 더 나아가 werden은 보충어에서 모든 절대적인 형용사는 아니지만 많은 절대적인 형용사를 배제하는 하나의 선택제약을 갖는다: *nackt/*kaputt/*offen/*tot/*frei/*pleite werden 대 schwanger werden(임신하다). 이러한 사실 역시 Paul Kiparsky가 게르만어가 아닌 핀란드어와 관련하여 필자에게 확인시켜 준 바와 같이 독일어의 특성으로 볼 수는 없다. 이에 대한 설명은 아직 제시되어 있지 않다.

---

2) 이전의 독일어에서는 이러한 제약이 없었다. 고고(古高)독일어는 완전동사가 분사 I의 형태로나(Tho ward mund sīner saȓ sprechanteȓ) 또는 분사 II의 형태로 나타난다 (Sumu fielun naḣ themo uuege inti vvurdun furtretanu). 이 werden-구성은 문법화에 따랐다. 첫 번째 구성은 닳아 없어진 분사어미와 werden의 현재형으로부터 분석적인 미래형으로 발전하였고, 후자의 구성은 수동으로 발전하였다.

연사구성에 대한 수많은 연구는 연사 sein에 집중하고 있는데, sein의 의미는 Bierwisch(1988:46)에서 술어논항 P의 실현을 통해서 충분히 표현된 것으로 간주할 수 있다. 의미형식(Semantische Form : SF), 즉 sein의 언어적인 의미는 다음과 같다.

(1) /sein/ $\lambda P \lambda x \lambda s$ [s INST [Px]]

INST는 동사의 의미형식 안에 있는 상항(Konstante)이다. INST의 논리유형은 $<t, <e,t>>$이며 명제 p를 "실현시키는" 상황논항 s에 하나의 명제를 관련시킨다.[3]

주위의 많은 동료들, 예컨대 von Stechow와 익명의 추천인은 원칙적인 이유에서 술어상항 INST를 비판한다. 이들은 sein의 의미표현으로서 P(x,s)를 선호한다. 필자는 표기법에서 관습에만 머무르지 않는다. 상항 INST 없는 P의 유형은 $<e, <e,t>>$이며 두 번째 논항으로서 상황논항 s를 취한다. 필자의 견해로는 동사만이 상황을 지시하는 논항 s를 취한다. 이 논항은 명제의 시간적, 양상적 및 상적인 배열을 위한 결합장소이다. P는 연사의 술어논항으로서 유형 $<e,t>$의 1항술어가 되어야 한다.

논란의 여지가 많은 INST를 도외시하면 werden은 일반적으로 BECOME [Px]로 표현된다. BECOME은 명제에 대한 연산자(Operator)이며 따라서 논리형태는 $<t,t>$이다.

(2) a) groß werden(커지다) : nach Berlin gehen(베를린으로 가다)

   b) größer werden(점점 더 커지다) : südwärts gehen(남쪽으로 가다)

---

3) 이 논문에서는 내포(Intension)가 주제로 나타나지 않기 때문에 필자는 - 몬테규식 표기법의 일반적인 약어로서 - 일반적으로 외연적인 유형만을 사용한다. 이때 t는 명제의 논리유형이고 e는 개체나 명사의 논리유형이다. $<e,t>$는 1항술어로 이해될 수 있으며 논항 e와 더불어 하나의 문장 t를 산출한다.

c) schwanger werden : in Berlin ankommen
    (임신하다)   (베를린에 도착하다)

위의 자료와 이 동사구조에 배열되는 (4장에서 논의되는) 상황유형 a) 완성(완수, Accomplishment), b) 진행(Prozess), c) 성취(달성, Achievement)를 고려해 볼 때, BECOME의 제한적(telisch)인 의미가 세 가지 모든 문맥에서 적절한지 하는 문제와 그리고 부분적인 술어의 다양한 상황유형에 대한 일반적인 모사가 사실에 부합하는지 하는 문제가 제기된다.

2. 견해 A에 따른 werden의 의미

일반적인 견해(앞으로 견해 A로 칭함)에 따르면 werden의 의미형식 (Semantische Form : SF)은 의미상 비표지된 sein과는 부류형성적인 술어 BECOME을 통해서 구별된다.

(3) /werden/ $\lambda P \lambda x \lambda s$ [s INST [BECOME [Px]]]

BECOME은 제한적인 술어이며 그 의미는 예컨대 von Stechow(1996:96, (3-11))의 진리조건에 따르면 다음과 같이 정의될 수 있다.

(4) ‖ BECOME ‖ (P)(e)=1. (단 e는 최소사건이며 P는 e의 전상태에서는 참이 아니지만 e의 목표상태에서는 참이다.)

이 정의는 70년대의 생성의미론에서 일상적인 명사, 즉 BECOME을 통해 함축된 후상태 P와 전제된 상보적인 전상태 Neg P의 명사(Term)와 일치하며 altern(늙다), sterben(죽다), ankommen(도착하다), alt/groß werden (늙다/커지다), schwanger werden(임신하다)과 같은 제한적인 술어에 적용된다.

3. 견해 B에 따른 werden의 의미

이 논문의 작성동기는 제한적인 술어 BECOME이 진행동사인 wachsen (성장하다), größer werden(점점 더 커지다)에도 적용되느냐 하는 것이다.

필자의 견해로는 werden이 상태술어 sein과는 제한성(=상태변화 Zustandswechsel)을 통해서 구별되는 것이 아니라, werden이 비명시적인 비상태술어나 또는 "변화술어"(Veränderungsprädikat)라는 사실을 통해서 구별된다. 개체 x의 속성과 상태에서는 변화가 일어나지만 werden은 이 변화가 다른 상태로 되는지 또는 되지 않는지 하는 것을 결정하지는 않는다. 결정한다면 그것은 다만 이 변화가 시점적(punktuell)인지 아닌지 하는 것이다.

술어논항 P를 werden-구성의 전체 의미에 개별적으로 명시함으로써 이러한 결정에 도달하게 된다. 필자는 논의의 과정에서 이 사실을 분명히 할 것이다.

따라서 werden의 의미는 제한성의 관점에서는 미정이다. 다만 BECOME을 통해서 익숙해진 "제한성"(Telizität)이라는 연상을 떨쳐버리기 위해서 필자는 werden의 의미성분으로 CHANGE라는 의미술어를 사용하겠다. 이것은 결코 용어상의 유희가 아니다. CHANGE [Px]란 모든 형용사적 (및 다른) werden-구성 안에 있는 werden의 기저 의미성분이거나 또는 불변의 의미성분이다. CHANGE [Px]는 상황을 무제한적인 진행으로 지시하는 표현(예: größer werden)의 일부가 될 뿐만 아니라, 제한이나 후상태로의 변화를 지시하는 표현의 일부가 되기도 한다. 후자의 경우에서는

비원자적(nicht-atomar) 변화(예: groß werden)와 원자적(atomar) 변화
(예: schwanger werden)가 동시에 파악되어야 한다. 어휘내항(Lexikon-
eintrag)에서는 불변의 의미만이 표현된다.

(5) /werden/ $\lambda P \lambda x \lambda s$ [s INST [CHANGE [Px]]]

CHANGE는 지금까지의 BECOME처럼 논리유형이 <t,t>이다. s(일명 e)는
특수한 유형의 관점에서 볼 때 아직 확정되지 않은 상황논항이다. 필자
의 제안에서는 CHANGE가 술어 BECOME을 대신한다. BECOME의 의미는
CHANGE의 문맥의존적인 다수의 가능한 의미들 중의 하나이다. 이에 대해
서는 8장 참조.

지금까지 필자가 이해하고 있는 바로는 CHANGE의 의미가 다음을 내포
해야 한다.

1. 한 표현의 의미는 s INST [CHANGE [Px]]로 표현될 수 있다. 다만
   CHANGE[Px]가 s의 상황시간 T에서 적용되고 그리고 P에서 언급된
   속성이 동일한 (척도) 값을 갖는 T의 부분시간 t_i에 대해 s의 부분
   상황 s_i가 존재하지 않는 경우에 한해서만 표현될 수 있다.
2. CHANGE는 보충어 때문에 일어나는 변화이며, 이 변화는 술어논항 P
   에서 언급된 차원/속성의 양극(또는 음극)이나 상태에 따라서 일어
   난다.

진리조건에 따라 (4)와 같이 형식화하여 표현하면 CHANGE의 의미는 다
음과 같다.

(6) ‖s INST [CHANGE [Px]]‖ =1. 단 $s_i, s_j \subset s$이고 $s_i \circ s_j$이며 s_i 안에 있는

Px가 s_j 안에 있는 Px와 동일한 척도값/형성도를 갖는 어떤 부분 상황 s_i, s_j도 없는 경우이다. ("$s_i \circ s_j$"은 "s_i 바로 다음에 s_j가 온다" 는 의미이다.)

이 정의는 다음 장에서 논의될 두 가지 경우를 포괄한다.

1. P(x)가 적용되는 어떤 s_i도 존재하지 않는다. "groß/schwanger werden"은 "groß/schwanger werden"의 부분상황이 아니라 전체 상황 s에서만 적용된다.
2. 동일한 값의 P를 갖는 부분상황 s_i, s_j가 존재하지 않는다. "größer werden" 역시 점점 더 커지는 상황 s의 모든 부분상황 s_i, s_j에서 적용되지만 "크기"(Größe) 차원에서의 척도값은 모든 s_i, s_j에서 다르다. 모든 부분상황 s_j에서의 척도값은 선행하는 부분상황 s_i에서보다는 크다.

이 정의는 의미성분 CHANGE을 갖는 모든 비상태 술어들에서 적용된다. 모든 다른 정보들은 여기서 도출될 수 있다. werden의 술어논항의 종류에 따라서 CHANGE의 성분에 내재하는 시간관계에 대한 명시된 정보와 s의 근접상황이나 부분상황에 대한 명시된 정보를 통해서 의미가 축적된다(8.2. 참조).

이렇게 축적된 werden-구성의 의미표현은 결국 상황유형 s의 정의를 위한 토대가 된다(8.3. 참조). 사전의 이해를 위해서 이 논문에서 적용되는 상황유형(Situationstyp)에 대한 규정을 미리 제시해 본 것이다.

4. Vendler의 상황유형

명제(Proposition)는 동사의 의미형태 안에 있는 상황논항 s에 따라서 상황을 지시한다. 다양한 상황유형과 문법과의 연관성이 처음부터 문제가 없는 것은 아니다. 이 연관성은 증명되어야 하는데 그것은 예컨대 s를 하위범주화 하는 다양한 통사적 구성이나 시간적인 수식어의 형태로 나타난다. 다만 하나의 특정한 유형에만 연결될 수 있으며 그것의 외부 논항이 동사적인 피수식어(Modifikand)의 특수한 상황논항과 통합될 수 있는 수식어(Modifikator)가 존재한다. 시간부사와 동사적 표현과의 양립성이 지금까지 동사적 표현을 상황유형에 배열하는 데 대한 공인된 시험방법이었다. 이에 대해서는 Herweg(1991b)와 7.2.2.의 예문 참조.

이상적인 경우에서는 동사가 문장의 어휘적 핵어(Kopf)로서 상황유형을 미리 결정한다. sitzen(앉아 있다)은 상태술어(Zustandsprädikat)이며 그 논항들과 더불어 하나의 상황을 동질적이며 정태적으로 특징짓는다. wachsen(성장하다)은 진행술어(Prozessprädikat)이며, altern(늙다), sterben(죽다), töten(죽이다)은 보충어의 종류와 상관없이 사건술어(Ereignisprädikat)이다. 그러나 동사의 상황논항을 유형별로 배열하는 가변성 역시 동사의 의미 안에 확정되어 있다. 이동동사 laufen(달리다)과 연속적인 피동동사(Krifka(1989)에서의 SUK-동사) essen(먹다), bauen(짓다), werden(되다)이 속하는 일군의 동사들은 보충어의 속성에 따라서 진행유형의 상황이나 또는 완성유형의 상황을 지시한다.

적어도 동사의미와 보충어의미의 결합의 결과로서 나타나는 유형배열만이 논의의 대상이 된다는 점을 강조하는 바이다(essen, werden, laufen

에서처럼). 이렇게 설정된 모든 상황유형은 이차적으로 수식되어서 상대화될 수 있다. 예컨대 drei Stunden arbeiten(세 시간 동안 일하다)에서처럼 비제한적(atelisch)인 상황이 시간부사를 통해서 제한적(telisch)이 될 수도 있으며, stundenlang in Geschäfte rennen(몇 시간 동안 용변을 보고 또 보다)에서처럼 제한적인 상황이 반복을 통해서 비제한적이 될 수도 있다. 다만 이 경우에 한해서만 우리는 그것을 (부분적으로는 억압을 통해서 형성된) 이차적인 유형변화(Typverschiebung)라고 일컬어야 할 것이다. 예컨대 독일어에서는 비제한적인 상황을 시제형태소를 통해서 제한할 수 있는 가능성이 나타난다: Ich habe gegessen und geschlafen, jetzt bin ich wieder frisch(나는 식사를 하고 나서 잠을 잣다. 이제 나는 다시 정신이 든다). 그리고 러시아어에서는 미완료상을 통해서 경계를 없앨 수 있는 가능성이 있다: On uže umiral no ego spasli. ("Er lag schon im Sterben, konnte aber noch gerettet werden"(그는 이미 임종의 순간에 놓여 있었으나 다시 구조될 수 있었다)).

다양한 상황유형이 확인될 수 있다는 말은 필연적으로 이 상황유형이 동사 자체의 어휘내항에 표현되어 있다는 것을 의미하는 것은 아니다. 필자의 제안은 동사의 어휘내항에서 출발자료의 규칙적인 확대를 통해 특수한 상황유형의 정의에 대한 토대가 되는 비명시된 상황논항 s를 가정하는 것이다.

Vendler(1967) 이후의 문헌에서는 상황의 범주화와 다양한 분류에 대해 수많은 제안들이 있으며 혼란스러울 정도로 용어상의 다양성이 존재한다.4) 필자는 4가지 유형 상태(Zustand), 진행(Prozess), 완성(완수,

---

4) 개념에 대한 다양한 명칭들, 즉 상황유형이나 사건유형 이외에 또한 다른 관점에서 사용되는 용어인 동작상(Aktionsart)과 상(Aspekt)이 있는데 이것이 많은 오해를 초래한다. 중첩되는 기능영역을 제외하고는 슬라브어에서의 문법범주 구조인 완료상/미완료상, 여러 가지 상황유형에서 작동하는 영어에서의 비진행상/진행상 및 슬라브어나 핀란드-헝가리어에서의 동작상은 이들과 구별되어야 한다. 필자는 이 논문에서 상황유형(Situationstyp)이라는 개념을 위해서 상과 동작상이라는 용어를 피하고, 사건의 속성을

Accomplishment) 및 성취(달성, Achievement)를 주어진 것으로 간주하며 이들을 다음과 같이 이해한다.

상황을 동질적(homogen)으로 기술하는 명제는 다른 상태로의 변화에 대한 어떤 확정도 포함하지 않으며 따라서 상보적인 전상태(Vorzustand)에 대한 어떤 확정도 포함하지 않는다. Dowty(1979)에 따르면 상태술어는 시간적으로 동질적이다. P(x)는 T의 모든 부분시간에 대해 참인 경우에만 시간 T에 대해서도 참이 된다.

wachsen/größer werden(성장하다), laufen(달리다)의 의미와 같은 동사 의미를 포함하는 명제도 역시 wissen(알다), sitzen(앉아 있다), schlafen(잠자다), sehen(보다)의 의미처럼 상황을 동질적으로 기술한다. 그러나 전자의 동사들에서는 T의 모든 부분시간에 동일한 종류의 변화가 일어나고, 술어논항에서 언급된 속성의 값은 s의 모든 부분상황 s_i에서 변화한다. 즉 wachsen과 laufen은 진행(Prozess)을 기술한다. 이에 반해 후자의 동사들에서는 어떤 것도 변화하지 않으며, Peter schläft(페터가 잠을 잔다)와 Er sieht mich(그가 나를 본다)는 상태를 지시한다. 이러한 확정은 상태가 비의도적이라는 일반적인 확정과 구별된다.5) 필자가 이해하기로는 Vendler식의 상황유형 구별을 위해서는 진행성과 상태변화가 중요하지 의도성은 중요하지 않다. 의도성(행위자의 속성)은 상태표현(beobachten 관찰하다 : sehen 보다) 뿐만 아니라 사건표현(töten 죽이다 : sterben 죽다)에 대해서도 추가적인 하위부류를 나타낸다.

위해서는 완결성(terminativ), 제한성(telisch), 이질적인 동의성(inhomogen synonym)을 사용하고, 상태와 진행의 속성을 위해서는 비완결성(aterminativ), 비제한성(atelisch), 동질성(homogen)을 사용한다.

5) Dowty(1979)에 따르면 be tall, be true; exist, stink, live, burn; like, similar, proud; love, know, see, hear, be in NP, sit in NP ... 가 잘 알려진 통사적인 특성(영어에서는 진행형이나 명령형을 만들지 못함 등)을 갖는 상태동사들이다. 그에 따르면 be brave, be nice to NP; be a clown; run, swim; rain; eat; drive, push NP; seek for; watch ...가 행위동사(=동작동사 Activity)이다(의도적).

이에 반해 상황을 이질적(inhomogen)으로 기술하는 명제는 상황의 성공적인 종결에 대한 확정을 포함하는데, 이 명제는 - 양화된 개체논항에서처럼(예컨대 ein Haus bauen(하나의 집을 짓다)) - 목적어가 "점차로 사건에 종속하는" 사실에 대한 확정이나 또는 - 술어논항에서처럼(예컨대 groß werden(커지다), ins Zimmer laufen(방으로 들어가다)) - 추구하는 후상태에 도달할 수 있는 사실에 대한 확정을 포함한다. 후자의 경우에서는 상태변화(Zustandswechsel)가 포함되어 있으며 전상태와 후상태가 서로에 대해 상보적이고 각각 서로 다른 시간에서 참이 된다.

상태와 진행을 구별하는 하나의 기준은 비제한성과 제한성의 가능한 교체(Alternation)이다. laufen, bauen과 같은 진행동사들(즉 이동동사와 SUK-동사)만이 적당한 논항과 함께 제한적인 술어(in die Stadt laufen(그 도시로 가다), einen Apfel essen(사과 하나를 먹다))를 형성하고, beobachten (die Kinder beobachten(아이들을 관찰하다))과 같은 상태동사는 제한적인 술어를 형성하지 못하며 항상 비제한적(atelisch)이다.

진행의 속성을 지니고 있는 동사들은 목표첨가어나 양화 DP와 더불어 후상태로 향해 시간적으로 연장되거나 적어도 연장될 수 있는 변화를 나타내는 하나의 구조를 형성할 수 있다(예: in die Stadt laufen, ein Haus bauen). 하위유형 완성동사의 술어들만이 비제한적인 대응물을 갖는다 (südwärts laufen(남쪽으로 가다), Brei essen(죽을 먹다)). 이에 반해 사건의 하위유형인 성취동사(ankommen(도착하다), finden(발견하다))에서의 상태변화는 시간적인 연장이 없는 원자적인(atomar) 변화이다. 비제한적인 해석이 강요되지 않는 한, 이 동사들은 모든 보충어 문맥에서 성취동사가 된다(einen Groschen(동전 하나를 발견하다) : Groschen finden (동전들을 발견하다)).

일차적인 접근에서는 "진행성"(Prozesshaftigkeit)과 "제한성"(Telizität)이 여러 가지 상황유형을 결정한다.

(7) 상황유형

	동 사	진행성	제한성	상황 유형
1	groß/wach sein, schlafen, im Zimmer stehen, wissen, jemanden sehen	–	–	상태
2	größer werden, wachsen, schweifen, westwärts gehen, Häuser bauen, Wein trinken	+	–	진행
3	groß werden, altern, verarmen, in die Stadt gehen, ein Haus bauen	+	+	사건 (완성)
4	sterben, schwanger werden, ankommen, betreten, einen Groschen finden	–	+	사건 (성취)

laufen, werden은 두 상이한 유형 사이에서 교체된다. werden은 모든 세 가지 비상태적인 상황유형인 진행, 완성, 성취에서 등장하는데 이것이 필자의 분석의 출발점이 된다.

5. werden 의미의 비확정 대 werden의 제한적 의미

앞서 (2)에서 인용한 예들 중에서 (a), (c)에 있는 문장들의 제한성은 논의의 대상이 아니다.

a) groß werden : nach Berlin gehen
b) größer werden : südwärts gehen
c) schwanger werden : in Berlin ankommen

(b)에 있는 문장들의 비제한성 역시 다양한 하위부류의 시간부사어를 가지고 실시하는 잘 알려진 시험방법의 관점에서는 논의될 수 없다 (7.2.2.의 예문 (34) 비교). 그러나 größer werden에서 비제한성이 어떻게 형성되는가 하는 점에서 필자는 필자의 비판자들과 뜻을 같이 하지 않으며 따라서 연사 werden의 해석에서도 의견을 달리한다.

필자의 가정은 다음과 같다.

1. groß(큰), schwanger(임신한)와 같은 형용사구(물론 Lehrer(교사)와 같은 술어명사 역시)는 werden의 문맥에서 변화의 목표상태나 후상 태를 지시하는 상태술어이다. 이 형용사는 내재적으로나 또는 비교 구에 대한 관계를 통해서 기준값, 즉 한 차원의 고정값이나 특성을 표 현한다. 따라서 Peter wird groß(페터의 키가 크게 될 것이다), Anna wird schwanger(안나는 임신했다)는 보충어 때문에 제한적이 되며, 전제되는 상보적인 전상태 "nicht groß/schwanger"는 명제로부터

예측할 수 있다.

2. 이에 반해 größer와 같은 비교급의 AP에서는 기준값에 대한 관계가 없으며 이들은 가변적인 비교값에 관련된다. größer werden은 größer sein과는 달리 생략할 수 없는 것은 아니다. 적어도 문맥이 비교값을 제시하지 않는다면(Anna wurde größer (als Karl)), 지시된 변화는 비제한적이며 도달할 수 있는 목표상태에 대한 어떤 진술도 재구성될 수 없다. 비제한적인 변화상황은 진행으로 해석된다. 비교급에 내재하는 비교단계는 시간이며 변화의 진행과 시간의 진행은 평행한다.

3. Peter wird größer(페터의 키가 점점 더 커진다)와 같은 진행과 Peter ist groß/größer als Paul(페터는 키가 크다/파울보다 크다)과 같은 상태는 상황의 시작이나 종결에 관한 어떤 진술도 포함하지 않으며 또한 목표상태뿐만 아니라 전제된 전상태도 포함하지 않는다. 바로 이 점에서 이들은 사건(Ereignis)과 구별된다. 진행과 사건은 변화술어 CHANGE를 통해서 시간진행에 대한 함축적인 관계를 가지며 이러한 관점에서 이들은 방향성을 가지고 있다.

필자는 이것을 개별적으로 논의할 것이다. werden의 AP-형태의 보충어는 세 가지 하위부류로 나뉜다. P의 세 가지 실현형태인 P_{relk}, P_{relp}, P_{abs}는 그 어휘적 핵어에 따라서 명명된다.

(8) a) größer P_{relk} : 비교급의 관계형용사
    b) groß P_{relp} : 원급의 관계형용사
    c) schwanger P_{abs} : 절대형용사

이 세 가지 하위부류의 형용사는 이들의 의미형태에서 구별된다. 절대
형용사는 관계형용사처럼 비교단계를 갖지 않으며 비교급의 관계형용사
는 원급의 관계형용사보다 더 복잡하다(5.1.과 5.2. 비교).

필자는 관계형용사의 영역에서 잘 분석된 범위(면적)를 표현하는 형용
사를 선정하여 Bierwisch(1989)와 Zimmermann(1998a)의 의미표현에 따
라서 기술할 것이다.

5.1. 관계형용사(P_{relp})

관계형용사는 등급을 매길 수 있으며 속성을 표현하는데 속성의 상이
한 크기가 척도의 값에 해당한다. 관계형용사는 본래 비교부류에 연관되
어 있다.

원급의 관계형용사(P_{relp})

groß는 2항술어이며 비교단계와 관련하여 목적어에 대한 최대 범위
"크기"(Größe)의 정도를 표현한다. Bierwisch(1987:150)와 Lang(1987:
438)에 따라서 원급의 groß는 다음과 같이 표현된다.[6)]

(9) /groß/ (λc)λx [QUANT SIZE x=v+c]

groß의 SF 안에 있는 SIZE(내지는 모든 범위형용사에 대한 DIM)는 x의
개별적인 범위에 대해 문맥제약적으로 명시되는 매개변인(Parameter)이
다. QUANT는 SIZE x를 해당 척도에 투사한다. 관계적인 범위형용사는 비교

---

6) 평가형용사도 등급을 메길 수 있다. 평가형용사에서의 등급은 지시된 속성의 형성도에
   관련되고, 범위형용사에서는 각각 명시된 범위의 크기에 관련된다. 필자는 실연대상으
   로서 범위형용사(Dimensionsadjektiv)에 한정한다.

단계에 관련되며 또 다른 매개변인 v를 포함한다. c는 정도를 표현하는
구(Gradphrase)를 통해 수의적으로 명시되며 양극(+Pol) 형용사에서는
비교값에 첨부되는 차액을 표현한다.

보충어가 없는 형용사에서는 비교단계(Vergleichsinstanz)가 크기와
관련하여 평균값을 갖는 목적어 N_c의 부류이다. v가 이 N_c의 값을 가정
한다. 이 값은 함축되어 있거나 (10)에서처럼 명시될 수 있다.

(10) Peter war groß (für sein Alter / für einen Kater / verglichen
mit anderen Kindern). (페터는 (자기 나이에 비해서 / 수코양이
에 비해서 / 다른 아이들과 비교해서) 키가 컸다)

1,60m groß와 같은 정도를 표현하는 구로 보충하면 v는 척도값
(Skalenwert) 0을 취하고 c는 값 1,60m를 취한다.

(11) Peter war 1,60m groß (also klein für sein Alter).
(페터의 키는 1,60m이었다(즉 그의 나이에 비해서 키가 작다))

비교급의 관계형용사

비교급 형태에서는 비교단계가 좀더 복잡하며 Zimmermann(1998a)의
표기법으로는 다음과 같다.

(12) /größer/ $(\lambda c)(\lambda W)\lambda x \forall c'[Wc' \rightarrow [_{\text{QUANT DIM}} x = c'+c]]$

-er은 2항술어를 3항술어로 바꾼다. 비교급은 기준관계를 갖지 않으며
가변적인 값 c를 지시하는데, 값 c의 관계척도는 오로지 비교구 W의 값
인 비교값 c'일 뿐이다.

(13) a) Er ist größer als die Eltern (groß sind) / als ich gedacht
habe (dass er groß ist). (그는 부모님보다 키가 더 크다/내가
생각했던 것보다 키가 더 크다)

b) Der andere Tisch ist länger. (다른 책상이 더 길다)

따라서 관계형용사에 대해서는 다음이 적용된다.

10 Jahre, 2m, 5kg, sehr와 같은 정도를 표현하는 구를 통해서 명시될
수 있는 비교단계가 관계형용사에 내재한다. 이들은 적어도 2항술어이
다.

보충어가 없는 관계형용사의 원급은 항상 기준에 연관되어 있다. 이
형용사는 기준값을 비교값으로 해석하고 비교값의 상부(내지는 하부)에
있는 고정된 단면을 표현한다.

관계형용사는 원급의 형태 이외에 특히 비교급의 형태를 갖는다. 비교
급은 기준값이 아니라 임의의 다른 비교값 W에 관련되어 있다. 다양하
게 실현될 수 있는 비교값 W로부터 가변적인 비교급의 값이 나온다.

명시적인 비교단계 없이 비교급+sein으로 된 AP는 다만 생략으로 해석
될 수 있다. 반의어(예컨대 klein(작은) : groß(큰))는 상호 역관계(konträr)
에 있다. 따라서 "klein"이 참이 아니면 "groß"가 반드시 참이 되어야 하
는 것은 아니다.

5.2 절대형용사(P_{abs})

절대형용사는 비교단계에 관련되어 있지 않으며 1항술어이다(E. Klein
(1980), von Stechow(1983) 비교). schwanger의 어휘내항은 다음과 같
다.

(14) /schwanger/ λx [SCHWANGER x]

　여기서부터 절대형용사의 또 다른 특성들이 나온다. 이들은 일반적으로 정도를 표현하는 구를 통해서 수식될 수 없으며 비교급 형태를 취하지 않는다. krank(아픈), schwarz(검은)와 같은 절대형용사가 비교급으로 오면 다만 속성 "krank, schwarz" 영역의 내부에 있는 상이한 정도만을 표현한다. 표현들 lebendig(살아 있는) : tot(죽은), nicht schwanger(임신하지 않은) : schwanger(임신한)는 상호 모순관계(kontradiktorisch)에 있다. "schwanger"가 참이 아니면 "nicht schwanger"가 참이 되어야 한다.

6. 문맥에 따른 CHANGE의 명시화

sein은 원급이나 비교급의 AP, DP, PP로서 술어변항 P의 개별적인 명시화와는 상관없이 정태적(statisch)인 상황을 기술한다.

(15) a) groß / größer / schwanger sein

b) Lehrer sein (교사이다)

c) im Zimmer sein (방 안에 있다)

werden은 보충어의 종류와는 상관없이 비정태적인 상황이나 변화상황을 기술한다. 변화상황은 비표지된 정태적인 상황과는 술어 CHANGE를 통해서 구별된다. 그러나 변화상황이 처음에는 변화의 제한성(Telizität)이나 진행성(Prozesshaftigkeit)과 관련하여 개방적이다. 이런 특성의 확정은 술어논항의 세 가지 하위부류의 의미 안에서 규명되어야 한다((8)과 비교).

(16) a) größer werden P_{relk} : 진행성

b) groß werden P_{relp} : 제한성, 진행성

c) schwanger werden P_{abs} : 제한성

변화는 - 문장에서 선정된 시제와는 상관없이 - 필연적으로 시간에 연관되어 있다. 구조 AP+werden에 대한 werden의 기여는 시간관계이다. 이에 반해 변화와 시간경과에 대한 관계는 술어논항 P의 상이한 명

시화에 달려 있다. P$_{relk}$, P$_{relp}$, P$_{abs}$와 결합하는 werden은 시간에 대한 상황 s의 상이한 관계를 형성한다. P$_{relk}$에서는 상황시간 T에 대한 s의 부분상황(하위지표 s$_i$로 표지된)에 대한 관계를 형성하고, P$_{relp}$와 P$_{abs}$에서는 T의 전후에 있는 이웃상황(상위지표 s', s''로 표지된)에 대한 관계를 형성한다.

6.1. 관계형용사+werden

관계형용사는 아무런 제약 없이 werden과 결합할 수 있다. 그 반의어와 역관계에 있는 관계형용사의 속성은 werden의 문맥에서는 다음과 같이 작용한다(Steinitz 1975:40-44 비교).

관계형용사＋werden은 연속체(Kontinuum)의 개념에 근거한다. groß werden은 출발상태 "nicht groß"에 비해서 "groß" 방향으로의 값의 증가, 즉 점점 더 커지는 사실(Größerwerden)을 포함한다. 따라서 관계형용사에서는 후상태로의 과도기가 연장될 수 있다. Er knipste das Licht aus und es wurde dunkel(그가 스위치를 꺼서 어두워졌다)에서처럼 과도기가 사실상 임의적으로 줄어들 수 있다는 사실은 언어적으로 볼 때 중요하지 않다.

과도기의 연장가능성이 제한적 상황과 비제한적 상황 사이의 가능한 교체에 대한 토대가 된다.

6.1.1. größer werden

werden과 größer의 의미와의 결합은 다음과 같다.

(17) $\lambda x \lambda s[s$ INST [CHANGE $\forall c' \exists W \exists c[Wc' \rightarrow$ [QUANT DIM $x = c'+c]]]]$

Bierwisch(1987:179)는 추가적이 언급에서 Peter wird größer에서의 보충어 없는 비교급을 Peter ist größer에서처럼 생략(Ellipse)으로 해석할 수 있으며 보충어에 대한 대형태(Proform) - 비교구에 대한 변항 W - 예컨대 als vorher를 통해서 재구성할 수 있다고 말하고 있다. von Stechow(1984)와 Heim(1985) 역시 생략에 대한 분석에서 출발한다.

필자는 이러한 설명을 부적절한 것으로 간주한다. Peter wird größer 는 Peter ist größer에 유추하여 다음 문장에서와 같이 문맥으로부터 비교단계를 확실히 추론할 수 있는 경우에만 해석될 수 있다.

(18) a) (Ich hatte gedacht, Peter wird so groß wie seine Eltern, aber) Peter wird größer (als sie). (나는 페터가 자기 부모만큼 키가 크리라고 생각했다. 그러나) 페터는 (부모보다) 키가 더 커졌다.

b) (Ich hatte gedacht, dass Peter so bleibt wie er zu Beginn unserer Bekanntschaft war, aber) Peter wurde größer (als zu Beginn). (나는 페터가 우리가 처음에 알게 되었을 때와 변함이 없으리라고 생각했다. 그러나) 페터는 (처음보다) 더 커졌다.

그러나 größer werden에서는 - größer sein에서와는 달리 - 이러한 비교단계에 대한 함축적인 관계가 의무적인 것이 아니며 결코 정상적인 경우가 아니다. 이러한 관계가 größer werden과 의미가 유사한 종합적인 동사 wachsen에서는 불가능하다.

(19) Peter wurde größer. = Peter wuchs.

(20) a) Peter wurde größer als seine Eltern / als zu Beginn unserer

Bekanntschaft. (페터는 자기 부모보다도/우리가 처음에 알게
되었을 때보다도 키가 더 커졌다.)

b) *Peter wuchs als seine Eltern / als zu Beginn unserer
Bekanntschaft.

(19)와 같은 문장이 생략(Ellipse)으로 이해될 수는 없다. Abends lief
Peter(저녁에 페터는 항상 달렸다)에서 지시되는 진행이 움직임의 시작
에 관련되지 않는 것과 마찬가지로 비교단계는 규정될 수 있는 전시간에
서의 페터의 키가 아니다. 그러나 관계형용사에는 정의상 비교단계가 내
재한다. 그것이 (20)과 비교하여 (19)에서는 어느 비교단계인가?

흐르는 시간이 관련단위로서 항상 이용될 수 있다. 우리의 경우에서는
werden이 시간관계에 관여한다. werden의 SF 안에 있는 CHANGE가 시간
상의 비명시적인 변화를 대신한다. 비교급의 형용사는 werden과 더불어
주어에서 지칭된 개체의 변화방향은 진술하지만 변화에 대한 제한은 표
현하지 않는다. 제한이 없는 변화가 진행이다.

(19)와 (20) 사이의 차이는 지속이나 기간의 시간부사어를 통한 수식
적인 확대에서 분명해진다.

(21) a) (Ich hatte gedacht, Peter wird so groß wie seine Eltern,
aber) er wurde *jahrelang/in einem Jahr größer (als sie).
(나는 페터가 자기 부모만큼 키가 크리라고 생각했다. 그러나)
그는 *수 년 동안에/1년 사이에 (자기 부모보다) 더 커졌다.

b) Peter wurde jahrelang größer (*als seine Eltern). (페터는 수
년 동안에 점점 더 성장했다/(*자기 부모보다)

(21a)의 해석에서는 Peter wird größer가 제한적이다. 비교부류가 다만

문맥으로부터만 추론될 수 있지만 페터가 부모보다 언제 키가 더 큰가
하는 후상태를 비교부류가 확정하므로 이 문장은 완성문장이다. (21b)는
문맥으로부터 추론할 수 있는 비교값이 없으므로 비제한적이다. 이런 의
미에서 werden+비교급은 중의적이다.

(22) Die Musik wurde lauter / besser.

문장 (22)에서도 문맥이 비교값, 즉 명시적인 값(제한적인 상황)을 제
공하든지 아니면 변화하는 비명시적인 값을 제공한다.

비교급의 형용사가 개별적인 비교구 W의 내용을 비교값으로 가정한
다. größer werden에서 명시적인 비교단계가 재구성될 수 없는 경우
(Default-Fall)에는 시간축(Zeitachse)이 사용된다. 그러면 werden의 문
맥에서는 W가 시간 T를 통해서 실현되며 속성의 성장지표는 시간지표
와 더불어 변화한다. 동질적인 상황에서처럼 일반적으로 시간 T의 모든
부분시간 T_i에서는 동일한 명제 CHANGE $[P(x)]$가 적용되지만 P의 값은 가
변적이다. t_{i+1}에서는 개체의 속성 "크기"에 대한 값이 t_i에서의 동일한 속
성의 값 c'를 차액 c만큼 초과한다.

동의어의 반복으로 느껴지는 Hans wird mit der Zeit größer(한스는
서서히 뚱뚱해진다)와 같은 풀어쓰기(=의역 Paraphrase)를 제외하고는
비교단계 시간(Zeit)이 werden의 문맥에서는 통사적으로 실현될 수 없
다.

6.1.2. groß werden

이에 반해 groß werden에는 형용사의 원급형태를 통한 변화의 제한이
포함되어 있으며 groß는 비교부류의 기준값 v의 반대편에 있는 하나의
고정단면 c를 지시한다. werden의 문맥에서는 이 단면이 변화의 목표로

서 해석된다. 기준값의 초과를 통해서 후상태 "groß sein"으로 변화된다. 함축된 후상태를 취하는 변화가 사건(Ereignis)이다.[7] 전체표현은 제한적이 된다. 이 해석의 토대는 groß와 werden에 대한 SF의 결합이다.

(23) /groß werden/ $\lambda x \lambda s \exists c[s \text{ INST } [\text{CHANGE } [\text{QUANT SIZE } x = N_c+c]]]$

6.2. 절대형용사 + werden

그 부정과 모순관계에 있는 절대형용사의 속성은 werden의 문맥에서는 다음과 같은 방법으로 작용한다(Steinitz 1975:40–44 비교). 절대형용사 + werden은 불연속적으로 이어지는 두 상태의 개념에 근거한다. schwanger werden(임신하다)은 두 가지 모순적인 속성/상태, 즉 시간적으로 직접 경계를 이루는 전상태 "nicht schwanger"와 후상태 "schwanger"를 포함한다. 표현의 상황논항 s는 정확히 이 경계에 관련되며 시점적인 사건, 즉 원자적(atomar)이 된다. 다만 유태인들의 위트에서만 우리는 약간(ein bisschen) 임신할 수가 있다. 원자적인 교체는 완성(완수)보다는 성취(달성)를 더욱 강조한다.[8]

---

7) das Glas leer trinken(마셔서 잔을 비우다)과 같은 결과구조를 가지고서도 똑 같이 처리할 수 있을 것이다. 동사의 의미에서도 그리고 그 보충어의 의미에서도 BECOME은 고정될 수 없다. "trinken"(마시다)은 변화술어이며 이 술어의 문맥에서는 상태술어 "das Glas (ist) leer"(잔이 비어 있다)가 후상태로서 해석된다. 그러나 이것은 다른 이야기이다.

8) 러시아어 성취동사가 미완료상을 취할 수 있다는 것(독일어는 어휘적인 바꿔쓰기의 가능성만을 갖는다)은 단지 외관상으로만 이 사실과 모순된다: umirat' : im Sterben liegen(임종의 순간에 있다)을 비교. 그러나 umirat'는 wachsen(성장하다)과 동일한 의미에서 비제한적이 아니다. 여기서는 상의 기능들 중의 하나인 이차적인 상황유형의 변화와 관계가 있다. 성취동사는 이들의 지시체에서 전상태와 후상태가 상호 모순되는 점에서 blitzen(번개 치다), knallen(쾅 하는 소리를 내다)과 같은 순간동사와는 구별된다. 순간동사에서는 전상태와 후상태가 일치한다.

(24) /schwanger werden/ $\lambda x \lambda s [s$ INST[CHANGE[SCHWANGER $x]]]$

관계형용사+werden은 보충어의 형태에 따라서 완성(Accomplish-ment)과 진행(Prozess) 사이에서 교체한다. 이에 반해 기저로서 절대형용사를 취하는 사건동사는 하나의 상황유형 성취(Achievement)로만 확정된다. 동일한 차이점을 이동동사에서도 발견할 수 있다. 이동동사에서는 물론 두 가지 상이한 어휘소로 나뉘어진다. laufen(가다) : eintreten (들어가다), ankommen(도착하다). (비교: (südwärts) laufen(남쪽으로) 가다/ins Zimmer laufen 방안으로 (들어)가다 : ins Haus eintreten 집 안으로 들어가다).

krank : kränker에서처럼 절대형용사가 비교급 형태를 취하고 werden과 결합할 수 있으면 이들은 상대형용사와는 다르게 행동한다. (25a)의 문장은 의미론적으로 명백하지만 (25b)의 문장은 그렇지 않다. 즉 점점 더 아픈 사람은 이미 아프지만 점점 더 뚱뚱해지는 사람은 이미 뚱뚱할 필요는 없다.

(25) a) Peter wird dick: Er wird dicker und (bald) dick sein.
　　　 Peter wird dicker, aber nicht dick.
　　 b) Peter wird krank: *Er wird kränker und (bald) krank sein.
　　　 Peter wird kränker, *aber nicht krank.

절대형용사에 대한 werden의 문맥에서는 눈에 띄지만 아직은 밝혀지지 않은 선택제약들이 있다. nackt(발가벗은), kaputt(고장난), offen(열린), tot(죽은), frei(자유로운)와 같은 절대형용사는 관계형용사와 똑같이 연사 sein과 더불어 상태를 표현한다. 그러나 이 형용사가 변화상황을 표현하기 위해서는 분석적인 구성이 아니라 다만 종합적인 구성으로서나 또는 이동동사와 결합해서만 사용된다.

(26) a) zerbrechen(부서지다), sich öffnen(열리다)/aufgehen(열리다),
sterben(죽다), freikommen(풀려나다), pleitegehen(파산하다)

b) *nackt/*kaputt/*offen/*tot/*frei/*pleite werden

오랫동안 필자는 많은 언어들이 공유하고 있는 이 조사결과를 werden
의 의미가 진행적인 성분을 갖는 데 대한 증거로서 가정하였다. 이러한 사
실은 절대형용사와의 결합을 배제한다. 그러나 필자가 처음에 schwanger/
volljährig/krank werden(임신하다/성년이 되다/병들다)에서 가정했던 것
보다 훨씬 더 많은 반증예가 존재한다. Amrhein(1999)은 여러 자료에서
성취(Achievement)를 표현하는 일련의 werden 구조를 수집하였는데 그
중에서 몇 개를 선정해 보면 다음과 같다.

(27) a) In Hessens rot-grüner Landesregierung *werden* demnächst
zwei Stellen *frei.* (헤센의 적록연합의 주정부에서는 곧 두 자
리가 빌 것이다)

b) ... *wird* es ... beinahe *selbstverständlich,* sich oben ohne
porträtieren zu lassen. (상의를 벗고 초상화를 그리게 하는
것이 거의 당연한 일이 될 것이다)

c) Seither ist Nacktheit *ungefährlich geworden.* (그 이후로 나체
상태가 위험하지 않게 되었다)

d) Der Traum wird nicht *wahr werden.* (그 꿈은 사실과 일치하
지 않을 것이다)

7. größer werden의 쟁점

필자의 입장을 설명한 후에 필자는 größer werden에 관한 쟁점에서
강력한 반대입장을 취하는 견해 A와 논쟁할 수 있을 것이다.

7.1. 견해 A

필자와 반대되는 의견을 가진 사람들은 werden이 제한적인 동사라는
입장을 취했다. 이때 BECOME [Px]가 "거의 시점적인 변화"로 해석되는지
(Wunderlich 1994) 또는 완성으로 해석되는지(von Stechow 1996, Musan
1999)[9] 하는 것은 중요하지 않다.

größer werden이 표현하는 진행의 특성은 견해 A의 모든 제안자들에
서는 도출된 속성이다. "외관상의 진행의 특성은 이차적인 결과를 토대
로 해서만 형성될 수 있다"(Musan 1999:4). Musan(1999:15)에 의하면
"größer werden에 있는 진행의 효과는 비교급을 통해서 초래된 반복성
(Iterativität)의 성분 때문이다." von Stechow(1998)는 von Stechow(1996)
를 지적하면서 다음과 같이 말하고 있다: "Das Barometer fällt(기압계의
눈금이 내려간다)라는 문장은 시간 t에 대해 t가 진행되어서 기압계가 t

---

9) Musan(1999:3)은 "완성동사는 상황에 제약된 특수한 경우로서 시점적인 변화도 역시 허
용한다"라고 기술하고 있다. 그러면 갑자기 부유하게 되는 것(Reichwerden) 뿐만 아니
라 임신하는 것(Schwangerwerden) 역시 완성의 특수한 경우로서 배열되어야 할 것이
다.

의 시작에서보다 더 밑에 있는 결과를 갖는 경우에서만 참이다. 이 진술
은 비제한적("진행")이다. 그럼에도 불구하고 우리는 "완성"에 대해서 연
산자 BECOME을 사용한다. 다른 말로 표현하면 "완성"임에도 불구하고 부
분시간의 속성을 갖는 명제들이 있다. 따라서 Dowty는 성취의 정도
(degree achievement)에 관해서 언급하고 있다." von Stechow(1996:125)
의 fallen에 유추하여 그는 größer werden을 다음과 같이 기술한다.

(28) $\lambda x[\text{BECOME}(t)(\lambda t*.\text{MORE}[\lambda d.d\text{-}groß_t*(x),\lambda d.d\text{-}groß_{beg(t)}(x)]))]$

Seuren(1973)에 따르면 "추상적인 비교급 형태소" MORE의 의미는 다음
과 같다.

(29) $\|\text{ MORE }\|(P,Q)$ iff $\exists d[P(d)\&\neg Q(d)]$, 이때 P, Q는 정도의 속성임

모든 세세한 사항들은 무시하더라도 이 진행표현의 기술에서는 한 상
황의 시작(지표 "beg(t)") 뿐만 아니라 끝이나 결과(BECOME에 포함), 즉
제한적인 술어의 요소들이 포함된다.

반론

größer werden과 같은 비제한적인 진행이 의미성분 BECOME을 보유하
고 있는 제한적인 사건에서 도출되었다는 가정은 다음의 결과를 갖는다.

1. 원래 네 가지 기본적인 상황유형들 중의 하나인 진행(Prozess)은 이
   차적인 수식(반복)을 통해서 생겨난 유형으로 강등된다. 이것은 결
   국 Sie wurde jahrelang dicker(그녀는 수 년 동안에 점점 더 뚱뚱해
   졌다)는 Sie radelte jahrelang zum Bahnhof(그녀는 수 년 동안 자전

거를 타고 역으로 갔다), Wie lange entdeckte sie Formeln?(그녀가
공식을 발견하는 데 얼마의 시간이 소요되었느냐?), Maria nieste
letzten Sommer(마리아는 지난여름 내내 재채기를 했다)에서처럼
부사어를 통해서 강요된 반복적인 해석과 일치하는 결과를 초래한
다(Musan 1999:15,18). 이에 대해서는 7.2.1. 참조.

2. 당연한 결과로서 예컨대 werden처럼 진행과 완성 사이에서 교체되
는 이동동사 laufen, fahren은 이들의 SF에서 제한적인 성분을 포함
하고 있음에 틀림없다. 만일 그렇다면 진행적인 특성은 werden에서
처럼 도출되었을 것이다. 따라서 laufen은 장소변화의 제한적인 동
사가 되어야 하며 Peter läuft (abends stundenlang)(페터는 (저녁에
수 시간 동안) 걷는다)는 반복적인 장소변화의 결과로서 표현되어
야 할 것이다. 물론 어느 누구도 이런 식으로 처리하지는 않을 것이
다.

3. 제한이 없는 변화에서는 Px가 중단되고 그리고 상보적인 속성 Px
가 시작되는 것(Musan1999:6/7 비교), 즉 groß werden에서처럼 개
개의 고정값을 가정하는 것이 불가능하다. 그러나 größer werden에
서는 – 일반적으로 동질적인 상황에서처럼 – 전상태도 후상태도 포
함되어 있지 않다. 변화하는 것은 오로지 "크기"(Größe) 차원의 척
도값 뿐이다.

Jackendoff(1996:316f)는 견해 A의 가정을 다음과 같은 이유에서 사실
을 올바르게 표현하지 못하는 스냅사진 방법이라고 일컫는다.

1) "(...) 그것은 이동중인 사건의 본질적인 연속체를 잘못 설명하고 있

다. ... 유한집합의 연속사건(subevent)에 대한 선택은 전적으로 임의적이
다." 2) "연속사건에 대한 유한한 연속체는 필연적으로 명기된 시작과 끝
을 가지고 있으므로 최종점의 부재(absence)를 기호화할 수는 없다. 따
라서 무한한 사건의 기호화는 의미표현에서 대수술을 요구한다." 3) 이
것은 이 각각의 스냅사진에서 물체가 움직이고 있다는 것을 의미하는 것
은 아니다. 물체는 새로운 장소의 새로운 연속사건에서 갑자기 나타나는
대신에 ... 옛날 영화처럼 한 상태에서 다른 상태로 희미하게 변화한다."

　　CHANGE를 정의하기 위한 Jäger의 제안(준비중)은 바로 이와 반대되는
입장을 취한다. 사건은 일종의 퇴화된 진행이다. 그의 진리조건에 따르면
CHANGE는 다음의 의미를 갖는다.

　　‖ CHANGE ‖ (P)(s)=1. (단 s의 모든 부분상황 s′에 대해서 P의 형성도
　　(Ausprägungsgrad)가 s′의 후상태에서보다는 s′의 전상태에서 낮은
　　경우에 한해서만 참이다)

　　모든 비상태 술어는 특정한 척도에 따른 변화를 지시한다는 직관이 이
정의의 토대를 이루고 있다. 이 모든 술어들은 의미성분 CHANGE를 포함하
고 있으며 개개의 척도는 논항 "P"에 의해서 결정된다. 완성과 성취에서
는 이 척도가 <nicht P, P>로 퇴화하고 전통적인 BECOME은 CHANGE의 특
수한 경우로서 나타난다. größer werden과 같은 진행의 경우에서는 이
척도가 퇴화하지 않으며 우리는 확정된 목표점이 없는 확장된 변화, 즉
비제한적인 술어를 얻게 된다.

　　그러나 필자의 견해로는 상황의 제한성뿐만 아니라 진행성과 관련해
서도 werden은 명시되어 있지 않다. 명시(Spezifikation)는 연사 보충어
의 몫이다.

7.2. 견해 B

Jackendoff(ibid.)는 다음과 같이 말하고 있다: "필자는 이동을 상태의 유한한 연속체로 다루는 대신에 시간에 대한 계속적인 변화로서 기호화하고 싶다. (...) 어떤 임의의 순간에서도 해당 위치가 존재한다."

Kaufmann(1995:43f)은 진행동사의 속성을 Wunderlich/Herweg(1991)에 따라서 다음과 같이 형식화하고 있다: "진행은 상태처럼 동질적이며 시간적으로 제한되어 있지 않다. (...) 진행은 변화를 내포하기 때문에 간단한 작용을 통해서 시간으로부터 변화가 표현되는 동사특수적인 차원으로 특징화될 수 있다. 이 '동사특수적인 차원'은 상이한 성질을 가질 수 있다: 과정이 목적어에 의해서 표현되는 테마 논항의 획득을 내용으로 하는 essen과 같은 동사에서는 목적어가 ... 차원을 표현한다. (...) BV의 경우에서는 MOVE에서 기호화된 이 모사가 공간에서 걸어 온 길(Weg)을 나타낸다. 즉 상이한 시점에서 움직이는 물체는 길을 구성하는 상이한 지역을 차지한다."

앞 장에서 제시한 필자의 가정은 이 견해와 일치한다. 필자와 의견을 달리하는 대부분의 사람들은 이 점을 물고 늘어지기 때문에 필자는 다시 한 번 핵어로서 원급(P_{relp})의 관계형용사를 취하는 AP와 비교급(P_{relk})의 관계형용사를 취하는 AP 사이의 차이점을 강조하고자 한다.

이 둘은 비교값에 연관되어 있지만 원급의 형용사는 비교값으로서 기준값을 취하며 이 기준값의 상부에 있는 단면(groß의 경우) 내지는 하부에 있는 단면(klein의 경우)을 표현한다. werden의 문맥에서는 원급의 형용사가 목표의 상태나 변화의 후상태를 얻는다. 비교급의 형용사는 개개의 비교구 W의 내용을 비교값으로 가정한다. werden의 문맥에서는 여기서 우리의 관심을 끄는 비교단계가 재구성될 수 없는 경우(Default-Fall)에 W가 시간 T를 통해서 실현되는데, 이 시간 T의 부분시간 t_i는 s

의 부분상황 s$_i$와 평행한다. 어떤 목표도 보이지 않는다. größer werden
은 변화상황은 지시하지만 상태변화의 상황은 지시하지 않는다.

또 다른 논증들이 견해 B를 뒷받침한다.

7.3. 내부적인 반복성과 외부적인 반복성

견해 A에 따르면 werden의 상황논항 s는 BECOME의 속성을 토대로 하
여 우선 제한적인 사건에 관련된다. 다음과 같은 문장에서는 비제한성이
한 사건에 대한 무제한적인 반복을 가정함으로써 서로 아무런 차이 없이
실현된다.

(30) a) Peter wurde (jahrelang) dicker / nahm (jahrelang) zu.
    (페터는 (수 년 동안에) 점점 더 뚱뚱해졌다 / 체중이 늘었다)

  b) Die Soldaten töteten (wochenlang) Geiseln.
    (군인들이 (몇 주 동안에 걸쳐) 인질들을 죽였다)

  c) Peter fuhr einen Sommer lang mit dem Rad auf die Datsche.
    (페터는 여름 내내 자전거를 타고 목조 별장으로 갔다)
    Er betrat wochenlang das Zimmer ohne zu grüßen.
    (그는 수 주 동안 인사도 없이 방안으로 들어 왔다)
    Maria nieste von zehn bis zwölf Uhr.
    (마리아는 10시부터 12시까지 재채기를 했다)

필자는 이 문장들 사이에는 다음과 같은 차이점이 있다고 본다.

(30a): zunehmen/dicker werden의 의미는 변화의 경계와 후상태에 대
한 어떤 확정도 포함하지 않는다. 변화에 대한 제한이 없는 경우 이 변화

는 서서히 계속되는 것으로 간주된다. 그러면 원소적인 상황 s_i는 시점 t_i 와 평행선을 이룰 수가 있어서 페터가 모든 t_i 시간에서는 이전의 시간에 서보다는 더 뚱뚱해진다. 이것이 특정한 문맥에서는 CHANGE에 대한 하나 의 해석이라는 사실을 주목해야 할 것이다.

(30b): 이에 반해 töten은 그 의미 안에 전상태와 후상태에 대한 정보 를 포함한다. (불특정 다수의) 인질들을 죽이는 것은 모든 개개 인질들에 게는 죽음으로 끝난다. 죽이는 사건은 무수히 반복되므로 이차적으로는 하나의 진행 안에 있는 원소적인 사건이 된다.

(30c): 이 문장들은 하나의 사건을 지시한다. 명시적인 기간을 통해서 비로소 반복적인 해석이 강요된다.

필자가 아직도 여전히 유효하다고 생각하고 있는 Steinitz(1981)에 있 는 의미구성에서 두 가지 종류의 반복(Iteration)을 견해 A에 반대하는 논거로서 제시하고자 한다.

1. 상태와 진행은 내부적(inner)인 시간관계의 의미에서 단순할 수도 있고 또 복잡할 수도 있다. schlafen(잠자다), arbeiten(일하다) 따위는 분 절할 수 없는 단순한 상황을 지시한다(집단징후에 유추하여). atmen(숨 쉬다), flattern(날개를 펄럭이다), husten(기침하다), schreiten(걷다)은 내 부적으로 동일한 원소적인 과정("한 번의 호흡/날개짓을 하다")의 연속적 인 순서로서 분석될 수 있는 복잡한 상황을 지시한다. 이 상황은 입상(粒 狀, Körnung)을 나타내고 여기서는 빈복성이 동사의미에 대해 구성적 (konstitutiv)이며 우리는 이것을 내부적인 반복성(innere Iterativität)이 라고 일컫는다. 그러나 상황의 배열을 위해서는 이 입상이 중요하지 않 다. flattern, fliegen, schreiten, fahren은 수식적인 의미차이는 있지만 동 일한 하위부류인 이동동사에 속한다. 이들은 모두 예컨대 Der Airbus flog in großer Höhe(에어버스가 아주 높은 고도에서 날라 갔다)에서처럼

이동이 입상을 나타내건 나타내지 않건 상관없이 "이동중인 사건의 연속체"(Jackendoff)를 지시한다. 필자의 생각으로는 Peter wurde größer 역시 이런 성질을 갖는 것처럼 보인다. 바로 앞의 시간과 비교하여 페터의 키가 커진 모든 시간을 임의적으로 끌어내어 계속해서 분절할 수 있다. 가능한 원소적인 과정이 아니라 동사 내지는 연사구성에 의해 지시되는 전체 과정만이 (그 보충어와 더불어) 하나의 상황, 특히 비제한적인 상황을 지시한다.

비제한적인 상황의 입상은 하나의 원소적인 과정을 끌어내는 경우에만 중요하다. 동작상의 용어로서는 일회상(Semelfaktiv)이 바로 이것을 의미한다: dyšat′ : dychnut′ "einen Atemzug tun"(한 번 호흡하다), kopnut′ "einen Spatenstich tun"(한 번 삽질하다)을 비교.

2. 전체상황은 외부적인 시간관계의 의미에서 복잡할 수도 있다: (30c)의 예문과 oft schlafen(가끔 잠자다), immer wieder auf den Ast flattern (언제나 다시 나무 가지 위로 날아가다)가 여기에 속한다. 따라서 제한적인 동사뿐 아니라 비제한적인 동사도 해당될 수 있다. 개별상황들이 양화되는데, 이 양화(Quantifikation)는 외부적으로 결정되어 있으며 내부적인 시간관계와는 무관한 시간에 따라서 상대적으로 이루어진다. 개별상황의 연속체는 불연속적으로 진행된다. 여기서는 반복성이 동사의미에 대해 구성적이 아니며 전체표현을 시간적으로 수식(modifizieren)하므로 우리는 이것을 외부적인 반복성(äußere Iterativität)이라고 일컫는다. 특수한 상황유형을 외부적인 반복성을 통해 대체할 수 있는 것은 이차적인 상황유형을 수식하는 경우이다. 외부적인 반복은 모든 동사부류에서 가능하다. 다음의 예들이 차이점을 분명히 보여준다.

(31) (Petra bemühte sich abzunehmen.) (페트라는 몸무게를 줄이기 위해 노력했다)

　　a) aber statt dessen nahm sie mehr und mehr/wochenlang zu.
　　　(그러나 그 대신에 그녀의 몸무게는 점점 더/몇 주 동안에 더욱 늘었다) (내부적인 반복성)

　　b) aber sie nahm immer/mehrmals wieder zu.
　　　(그러나 그녀는 언제나/여러 번 몸무게가 다시 늘었다)
　　　(외부적인 반복성)

　(31a)에서는 페트라의 몸무게가 임의적으로 선택한 시점에서는 그 바로 앞의 시점에서보다도 늘어나야 한다. 이에 반해 (31b)에서는 페트라의 몸무게가 언제나 다시 처음의 몸무게로 되돌아 갈 수도 있다.

　외부적인 반복성은 이러한 문법범주를 갖는 언어들 안에 있는 동작상(Aktionsart)에 대한 예이다. 러시아어에서는 -yva-/-iva로 형성된 미완료상이 반복적인 해석도 가질 수 있다: vidyvat′ "oft sehen, zu sehen pflegen"(가끔 본다, 보곤 하다), On raziskival svoi igruški "Er fand immer wieder seine Spielsachen"(그는 언제나 다시 그의 장난감을 발견하였다). 동작상이 있는 언어는 동작상 중립적인 기저동사로부터 외부적인 반복성의 의미에서만 반복상(Iterativ)을 형성하고, atmen과 같은 내부적인 반복성을 위해서는 어떠한 경우에서도 반복상 접사를 가정하지 않는다. 독일어는 다만 동작상과 상황유형의 상대화를 위한 어휘적인 바꿔쓰기만을 사용한다. 이에 대해 보다 자세한 것은 Isačenko(1962)와 Steinitz(1981)를 참조.

7.4. 진행과 사건의 교체현상

관계형용사를 취하는 werden-구성은 다른 동사부류들(이동동사와 SUK-동사)과 진행술어와 사건술어 사이에서 교체할 수 있는 속성을 공유하고 있다. 이 다른 동사부류에서는 물론 어느 누구도 견해 A에 따른 werden의 경우에서처럼 주석 없이는 사건변이형으로부터 진행변이형을 도출하려는 생각을 갖지 않을 것이다.

(i) 비교점 SUK-동사

DP-형태의 보충어는 목적어가 서서히 사건에 종속하는 진행을 지시하는 한 표현의 상황유형에 영향력을 갖는다(집합 목적어). 목적어의 성분이 사건의 성분에 해당한다. trinken과 그 보충어가 이러한 연속적인 피동자의 관계에 있다(SUK-동사). Krifka(1989) 비교. Krifka는 시간구성에 대한 그의 분석의 토대를 비제한적인(atelisch) 동사, 그의 용어로서는 집합(kumulativ) 동사 및 집합명사/복수 개체명사와, 제한적인(telisch) 동사 및 가산명사의 평행선에 두고 있다. 동사 essen(먹다), trinken(마시다), malen(그리다)은 Krifka(1989:155ff.)에 따르면 집합적인, 즉 비제한적인 진행동사이다.

(32) a) Er trinkt Wein. (그는 포도주를 마신다)
     b) Er isst Äpfel/Obst. (그는 사과/과일을 먹는다)

위의 문장은 집합적(비제한적)인 문장이다. 왜냐하면 DP-형태의 보충어가 집합적인 복수술어이거나(Äpfel) 또는 집합적인 단수술어(Wein, Obst)이기 때문이다.

(33) a) Er trinkt ein Glas Wein. (그는 포도주 한 잔을 마신다)

　　 b) Er isst einen Apfel. (그는 사과 하나를 먹는다)

이에 반해 위의 문장은 제한적이다. 왜냐하면 DP-형태의 보충어가 양화되어 있기 때문이다.10) 타동사의 보충어-DP에 대한 양화나 집합(축적)이 전체표현을 완성 내지는 진행으로 결정한다. Tenny(1994)도 이와 비슷한 방법을 사용한다.

werden은 두 상황유형 사이에 있는 보충어의 종류에 따라서 동일한 방법으로 변화한다. 그러나 몇 가지 차이점이 있다. 즉 werden은 보충어 없이는 등장하지 않으며 따라서 집합성(다른 용어로서는 진행성)과 관련하여 명시되어 있지 않다. 비교단계를 포함하는 비교급 형용사의 의미는 größer werden이 중의적이 되도록 하며 또한 재구성할 수 있는 비교단계를 통해서 제한적이 되도록 한다(6.1.1. 비교).

(ii) 비교점 이동동사

연사처럼 이동동사는 그 의미형식에서 변항 P를 통해 표현되는 술어 논항을 취하는데, 이 논항은 PP로 실현될 수 있다. 또한 이동동사는 PP-보충어의 종류에 따라서 진행과 완성 사이에서 교체될 수 있다. 어떤 대상이 이동하면 그 대상이 원을 그리든지, 목표 없이 배회하든지, 특정한 방향으로 접어들든지, 또는 목표를 찾아내든지 상관없이 그 대상은 길(Weg)을 만든다(Kaufmann(1995) 비교). 길은 동사 보충어와 상관없이 이동동사 자체의 의미성분에 속한다.11) 정상적인 경우에서는 길 그

---

10) Krifka는 보충어 유형의 이러한 영향력이 SUK-동사에서만 적용된다고 지적하고 있다. sehen 및 다른 비제한적인 동사들에서는 목적어가 어떠한 방법으로도 동사의 비제한성에 영향을 주지 않는다. Er sah das Schiff noch stundenlang(그는 아직도 수 시간 동안 배를 바라보았다)/*in einer Stunde. 이 표현은 상태술어처럼 행동한다. 4장 참조.

11) 이에 반해 이 주제에 대해 필자가 알고 있는 모든 논문들은 길이란 방향적인 PP로 명기될 수 있는 장소로 정의되어 있다는 사실에서 출발한다. Bierwisch(1988:25ff)에서 길

자체가 언어적으로 명기되지 않는다. Er fuhr viele Umwege(그는 많이 우회하여 차를 몰았다), Er hatte einen weiten Weg zurückgelegt(그는 먼 길을 걸어왔다)와 같은 특수한 경우에서는 길이 소위 내재적인 대격 (innerer Akkusativ)으로서(예: den Schlaf des Gerechten schlafen(깊은 잠을 자다)에서처럼) 명시될 수 있다.

목적어의 이동과 그 결과로 생기는 길은 P의 가능한 명시로서 vorwärts (앞으로), nach Süden(남쪽으로)과 같은 표현을 통해서 명시적으로 하나의 방향을 얻는다. 동질적인 개체들의 표현에 적용되는 것이 전체술어의 표현에도 적용된다. "남쪽으로 가다"(südwärts laufen)가 T의 모든 부분 시간에서 참이면 시간 T에 대해서도 참이 되며(Dowty 1979) 이 표현은 제한적이다. 이동, 즉 길이 끝나는 목표의 명명을 통해서 비로소 이동의 제한이 생겨난다. 적절한 목표첨가어라고 일컬을 수 있는 in die Stadt (그 도시로)와 같은 방향첨가어가 이 역할을 한다. in die Stadt laufen(그 도시로 가다)은 제한적이다.

(iii) 유사점과 차이점

진행과 완성의 교체와 관련하여 SUK-동사, 이동동사 및 werden 사이의 유사성은 명백하다. 제한성과 관련하여 모든 세 부류는 명확히 규정되어 있지 않다. 보충어 유형이 비로소 전체표현이 비제한적인지 제한적인지, 즉 상황유형이 진행인지 사건인지를 결정한다.

(stadteinwärts) laufen((시내로) 가다), dunkler werden(점점 더 어두워지다)(이미 언급한 바와 같이 재구성할 수 있는 비교단계가 없는)과 같은 표현들은 Obst/Äpfel essen(34a,35a)과 같이 행동하고, in die Stadt laufen(그 도시로 가다), dunkel werden(어두워지다)과 같은 표현들은

이란 구간삽입을 통해서 구조화된 장소이다. 이때 "Init"(aus dem Haus)는 길의 시작을 표현하고 "Fin"(in die Stadt)은 가장 긴 구간, 즉 끝을 표현한다.

drei Äpfel essen(34b,35b)과 같이 행동한다. 두 종류의 지속부사어와 기간부사어를 취하는 검사와 병렬검사(Koordinationstest)가 이러한 사실을 확인시켜 준다.

(34) DP: a) Peter aß stundenlang Obst/Äpfel. (페터는 몇 시간 동안
　　　　　　과일/사과를 먹었다)
　　　　　*Er aß in einer Minute Obst/Äpfel.
　　　b) *Er aß stundenlang drei Äpfel.
　　　　　Er aß in einer Minute drei Äpfel. (그는 1분 안에 사과 세
　　　　　개를 먹었다)
　　PP: a) Er lief stundenlang stadteinwärts. (그는 몇 시간 동안 시
　　　　　내로 갔다)
　　　　　*Er lief in zwei Stunden stadteinwärts.
　　　b) *Er lief stundenlang in die Stadt.
　　　　　Er lief in zwei Stunden in die Stadt. (그는 두 시간 안에
　　　　　그 도시로 갔다)
　　AP: a) Es wurde zehn Minuten (lang) dunkler. (10분 동안에 점
　　　　　점 더 어두워졌다)
　　　　　*Es wurde in zehn Minuten dunkler.
　　　b) *Es wurde zehn Minuten (lang) dunkel.[12]
　　　　　Es wurde in zehn Minuten dunkel. (10분이 지나서 이두

---

12) 별표 있는 두 문장이 정문이라고 생각하는 사람은 a)에 있는 부사어 in zehn Minuten 이 b)에서와는 달리 더 어두워지는(Dunklerwerden) 사실이 시작되는 기간을 표현한다는, 보다 엄밀히 말해서 innerhalb von zehn Minuten으로 표현된다는 사실을 고려해야 한다. Es wurde zehn Minuten (lang) dunkel에서는 다시 영역관계가 변화되었다. 사건 자체가 아니라 후상태가 zehn Minuten의 영역 안에 있다. 동의어적인 명시적인 형태 Es wurde für zehn Minuten dunkel이 이것을 분명히 해준다. 성취동사에서는 이 형태가 유일하게 가능한 형태이다. Er betrat *(für) zehn Minuten das Zimmer을 비교.

워졌다)

(35) a) Er aß und aß (Äpfel). (그는 (사과를) 먹고 또 먹었다)

　　　Er lief und lief (stadteinwärts). (그는 (시내로) 가고 또 갔다)

　　　Es wurde dunkler und dunkler.[13] (점점 더 어두워졌다)

　b) *Er aß und aß drei Äpfel.

　　　*Er lief und lief in die Stadt.

　　　*Es wurde dunkel und dunkel.

Es wurde dunkler und dunkler/Es wurde immer dunkler(날이 점점 더 어두워졌다)에서는 문맥이 특정한 비교값을 제공할 수 있는 가능성이 언어적으로 배제되어 있으며, 비제한적인 해석만이 존재한다. 그밖에 werden+비교급 형용사구는 형용사의 의미 안에 있는 비교값의 가변성 때문에 중의적이다.

　◇ 문맥적으로 제시된 비교값이 구성의 제한성을 초래한다.

　◇ 이런 비교값이 없으면 내부적인 반복을 통해서 비제한성이 초래된다.

DP와 목표를 표현하는 PP 내지는 원급의 AP 사이의 차이에 대해 유의해야 한다. in die Stadt(그 도시로)와 같은 PP 및 groß(키가 큰)와 같은 AP만이 그 술어의 성격을 토대로 하여 진행이 목표로 하는 후상태 in der Stadt sein(그 도시에 있다), groß sein(키가 크다)을 지칭한다. 이에 반해 drei Äpfel과 같은 양화 DP는 "목적어 지시체가 동사의 사건에 종속함으로써" - 이 경우에서는 이 지시체가 사라져 없어질 때까지 - 진행

---

13) Es wurde immer dunkler 안에 있는 immer와 같은 강화사(Intensivierer)가 동일한 결과를 초래한다. *Es wurde immer dunkel은 비문이다(Lindström 참조).

"essen"의 제한성을 결정한다. 그러나 표현 drei Äpfel essen(사과 세 개를 먹다)은 후상태에 관해서는 아무 것도 언급하지 않으며 후상태는 (36a)에서처럼 특별히 지칭되어야 한다.

이 점에서 DP-논항은 모든 비제한적인 동사에서의 수식적인 정도첨가어와 기간부사어와 유사하다(36b 비교).

(36) a) Peter aß drei Äpfel / Er aß eine Stunde lang und hörte dann auf / und war dann satt / und ging dann joggen /... (페터는 사과 세 개를 먹었다/그는 한 시간 동안 먹고 그리고 나서 중단했다/그리고 나서 싫증이 났다/조깅을 나갔다)

b) Er wuchs drei cm / lief zwei km und blieb dann stehen. (그는 키가 3cm 자랐다/2km를 달리고 나서 멈추어 섰다)

이에 반해 werden과 이동동사에서는 보충어 (목표를 나타내는 PP 내지는 원급의 AP) 안에 명시적인 후상태가 언급되어 있으므로 상태변화(Zustands-wechsel) 역시 포함되어 있음에 틀림없다.

8. werden – 구성의 명시화

8.1. 요약

AP + sein

sein-구성은 그 술어논항의 하위부류와 관계없이 상태술어이며 상황을 동질적(homogen)이며 정태적(statisch)으로 지시한다.

동질적인 상황이 시간 T에서 참이면 T의 모든 부분시간에서도 참이된다. 동질적인 술어는 상황시간 외부에 있는 명제, 즉 이웃상황(전상태와 후상태)을 지시하는 명제에 대한 어떤 관계도 포함하지 않으며 따라서 기술된 상황의 시작과 끝에 대한 확정을 포함하지 않는다.

AP + werden

werden은 그 보충어의 종류와 관계없이 상황을 비정태적으로, 즉 술어논항에서 언급된 속성과 동일한 값을 갖는 부분상황이 존재하지 않는 변화를 기술한다. werden이 무표의 정태적인 연사 sein과는 술어 CHANGE를 통해서 구별된다. CHANGE는 제한성과 진행성의 관점에서 결정되어 있지 않다. 비교급의 AP(하위부류 P_{relk})는 가변적인 값을 갖는 속성을 표현하며, werden과 더불어 변화에 대해서 어떤 방향은 주어지지만 재구성할 수 있는 비교값 없이는 어떠한 제한도 주어지지 않으므로 후상태를 알 수가 없다. 제한이 없는 변화가 진행이다. 원급의 AP(하위부류 P_{relp}, P_{abs})는 속성에 대한 고정값을 표현한다. werden과 더불어 이 고정값은 목표상태나 또는 후상태로 해석된다. 함축된 후상태가 있는 변화는 제한적(telisch)이며 사건(Ereignis)을 나타낸다. 절대형용사의 문맥 안에 있는 werden은 Nicht-P에서 P로의 직접적인 변화를 통해서 표지되며 이 변화는 어떤 진행성도 허용하지 않고 원자적(atomar)이다. 제한적인 술어로서 이해되는 BECOME은 동사 안에 포함되어 있지 않으며 또한 보충어 안에는 더더욱 포함되어 있지 않다.

이로써 우리는 지금까지 다룬 연사구성의 명시화에 대한 모든 요소들을 모아 보았다. 그러나 필자는 아직도 만족할만한 형식적인 기술의 마당에서 동요하고 있음을 인정한다.

8.2. 의미의 축적

제한적인 (비동질적) 변화

groß werden(커지다)과 schwanger werden(임신하다)은 비동질적(inhomogen)인 술어이며 werden의 술어논항은 어휘적 핵어로서 원급의 형용사(관계형용사(P_{relp}) 내지는 절대형용사(P_{abs}))를 취한다. 척도에서 고정된 단면을 표현하는 이들의 내재적인 속성은 변화동사 werden의 문맥 안에서 변화에 대한 제한과 목표($_{TARG}$et)를 지시하는 기능을 얻는다. 원급의 관계형용사나 절대형용사의 개별적인 의미형식을 위해서 약어 P_{relp} 내지는 P_{abs}가 사용된다(5장 비교). CHANGE[P(x)]는 이 문맥에서 술어 TARG를 통해서 축적된다. 다음의 의미공준(Bedeutungspostulat)이 적용된다.

(37) $\forall s \ (\exists s'[s' \ \text{TARG} \ s] \leftrightarrow \exists P_{relp/abs} \ \exists x[s \ \text{INST} \ [\text{CHANGE} \ [Px]]])$

이로써 목표상태의 실제적인 도달에 대해서는 어떤 것도 확정되어 있지 않다. 이 제약은 상(Aspekt)이 있는 언어에서는 중요한 것으로 증명된다. 견해 A의 성분 BECOME은 도달된(완료) 목표상태와 도달되지 않은 (미완료) 목표상태 사이에 있는 이러한 구별을 허용하지 않는다.

원자적인 변화

"schwanger werden"은 원자적인 변화술어이다. 그 부정과 모순관계에 있는 절대형용사(P_{abs})의 속성으로부터 변화상황 s가 연장될 수 있는 것이 아니라 시점적(punkuell, ATOMar)이라는, 즉 s의 부분상황 s_i이 존재하지 않는다는 사실을 도출할 수 있다. 이 조건하에서 서술어(Prädikation)는 또 다른 성분인 ATOM을 추가하게 된다.

(38) $\forall s([_{ATOM} s] \leftrightarrow \neg \exists s_i [s_i \subset s]])$

TARG와 ATOM은 어휘단위의 의미형식 werden+형용사에 대한 모든 통사적인 교체형(Alternant)에서도(즉 sterben(죽다), einschlafen(잠들다), altern(늙다)) 어떤 역할을 한다.

8.3. 상황유형의 명시화

필자가 보기에는 상황유형이란 단어의미가 의미공준과의 결합으로부터 생겨나는 특정한 배치에 대한 이름이다. 다음의 정의가 적용된다.

(39) $\forall s([_{ZUSTAND} s] \leftrightarrow df \forall P \forall x \forall s_i [[s \text{ INST}[Px] \& s_i \subset s] \rightarrow [s_i \text{ INST}[Px]]])$

변화상황은 술어 CHANGE로 표지되는 비상태이다. 어떤 목표가 있는 변화상황이 사건(Ereignis)이다.

(40) $\forall s([_{EREIGNIS}\ s] \leftrightarrow df\ \exists P \exists x[[s\ _{INST}\ _{CHANGE}\ [Px]]\ \&\ \exists s'[s'_{TARG}\ s]])$

진행(Prozess)은 목표가 없으며 CHANGE를 통해서 충분하게 특징지어져 있다. 달리 말해서 목표로 하는 후상태가 없는 변화가 진행이다.

성취(달성, Achievement)는 원자적(atomar)인 사건이다.

(41) $\forall s([_{ACHIEVEMENT}\ s] \leftrightarrow df\ \exists s'[s'_{TARG}\ s]\ \&\ [_{ATOM}\ s]$

완성(완수, Accomplishment)은 TARG를 통해서 충분히 특징지어져 있다. 다시 말해서 원자적으로 특징지어져 있지 않은(nicht-atomar) 목표지향적인 변화가 완성이다.

유형들 상태, 진행 및 완성은 개별적인 명시화의 부재에서 생겨난다. 술어 CHANGE, TARG, ATOM으로 표현되는, 점차로 제약적인 명시화는 다음과 같은 상황유형의 계층에 연결된다: (LE=Lexikoneintrag(어휘내항), BP=Bedeutungspostulat(의미공준)).

(42)

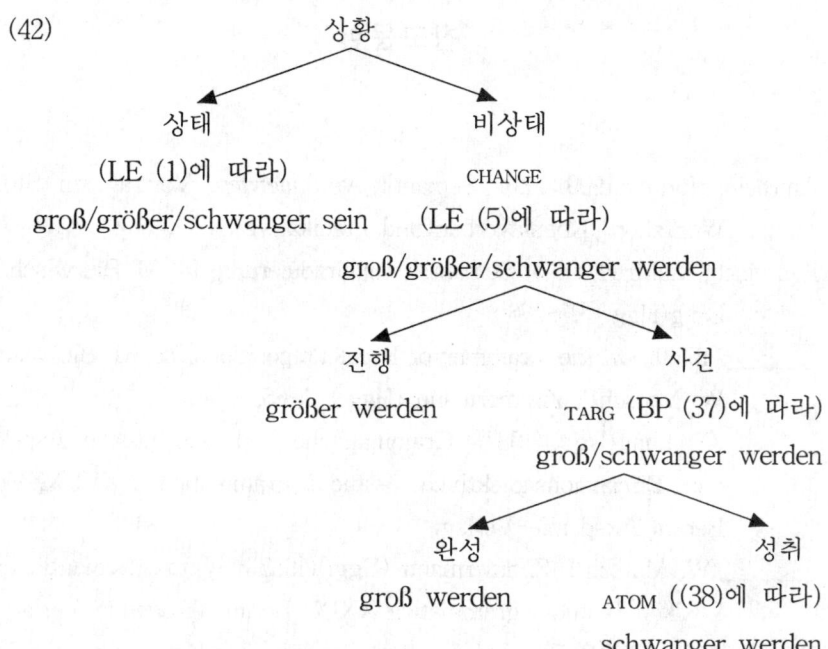

우리는 4장에 있는 도표 (7)과 같은 단지 두 가지 의미부류의 성분(±Prozess, ±Become)만을 가지고서는 기술할 수 없는 상황유형들 사이의 표지관계에 대한 기술을 얻게 된다. 하나의 상황유형을 확인시켜주는 의미제약적인 술어(다른 표기로서는 +로 표지된 자질)의 증가와 더불어 유형의 표지도 역시 증가한다(표지되지 않은 자질은 기준값 -로 표지된다).

(43)

상황유형	CHANGE [Px]	S'TARG S	ATOM S
상태			
진행	+		
완성	+	+	
성취	+	+	+

참고문헌

Amrhein, Jürgen(1999): Zur Semantik von *werden*. Vortrag im SFB-Workshop "Kopulaverben und Prädikative".

Bierwisch, Manfred(1987): Semantik der Graduierung. In: M. Bierwisch/E. Lang(Hgg.) 91-286.

_____(1988): On the Grammar of Local Prepositions. In: M. Bierwisch/W. Motsch/I. Zimmermann (Hgg.), 1-65.

_____/E. Lang(Hgg.)(1987): Grammatische und konzeptuelle Aspekte von Dimensionsadjektiven (=studia grammatica XXVI/XXVII). Berlin: Akademie-Verlag.

_____/W. Motsch/I. Zimmermann (Hgg.)(1988): Syntax, Semantik und Lexikon (=studia grammatica XXIX) Berlin: Akademie-Verlag.

Bäuerle, Rainer(1994): Zustand-Prozess-Ereignis. Zur Kategorisierung von Verb(alphras)en. In: Wuppertaler Arbeiten zur Sprachwissenschaft 10, 1-32.

Comrie, Bernhard(1976): Aspect. Cambridge: Cambridge University Press.

Demjjanov, Assinja(1998): Eine semantische Untersuchung der Perfektivierungspräfigierung. Diss. Humboldt-Universität Berlin.

Dölling, Johannes(1997): Ist die Kopula mehrdeutig? Anmerkungen zu einem Vorurteil. In: U. Scheffler und K. Wuttich(Hgg.): Terminigebrauch und Folgebeziehung, Berlin: Logos, 5-24.

Dowty, David(1979): Word meaning and Montague Grammar. The Semantics of Verbs and Times in Generative Semantics and in Montague's PTQ. Synthese Language Library, Vol. 7. Dortrecht: Reidel Publ. Company.

Heim, Irene(1985): Notes on comparatives and related matters. Ms., University of Texas.

Herweg, Michael(1991a): Perfective and imperfective aspect and the theory of events and states. In: Linguistics 29, 969-1010.

_____(1991b): Temporale Konjunktionen und Aspekt. In: Kognitionswissenschaft 2 : 51-90.

Isačenko, Alexander(1962): Die russische Sprache der Gegenwart. Teil I Formenlehre. Halle: Niemeyer.

Jackendoff, Ray(1993): Semantics and Cognition. Current Studies in Linguistics Series, Vol. 8. Cambridge(Mass), London: The MIT Press, 6. Aufl.

_____(1996): The Proper Treatment of Measuring Out, Telicity, and Perhaps Even Quantification in English. In: Natural Language & Linguistic Theory 14/2, 305-354.

Jäger, Gerhard (in Vorbereitung): Eine alternative Analyse von _werden_.

Kamp, Hans und Uwe Reyle(1993): From Discourse to Logic, Part 2. Kluwer Academic Publishers.

Kaufmann, Ingrid(1995): Konzeptuelle Grundlagen semantischer Dekompositionsstrukturen: Die Kombinatorik lokaler Verben und prädikativer Komplemente. Tübingen: Niemeyer (=Linguistische Arbeiten 335).

Klein, Ewan(1980): A semantics of positive and comparative adjectives. In: Linguistics and philosophy 4, 1-45.

_____(1991): Comparatives. In: A. v. Stechow/D. Wunderlich (Hgg.): Semantik: ein internationales Handbuch der zeitgenössischen Forschung. Berlin/New York: de Gruyter, 673-691.

Klein, Wolfgang(1992): Tempus, Aspekt und Zeitadverbien. In: Kognitionswissenschaft Band 2 Heft 3/4, 107-118.

_____(1994): Time in Language. London: Routledge.

Koch, Wolfgang/Rosengren, Inger(1995): Secondary Predications: Their Grammatical and Conceptual Structure. In: Sprache und Pragmatik

35 (Lund).

Kratzer, Angelika(1994): The Event Argument and the Semantics of Voice. University of Massachusetts, Amherst (Manuskript).

Krifka, Manfred(1989): Nominalreferenz und Zeitkonstitution. Zur Semantik von Massentermen, Pluraltermen und Aspektklassen. München: Fink Verlag.

_____(1989a): Nominalreferenz, Zeitkonstitution, Aspekt und Aktionsart (Hgg.): Eine semantische Erklärung ihrer Interaktion. In: W. Abraham, Th. Janssen: Tempus-Aspekt-Modus. Tübingen: Niemeyer, 227-258.

Lang, Ewald(1987): Semantik der Dimensionsauszeichnung räumlicher Objekte. In: M. Bierwisch/E. Lang (eds.) 287-458.

_____(1993): Duale Operatoren. Teilprojekt D2 des Sonderforschungs-bereichs 282, Theorie des Lexikons, Bergische Universität Gesamthochschule Wuppertal. Finanzierungsantrag 1994-96.

_____& L. Geist(1999): Kopula/Prädikativ-Konstruktion als Syntax-Semantik-Schnittstelle (=ZAS Papers in Linguistics 14).

_____& Cristina Schmitt & Renate Steinitz (in Vorbereitung): REMAIN and BECOME.

Levin, B & T.R. Rappaport Hovav(1991): The Lexical Semantics of Verbs of Motion. In: I. Roca (Hg.): Thematic Structure: Its Role in Grammar. Berlin: de Gruyter.

Leys, Odo(1989): Aspekt und Rektion räumlicher Präpositionen. In: Deutsche Sprache 2, 97-113.

Lindström, Jan K.(1997): Intensification of the comparative. In: Linguistlist. org, 04.07.97.

Löbner, Sebastian(1989): German schon-erst-noch: An intergrated analysis. In: Linguistics and Philosophy, 12, 167-212.

Maienborn, Claudia(1994): Kompakte Strukturen: Direktionale PPn und nicht-lokale Verben. In: Felix, S./Ch. Habel/G. Rickheit(Hgg.): Kognitive Linguistik. Repräsentation und Prozesse. Opladen: Westdeutscher Verlag, 229-249.

_____(1996): "Für Renate". Vortrag auf einem Kolloquium des FAS im März 1996.

_____(1999): Situationsbezug und die Stadien/Individuen-Distinktion bei Kopula-Prädikativ-Konstruktionen. In: E. Lang & L. Geist (Hgg.), ZAS Papers in Linguistics 14, 41-64.

Marr, David(1982): Vision. San Francisco: Freeman.

Musan, Renate(1996): Zur Semantik von *werden*. Ist prädikatives *werden* transitional? In: E. Lang & L. Geist (Hgg.): ZAS Papers in Linguistics 14, 189-208.

Piñon, Christopher(1996): *Reicher werden* and *reich werden*. Workshop Prädikativkonstruktionen am FAS Berlin.

_____(1997): Achievements in an Event Semantics. First extended version of SALT VII paper, 9 July 1997.

_____(1997a): *Allmählich.* Vortrag auf der Tagung Sinn und Bedeutung 1997.

Pustejovsky, James(1991): The syntax of event structure. In: Cognition 41, 47-81.

Schlachter, Wolfgang(1968): Arbeiten zur strukturbezogenen Grammatik. München: Fink Verlag.

Steinitz, Renate(1975): Sind alle Inchoativa inchoativ? In: Linguistische Studien des ZISW der Akademie der Wissenschaften der DDR, Heft 18, 1-82.

_____(1981): Der Status der Kategorie "Aktionsart" in der Grammatik (oder: Gibt es Aktionsarten im Deutschen?) (=Linguistische Studien des ZISW der Akademie der Wissenschaften der DDR, Reihe A, H. 76).

_____(1985): Zur Struktur und Funktion des Lexikons in der Grammatik. In: Linguistische Studien des ZISW der Akademie der Wissenschaften der DDR, Heft 127, 1-42.

_____(1989): V^u, I^y und I^z: Überlegungen zum Prädikative. In: W. Motsch(Hg.): Linguistische Studien des ZISW der Akademie der Wissenschaften der DDR, Reihe A, H. 194. Berlin, 210-234.

_____(1990): Prädikation, Modifikation und die Adverbiale. In: Linguistische Studien des ZISW der Akademie der Wissenschaften der DDR, Heft 206, 117-132.

_____(1992): Durative und inchoative Prädikate und die Adverbial-komplemente von Verben. In: Hoffmann, Ludger (Hgg.): Deutsche Syntax. Ansichten und Aussichten. Berlin/New York: de Gruyter, 186-205.

_____(1997a): Lexikalische Kategorisierung: Ein Vorschlag zur Revision. In: Löbel, Elisabeth/Gisa Rauh(Hgg.): Lexikalische Kategorien und Merkmale. Tübingen: Niemeyer, 1-26.

_____(1997b): Valenznotwendige Präpositionalphrasen: weder Argument-noch Adjunktposition. In: Dürscheid, Christa/Karl-Heinz Ramers/ Monika Schwarz(Hgg.): Sprache im Fokus. Festschrift für Heinz Vater. Tübingen: Niemeyer, 329-350.

_____(1999): Deutsch *bleiben* und Schwedisch *bli*. In: E. Lang & L. Geist (Hgg.): ZAS papers in Linguistics 14, 209-226.

Steube, Anita (1995): Formale Verfahren der linguistischen Modali-tätsbeschreibung. In: Jachnow, Helmut/M. Wingender: Temporali-tät und Tempus. Wiesbaden: Harrassowitz Verlag, 70-111.

_____(1997): Der russische Aspekt und die Ereignisrolle der Verbs. In: U. Junghanns/G. Zybatow, (Hgg.): Formale Slavistik. Leipziger Schriften zur Kultur-, Literatur-, Sprach- und Übersetzungs-wissenschaft. Frankfurt/M.: Vervuert Verlag, 213-227.

Talmy, Leonard(1985): Lexicalization Patterns: Semantic Structure in Lexical Forms. In: Shopen, Timothy (ed.): Language typology and syntactic description. Volume III: Grammatical categories and the lexicon. Cambridge: Cambridge University Press, 57-149.

Tenny, Carol L.(1994): Aspectual Roles and the Syntax-Semantics Interface. Studies in Linguistics and Philosophy 52. Dortrecht/Boston/London: Kluwer Academic Publishers.

Vendler, Zeno(1967): Verbs and Times. Linguistics in Philosophy. Ithaca: Cornell University Press.

Verkuyl, Henk J.(1995): Apectualizers and Event Structure. UIL OTS Working Papers January 97.

von Stechow, Armin(1983): Sind 'groß' und 'klein' Prädikate oder Relationen? Ein Interview mit Aristoteles. In: Faust, Manfred (Hg.) Allgemeine Sprachwissenschaft, Sprachtypologie und Textlinguistik. Festschrift für Peter Hartmann. Tübingen: Narr, 105-120.

_____(1984): Comparing Semantic Theories of Comparison. In: Journal of Semantics 3, 1/2: 1-77.

_____(1996): The Different Readings of *Wieder* 'Again': A Structural Account. In: Journal of Semantics 13, 2: 87-138.

Wunderlich, Dieter(1994): Models of Lexical Decomposition. In: Edda Weigand & Franz Hundsnurscher (Hgg.): Lexical Structures and Language Use. Tübingen: Niemeyer, 169-183.

_____(1997): CAUSE and the Structure of Verbs. In: Linguistic Inquiry 28/1, 27-68.

_____/Michael Herweg(1991): Lokale und Direktionale. In: Armin von Stechow und Dieter Wunderlich (Hgg.) Semantik. Ein internationales Handbuch der zeitgenössischen Forschung. Berlin: de Gruyter, 758-785.

Zimmermann, Ilse(1987): Zur Syntax von Komparativkonstruktionen. In:

Bierwisch, M./Lang, E. (Hgg.), 29-90.

_____(1988): Die substantivische Verwendung von Adjektiven und Partizipien. In: M. Bierwisch/W. Motsch./I. Zimmermann (Hgg.), 279-311.

_____(1992): Der Skopus von Modifikatoren. In: I. Zimmermann und A. Strigin (Hgg.): Fügungspotenzen (=studia grammatica XXXIV) Berlin: Akademie, 251-32.

_____(1998a): Das deutsche Partizip II, sein Verhältnis zum Aspekt, zum Passiv und zu den Adjektiven. Vortrag 5.6.1998 am ZAS Berlin.

_____(1998b): Die Integration topikalischer DPs in die syntaktische und semantische Struktur von Sätzen. Ms.

제 5 부
언어에서 시간표현의
보조수단으로서 상과 동작상

Aspekte und Aktionsarten als Möglichkeiten zur Unterstützung
des temporalen Ausdrucks in der Sprache
－dargestellt am Beispiel slawischer Sprachen－

Sanja Glavina－Ivanus(1995)

1. 서 론

이 논문에서는 슬라브어를 예로 들어서 언어에서 시간표현의 보조수단으로서 상(Aspekt)과 동작상(Aktionsart)이라는 주제를 다룬다. 몇 가지중심적인 개념들을 엄격히 규정한 후에 우선 시간조건(Zeitbedingung)의존재를 철학적인 관점과 언어학적인 관점에서 논의한다. 이어서 동작상과 상에 관한 체계적인 기술이 뒤따른다. 이때 특히 의미적인 표지와 문법적인 표지가 밝혀져야 한다. 끝으로 크로아티아어의 시제체계에서 상의 구체적인 적용이 제시된다.

원칙적으로 형태범주인 '상'과 '동작상'은 최근에 와서 비로소 집중적으로 언어학적인 탐구의 대상이 되었다. 한편으로는 어휘적, 문법적 및통사적인 형태범주에 대한 상과 동작상의 상호의존적인 관계에 관한 분석과, 다른 한편으로는 시간적인 지시수단에 대한 의미론과 통사론이 이탐구활동의 중심을 이루고 있다(Ehrich/Vater 1988: VII ff.).[1] 해당 참고문헌에 있는 많은 저자들은 일반적으로 문법적인 상의 대립을 보이지 않는 언어들에서도 - 예컨대 독일어에서 - '상', '동작상' 및 '시제' 등의 범주들의 상호작용을 명확히 하려고 시도하고 있다.[2]

'상'이라는 개념은 명칭의 전통에 따라서 내용적으로 다양하게 사용된

---

1) 탐구활동의 관점에서 전체적으로 세 갈래가 있다: (1) 체계적인 문법적 형태범주에 관한 상과 동작상의 의미규정, (2) 사건과 상황의 개념유형에 관한 분류, (3) 상과 동작상의 의미자질을 갖는 표현형태들의 분류(Abraham/Janssen 1989:7).

2) 예를 들어 보면 다음과 같다: (1) Erlich/Vater(hrsg.)(1988): Die Beiträge der Arbeitsgruppe 'Tempussemantik' auf der Jahrestagung der Deutschen Gesellschaft für Sprachwissenschaft vom 26.-28. 2. 1986, (2) Andersson(1989:27ff.), (3) Löbner(1988:163ff.)

다. 예컨대 몇몇 언어학자들은 '상'이라는 용어를 오로지 문법적인 형태
범주(grammatische Formkategorie)로서만 해석하는 반면에, 다른 사람
들은 이 용어를 개념적 범주(konzeptuelle Kategorie)로도 본다.

'상'(Aspekt)의 개념과 구별하고 개념적 범주를[3] 강조하기 위해서
Bondarko에 기대어 (비시간적인) 과정(Vorgang)[4]의 질과 양의 영역을
위해서 사용되는 '상특성'(Aspektualität)이라는 용어가 도입되었다. '상특
성'이란 개념은 가능한 많은 언어를 위해서 사태(Sachverhalt)의 기술에
관한 과정의 질과 양의 영역에 있는 모든 표현가능성을 포괄한다.

슬라브어에서 상특성(Aspektualität)은 동사범주인 '상'(Aspekt)과 '동
작상'(Aktionsart)에서 표현된다.[5] 이 두 범주는 사건이나 사태의 기술에
관한 내재적인 시간특성(예컨대 시간적으로 시점성, 지속성)이 언어적으
로 표현될 수 있는 관점(Perspektive)을 기술한다. 이때 동작상은 어휘·
의미적(lexikalisch-semantisch)인 관점을 표현하고, 상은 문법·기능적
(grammatisch-funktionell)인 관점을 표현한다(Erlich/Vater1988:IX).

사건이나 사태의 기술이 상(Aspekt)의 관점에서는 - 즉 완료상 또는
미완료상 - 각각 동일한 시야에 놓여 있는 것으로 파악되는 반면에, 다
시 말해서 사건이나 사태의 기술에 대한 어떤 시간적인 관계도 표현되지
않는 반면에, 시제(Tempus) 개념에서는 시간적으로 분리된 사건이나 사
태의 기술이 결코 동일한 시야에 놓여 있지 않다(Broschart 1993:30ff.).

언어범주인 '상'(본래의 의미로는 "Draufsicht (俯瞰 부감)" - 높은 곳
에서 멀리 아래를 내려다 봄)이 가장 완전하게 문법화된 형태로는 '완료
상'(perfektiv) 대 '미완료상'(imperfektiv)의 대립이다(Broschart 1993:30).

---

3) 언어학적인 문헌에서 다음의 명칭들이 "개념적 범주"라는 개념에 대한 동의어로서 사용
된다: (a) 기능·의미적 범주, (b) 명칭론적 범주(Andersson 1989:29).
4) 여기서 과정이란 동사적 사건에 대한 일반적인 표현을 의미한다(Schwall 1991:11).
5) 물론 러시아어에서 '상특성'이라는 범주는 예컨대 동사상(Verbalaspekt)과 동작상
(Aktionsart)과 같은 실현가능성 이외에 동사특성, 동사의미, 비동사적 어휘수단, 문장통
사적인 수단 및 텍스트 언어학적인 수단과 같은 성분들도 포괄한다(Schwall 1991:3).

'시제'(Tempus) 개념은 전통적으로 그리고 대체로 현대문법에서 시간적인 의미를 함축하는 동사형태와 동사복합체에서 사용된다(Engel 1988: 883). '시제' 범주의 과제는 동사적인 사건을 특정한 시점(Zeitpunkt)과 관련하여 시간축(Zeitachse) 위에 자리매김하는 데에 있다(Mugler 1988: 183). 이 관계에서 시제는 의미·기능적인 범주인 '시간성'(Temporalität)의 핵심을 형성한다(Schwall 1991:2).

2. 언어에서 시간조건의 존재 : 철학적 관점과 언어학적 관점

여기서는 시간조건(Zeitbedingung)이 일반적으로 언어에서 어떻게 기술될 수 있는가 하는 문제를 논의한다. 이 문제에 대한 출발점은 세계의 여러 언어들에서 '시간표현'의 다양한 형성(예컨대 슬라브어에서의 상)에 관한 관찰이다.

2.1. 언어에서 시간구조의 생성에 대한 철학적인 발상

언어에서 다양하게 문법화되어 있는 '시간'(Zeit)에 관해서 모든 시대의 철학자들이 자신들의 견해를 피력하였다. 지금까지 반증할 수 없었기 때문에 오늘날까지 그 타당성을 인정받고 있는 기본적인 생각인 "Erat tempus, quando non erat homo"(=There was a time when no one existed)(Augustinus von Hippo)에서 출발하여, 사회적인 사고가 언어의 시간구조에 어느 정도로 영향을 주는가 하는 문제가 필자에게 필연적으로 제기된다.6) 그러나 적절한 연구결과를 사용할 수 없기 때문에 이 흥미 있는 문제를 이 논문의 범위 내에서는 더 이상 추구할 수가 없다.

---

6) 비록 이 문제가 언어학자들만의 관심의 대상은 아니지만, 이 주제를 다루는 데 있어서 해당 문헌에서는 관련되는 연구활동이나 발상에 대한 어떠한 암시도 발견할 수가 없었다.

'시간' 개념에 대한 철학자들의 생각은 주로 이 현상의 본질과 특성에 대한 문제를 기준으로 삼는다. 언어에서 표현되는 시간적인 정보는 언어학자들뿐만 아니라 언어철학자들에 의해서도 연구된다. 여기서는 예컨대 It rains in London에서처럼 시간적으로 정해지지 않은 문장들이 흥미가 있다. 이러한 문장의 진리치는 오로지 시간지표(temporaler Index)에 달려 있다. 시제논리(temporale Logik)7)에 관한 언어적인 연구는 이러한 문제점을 연구하는 언어학의 분야이다. 시제형태에 대한 논리학은 대부분 이 분야에서 유래하였다(Dorfmüller-Karpusa 1983:6).

더 나아가서 언어에서 시제구조의 형성과 고려를 함축하는 이 관계에서 특징적인 발상들을 선정된 두 가지 철학적인 방향을 토대로 하여 간단히 논의해 보자.

(1) '시간'에 대한 추상적인 표상

아리스토텔레스에서는 '시간'(Zeit)에 대한 토대가 이동(Bewegung)과 변화(Veränderung)이다. 그는 연속적인 변화의 척도 내지는 양으로서 시간을 '전'(Davor, Früher)과 '후'(Danach, Später)에 따라서 정의한다. 시간은 연속적이며 동질적이고 지속적이다. 이러한 정의를 통해서 이미 전과 후에 관련된 시간적인 규정이 나타난다. '현재'(Jetzt)는 시간의 요소가 아니라 시간단면인 '과거'(Vergangenes)와 '미래'(Zukünftiges)를 상호 분리하여 이들을 비로소 기술할 수 있도록 해주는 '순간적인 시점'(dauerloser Zeitpunkt)으로 이해된다. 시간의 시작과 끝은 '현재'에 의해 결정된다. 아리스토텔레스에서 '시간'이라는 개념은 무상(Vergänglich-keit)과 밀접히 연관되어 있으며, 영원(Ewigkeit)에 대한 반대를 표현한다(Dorfmüller-Karpusa 1983:6f.; Flasch 1993:115ff.).

---

7) 논리학적인 방향의 시제연구는 특히 시제와 부사어 사이의 관계를 연구한다(Erich/Vater 1988:VII).

이 관계에서 '시간'은 그 흐름에 대한 관조의 영속적인 형태로서 이해된다. 시간은 사물의 연속적인 순서가 그 안에 있는 그 무엇(das Worin des Nacheinanders der Dinge)이다. 시간은 연속적인 순서에 대한 하나의 차원만을 가질 수 있다. 그렇지 않으면 사물은 현상(Erscheinung)으로서 일반적으로 규정될 수 없기 때문이다. 아리스토텔레스에 따르면 우리와 사물(사태)은 시간 안에 존재한다(Nach Aristoteles sind wir und die Dinge(Sachverhalte) in der Zeit). 이러한 의미에서 시간은 3차원, 즉 과거, 현재 및 미래 안에 있는 연속적인 순서(Ordnung des Nacheinanders)이다.

(2) '시간'에 대한 주관적인 구체적인 표상

시간에 대한 추상적인 표상이 아우구스티누스를 통해서 처음으로 주관적인 구체적인 표상과 대립된다.8) 많은 철학자들이 과거와 미래를 오직 추상적으로만 관찰하는 반면에, 아우구스티누스는 이 개념들을 인간의 의식 안으로 옮겨 놓는다. 이러한 이해에 따르면 과거와 미래는 이들이 인간의 의식(Bewusstsein) 안에 있을 경우에만 존재한다. 따라서 과거의 사건은 현재의 기억(Gedächtnis) 속에 존재하고, 현재의 사물은 인지(Wahrnehmung) 속에서 나타나며, 미래의 체험은 예상(Erwartung) 속에서 표현된다(Dorfmüller-Karpusa 1983:8, Flasch 1993:81ff.).

칸트에 의해 시간의 개념은 초월적(transzendent)인 의미를9) 갖는다.

---

8) '시간'이란 개념이 무엇을 의미하는가? 라는 질문에서 그 설명은 두 가지 근본적인 진영으로 나뉜다. '절대적인'(absolutistisch) 입장의 대변자들은 사건이나 사태가 내용과는 무관한 행렬로서 시간 안에 온다는 표상을 갖는다. 이러한 관계에서 우리는 또한 상위시간(Meta-Uhr)으로서의 시간에 관해서도 말할 수 있다. '상대적인'(relativistisch) 입장의 대변자들은 시간을 사건이나 사태에 의해 정의되어 있는 것으로 보며, 시간이 사건이나 사태 안에 있다. 두 견해는 사건이나 사태를 시간의 광선(Zeitstrahl) 위에 자리매김한다(Dorfmüller-Karpusa 1983:15).

9) 칸트에서 초월적인 의미는 선험적이다(Dorfmüller-Karpusa 1983:8).

시간은 내적인 의미에 관한 주관적인 형태이며, 현상세계(Erscheinungs-welt)와 관련하여 그것의 형식적인 '선험적'(a priori) 조건이다. 시간은 '선험적'인 필연성이며 우리의 지각적인 경험을 위한 틀의 일부이다. 시간은 일차원적이며 상이한 시간들은 동시적이 아니라 연속적(sukzessiv)이다. 칸트 이후로 시간은 우리 안에 존재한다(Seit Kant ist die Zeit in uns). (Elser 1992:371)

2.2. 언어학에서 시간조건의 발전에 대한 체계이론적인 발상

'시간'이라는 개체에 대한 철학적인 논의는 언어학에서 (1) 시제논리가 형식논리의 방법에 따라 발전하여, (2) 이제 언어적으로 실현된 시간단계의 의미에 대한 문제가 제기되는 데 기여하였다. 시제를 시간축 위에 자리매김하여 적용을 위해 명료하게 하려고 시도하는, 다음에서 소개되는 언어학자들의 발상들이 이런 사실을 보여 준다.

이러한 의미에서 Madvig(1843)은 자신이 발전시킨 라틴어문법에서 하나의 시제체계를 기술하고 있다. 그는 시제관계로서 이해되고 사태의 위치를 '현재시점'/'지시시점' 체계와 관련하여 기술하는 9시제를 설정한다.10)

Madvig은 지금까지의 발전과 비교하여 '완료상'과 '미완료상'의 기술로 해석될 수 있는 두 가지 추가적인 시제를 자신의 시제체계에 수용하였다. 이것이 (시제의) 상적인 내용의 해석을 위한 최초의 발상이다. 물론 Madvig의 두 가지 추가적인 관계가 시제를 통해서만 표현될 수 있는 것이 아니라, 예컨대 동사에서의 상적인 정보와 같은 다른 언어수단을

---

10) 이와 비교하여 Jespersen(1924)은 Madvig의 추가적인 두 시제에 대해 라틴어에서는 언어적인 실현이 존재하지 않는다는 이유를 제시하면서 단지 7시제만을 체계화하고 있다 (Dorfmüller-Karpusa1983:11f.).

통해서도 표현될 수 있다는 사실이 확정되어야 한다.

시제를 시간축(Zeitachse) 위에 설정하는 Reichenbach(1947)의 체계는 이러한 토대 위에서 언어학에서 중요한 발전이 계속되었음을 나타낸다 (Dorfmüller-Karpusa 1983:12ff.). Reichenbach는 세 가지 시점구조(발화시점 Sprechzeitpunkt[=S], 관련시점 Bezugszeitpunkt[=R], 사건시점 Ereigniszeitpunkt[=E]) 안에 있는 시간단계에 대해 영어에서 표현되는 정보를 가지고 모든 시제들을 체계적으로 시간축 위에 자리매김하려고 시도한다.

(그림 1)

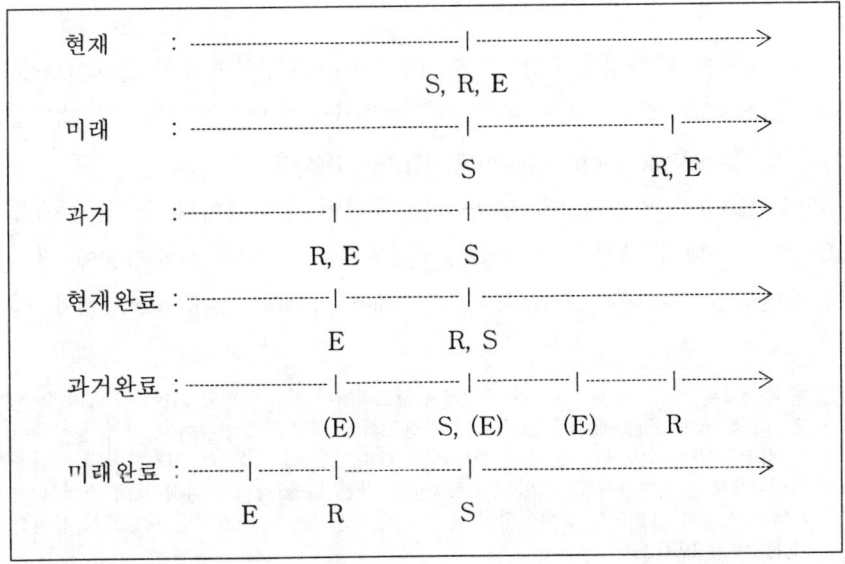

(Reichenbach에 따른 시제표현(Herweg 1990:116))

약술한 연구사를 토대로 확정할 수 있는 것은 시제구조의 분석을 위해서는 시간축이 시간관계의 관점에서 동사의 시제형태와 그 사태의 연구

를 충분히 허용하지 않는다는 점이다. Dorfmüller-Karpusa(1983)가 시도
한 파일럿의 연구(Pilot-Studie)는 기술되는 사태(동사)의 본질을 연구하
는 것이 언어에서 시제표현에 대한 해당 분석을 위해서 필수적이라는 결
론에 도달한다. 이 경우에 사건을 시간코드(Zeitcode)[11] 안에서 기술하려
고 노력한다. 이러한 사실로부터 언어학적인 연구에서는 동사를 통해서
기술되는 사태의 분류가 생겨난다(Dorfmüller-Karpusa 1983:15ff.).

사태의 기술을 전달하는 정보는 다음 두 부류로 나뉘어질 수 있다.

(1) 동사부류에 따라 어휘범주로서의 **동작상**(Aktionsart)
(2) 동사형태에 따라 문법범주로서의 **상**(Aspekt)

다음에서는 동작상을 - 전통적인 이해에서 출발하여 - 시간구성(Zeit-
konstitution)[12]의 형식적인 이론으로 변화시키는 몇 가지 선택된 발상들
이 기술된다(Andersson 1989:29ff., Krifka 1989:95ff.).

Ryle(1949)은 일반적으로 적용되는 개념에서 속성이나 능력(성향)을
표현하는 사태와 사건을 표현하는 사태를[13] 구분한다. 사태기술에 대한
이 일반적인 분류에서 출발하여 그는 사건을 다시 '행위'(activity)와 '성

---

11) 이 관계에서 '시간코드'란 '시간'이 동사에서 코드화되어 있는 모형을 의미한다. Vendler는
   "Linguistics in Philosophy"(1967)에서 시간도식의 개념을 창안하여 영어의 동사체계
   를 시간도식에 따라 분류할 것을 요구하고 있다. Vendler 자신은 시간도식의 개념을
   명시적으로는 정의하지 않고 있다. Herweg은 물론 Vendler의 논의의 토대 위에서 이
   개념을 시간이 관련되는 상황유형에 대한 시간적인 속성의 특징적인 다발로서 해석한
   다(Herweg 1990:35).

12) Francois(1982)에 따르는 시간구성이 동작상의 개념적인 범주를 나타낸다(Andersson
   1989:29 참조). 이와 비슷한 방법으로 Isačenko(1962)는 시간구성의 개념적인 의미를
   그가 창안한 용어인 '동사특성'으로 바꿔 쓰고 있다. 그는 이 동사특성(Verbalcharakter)을
   가지고 주로 지속성과 반복성의 의미개념을 파악하려고 한다(Krifka1989:96).

13) '성향'(disposition)은 진정한 사태를 표현하지 않으며 그 자체로부터 추론할 수 있다
   (예: John Doe knows french). 이와는 반대로 '사건'(occurrence)은 사태에 대해 진정한
   진술을 한다(예: John Doe is speaking french). (Dorfmüller-Karpusa 1983:270 참조)

취'(achievement)로 구분한다. 이 경우에 그는 다시 '성취'를 (a) '연상활동이 없는 성취'와, (b) '연상활동이 있는 성취'로 하위 구분한다(Dorfmüller-Karpusa 1983:16).

Ryle과 비교하여 Vendler(1957, 1967)는 사태의 기술을 더욱 자세하게 분류할 것을 제안한다. 그는 (a) '완성'(완수, accomplischment), (b) '성취'(달성, achievement), (c) '행위'(동작, activity), (d) '상태'(state)를 구분한다.14) Vendler는 동사 'see'를 예로 들어서 이 사태기술이 명확하게 하나의 부류로 배열될 수 없음을 제시하고 있다. Ryle에 따르면 동사 'see'는 '성취'동사이지만 '상태'동사로서도 해석될 수 있으며, 특별한 경우에는 '완성'동사로서도 사용될 수 있다. 따라서 Vendler는 구체적인 상황을 분석하는 것이 필수적이라고 생각한다(Dorfmüller-Karpusa 1983: 17).

Vendler의 네 범주를 토대로 하여 Dowty(1972, 1978)는 Vendler의 모든 범주에 대해 통사·의미적인 하위구분을 시도하고 있다. 그는 동사부류들이 구분될 수 있는 통사적인 기준을 형식화한다. 그는 자신의 분석에서 원칙적으로 동사를 명확하게 하나의 부류로 배열하려는 Vendler의 발상이 항상 성공할 수는 없다는 결론에 도달한다. 그는 이러한 사실로부터 어휘적인 동사의 분류 자리에 동사구의 범주화가 나타나야 한다는 결론을 유도한다(Dorfmüller-Karpusa 1983:17).

---

14) 영어에서 나온 Vendler 자신의 예는 다음과 같다. '상태'동사: love, know, believe, be. '행위'동사: run, draw, push a cart. '완성'동사: run a mile, draw a circle. '성취'동사: reach the top, win the race, recognize. (Vendler zitiert nach Herweg 1990:35)

3. 동작상과 상의 체계적인 기술

3.1. 동작상: 어휘·의미적인 형상

동작상은 **상황의** 내적인 시간구조(interne temporale Struktur von Situationen)와 관련된다. 동작상은 사건을 예컨대 시간적으로 연장하거나 또는 연장하지 않거나, 목표 지향적 또는 목표 비지향적으로 특징짓는다. 상황은 시점적 또는 지속적이 되거나, 제한적 또는 비제한적이 되거나, 정태적 또는 동태적이 된다. 상태의 시작과 상황의 끝이 문제된다.

동작상은 개념적으로 동사의 특정한 파생형태론적인 진행(Prozess)에 대한 의미표시를 위해서 사용된다. '시간구성'(Zeitkonstitution)이라는 개념이 동작상의 구별에 사용된다. 이때 두 가지 유형, 즉 제한적(telisch) 시간구성과 비제한적(atelisch) 시간구성이 구분된다. 동사, 동사구 및 문장은 두 가지 시간구성 유형들 중의 하나에 배열된다. 제한적 동사(예: einschlafen 잠들다, ein Glas Bier trinken 맥주 한 잔을 마시다, ein Buch schreiben 책 한 권을 쓰다)는 종결이 있는 상황을 표현하고, 비제한적 동사(schlafen 잠자다, Bier trinken 맥주를 마시다, Bücher schreiben 책들을 쓰다)는 종결이 없는 상황을 표현한다.

이러한 의미에서 독일어와 체코어는 일련의 동작상을 나타낸다. (a) 동사행위의 시작을 표현하는 시동상(始動相 ingressive Aktionsart): los-rennen(달리기 시작하다), zapalit'(=loslachen 갑자기 웃기 시작하다), (b) 동사행위의 끝을 표현하는 종결상(egressive Aktionsart): aus-schlafen (충분히 자다), dolecit'(=ausheilen 완치시키다), (c) 시간적으로 제한된 동

사행위를 표현하는 축소상(diminutive Aktionsart): lachen(웃다)-lächeln
(미소짓다), pohovor it si'(=sich etwas unterhalten 잠시 동안 담소하
다), (d) 반복적 또는 습관적인 동사행위를 표현하는 반복상(iterative
Aktionsart): er redete und redete(그는 말하고 또 말했다), hravat'(=zu
spielen pflegen 놀곤 하다).(Krifka 1989:102ff.)

다음에서 Isačenko와 Avilova의 분류를 토대로 하여 Schwall(1991:
94ff.)에 의해 제안된 동작상[15]의 새로운 체계가 변형된 형태로 제시된다.

I. 단계의미(Phasenbedeutung)를 갖는 동작상: 동작(Handlung=행위)
의 특정한 시간단면, 예컨대 시작, 지속 및 끝을 표현하는 동작상

동작상	특 징	보 기
(1) 시동상	동작의 시작점	zakricat' = aufschreien 소리지르기 시작하다
(2) 진화상	강도가 증가하는 시작단계	razbegat'sja = ins Laufen kommen 달리기 시작하다
(3) 전환상	동작진행의 중간영역에서 동작을 관찰: 시간적으로 제한된 동작의 단면	
(3.1) 한정상	동작에 대한 비교적 짧은 시간단면의 표현: 무엇을 길지 않게 행하다	poguljat' = eine Weile spazieren gehen 잠시동안 산책하다
(3.2) 연장상	동작에 대한 비교적 긴 시간단면의 표현: 무엇을 비교적 길게 행하다	progovorit'=sich lange unterhalten 오랫동안 담소하다
(4) 종결상	동작의 종결과 중단	otobedat' = das Mittagessen beenden 점심식사를 마치다

---

15) 역자주: 다음에 논의되는 동작상을 독일어로 표현하면 다음과 같다:

시동상(inzeptive A(ktionsart)), 진화상(evolutive A), 전환상(transkursive A), 한정상
(delimitative A), 연장상(perdurative A), 종결상(finitive A), 일회상(semelfaktive A), 약화
상(attenuative A), 반복상(iterative A), 축소상(deminutive A), 동반상(komitative A),
상호상(mutuelle A), 분포상(distributive A), 완결상(terminative A), 종결상(egressive A),
완성상(komplative A), 강화상(intensive A), 결과상(resultative A), 축적상(kumulative A).

II. 양적(quantifizierend)인 의미를 갖는 동작상: 동작의 강도(증가, 약화)와 양(일회, 반복)의 관점에서 동작을 수식하는 동작상

동작상	특 징	보 기
일회상	동작의 일회성을 표현하며 이로 인해 동작이 시점적/순간적이 될 수 있다	zevnut′ = einmal gähnen 한 번 크게 하품하다
약화상	동작강도의 약화	poprivyknut′=sich allmählich gewöhnen 점차 습관이 되다

III. 반복적(iterativ)인 의미를 갖는 동작상: 동작의 내적인 분류를 표현하는 동작상

동작상	특 징	보 기
(1) 본래의 반복상	동작의 습관적인 반복	govarivat′ = zu sagen pflegen 말하곤 하다
(2) 축소상-반복상	불규칙적인 약화된 동작: 때때로 무슨 일을 행함	pocityvat = ab und zu lesen 가끔 읽다
(3) 동반상	동반적인 약화된 동작	prisetyvat′ = dabei flüstern 그 때에 속삭이다
(4) 상호상	두 또는 많은 주체들 사이의 대립적인 의견교환	pererugivat′sja = einander beschimpfen 서로 욕하다
(5) 복합적-반복상	애를 쓰거나 또는 숙련된 동작으로 수행되는 복합적인 동작	vydelyvat′ = immer wieder umständlich ausführen 항상 다시 번거롭게 수행하다

IV. 분포적(distributiv)인 의미를 갖는 동작상: 몇 개의 주체나 객체에 관련되는 동작을 표현하는 동작상

동작상	특 징	보 기
객체분포상	객체가 순서대로 파악됨	pozapirat′ = alle Türen nacheinander schließen 모든 문을 차례차례로 닫다
주체분포상	동작이 순서에 따라 여러 주체로부터 출발함	povskadat′ = nacheinander 차례차례로

V. **결과적**(resultativ)인 의미를 갖는 동작상: 어떤 결과에 도달하거나 동작의 성공적인 종결을 표현하는 동작상

동작상	특 징	보 기
(1) 완결상	지속＋결과	propet′ = das Singen beendet haben 노래하는 것을 마쳤다
(2) 종결상/완성상	끝단계＋결과적인 완성	doest′/doedat′ = aufessen 다 먹다, das Essen beenden 식사를 마치다
(3) 강화상-결과상	동작의 강화적이며 철저한 실행	iz′ezdit′ Franciju = ganz Frankreich abklappern 전 프랑스를 샅샅이 돌아다니다
(4) 축적상	특정한 척도나 양에 도달	naobescat = (eine Menge Dinge) versprechen (많은 것을) 약속하다

3.2. 상: 문법적인 형상

상(Aspekt)은 명시적인 지시(Referenz)를 통해서 상황의 시간적인 진행과 관련되는지 또는 시간적으로 분석할 수 없는 전체와 관련되는지 하는, 시간과 관련하여 상황이 표현되는 **관점**(Perspektive)과 관계가 있다 (Herweg 1990:9).

원칙적으로 두 가지 종류의 상, 즉 완료상(perfektiver Aspekt)과 미완료상(imperfektiver Aspekt)이 구분된다. 완료상과 미완료상을 표지하기

위해서 지속부사와의 결합가능성 기준이 사용될 수 있다. 미완료상의 진술은 지속부사(예: eine Stunde lang 한 시간 동안, minutenlang 몇 분 동안)와 조화할 수 있는 반면에, 완료상의 진술은 지속부사와 조화할 수 없다. 독일어에서 완료상과 미완료상은 일반적으로 문법화되어 있지 않다.

두 가지 상 내에서도 상이한 언어에서 상이한 척도로 문법적, 어휘적 또는 문맥제약적인 해석가능성으로서 실현될 수 있는 또 다른 구별이 가능하다(Schwall 1991:28).

완료상의 문장은 특정한 시간 안에 사건이 일어나는 것을 진술한다. 상황은 하나의 개별적인 전체(ein einzelnes Ganzes)로서 이해되며, 이 때 상황이 구성되는 여러 가지 시간단계(Zeitphase)가 관찰되지 않는다. 이 경우에는 사건이 한 상태에서 다른 상태로 변화하는 과정에 있다. 그 래서 예컨대 하나의 상태가 창조되거나(예: ein Zimmer betreten 방으로 들어가다) 또는 하나의 상태가 끝난다(예: ein Zimmer verlassen 방을 떠나다). 완료상 문장의 기능은 상황을 사건(Ereignis)으로 기술하는 데 그 본질이 있다.

미완료상의 문장은 상태의 지속(예: krank sein 아프다, im Bett liegen 침대에 누워있다) 내지는 동작수행의 진행(Prozess)(예: ein Buch lesen 책을 읽다)을 표현한다. 미완료상의 문장은 어떤 종류의 특정시간이 불변적(konstant)인지 또는 특징적인지, 예컨대 특정한 동작의 규칙적인 반복(예: husten 기침하다)이나 습관(예: rauchen 담배를 피다)을 표현한다. 미완료상 문장의 기능은 상황을 상태(Zustand)나 진행(Prozess)으로 기술하는 데 그 본질이 있다(Herweg 1990:15ff.).

또 다른 연구들은 철저하게 문법화된 상특성(Aspektualität)을 나타내는, 언어를 위한 하나의 선정된 시간이론(Zeittheorie)에 주로 관심을 가지고 있다.

슬라브어 상이론의 발전에 대해서는 여기서 특히 Isačenko(1962)를 간단히 소개한다. 그의 관심사는 동사상(Verbalaspekt)을 설명하는 것이다 (다음 그림 참조).

상(相 Aspekt)은 '관점'(Ansicht, Sicht)과 비슷한 의미를 갖는다. 이러한 비유적인 표현(러시아어로 'vid')으로부터 우리가 동사상을 수단으로 하여 특정한 진행이나 동사적으로 표현된 사건을 말하자면 두 가지 상이한 방향에서 '바라볼' 수 있으며 즉 상이한 관점에서 관찰할 수 있으며, 이 관찰의 결과를 즉 진행의 아주 특정한 문체화(Stilisierung)를 언어적으로 표현할 수 있다는 사실이 생겨난다(Isačenko 1962, Schwall 1991:10).

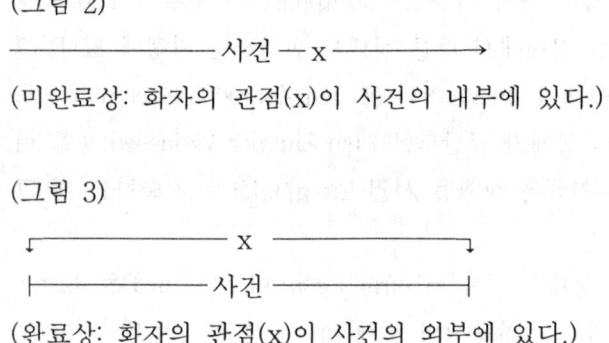

(그림 2)

──────── 사건 ─ x ────────→

(미완료상: 화자의 관점(x)이 사건의 내부에 있다.)

(그림 3)

┌──────── x ────────┐
├──────── 사건 ────────┤

(완료상: 화자의 관점(x)이 사건의 외부에 있다.)

Bondarko(1971)는 Isačenko와 마찬가지로 완료상이 동사행위의 전체성(Totalität)을 표현한다는 견해를 대변한다. 이와는 반대로 미완료상은 상황의 내부구조(interne Struktur)에 초점을 두고 어떠한 위상으로 펼쳐지는지를 살핀다. 그밖에 Bondarko에 따르면 일반적인 의미들이 특수한 상의 의미로 구분될 수 있다.16)

───────────────

16) 완료상의 발화의미는 다음과 같다. (1) 구체적인 사실적 의미, 즉 하나의 유일한 사실이 표현된다. (2) 명백한 모범적인 의미, 즉 하나의 동작이 그 동작에서 모범적으로 강조된다. (3) 잠재적인 의미, 즉 한 동작의 실현가능성과 불가능성이 표현된다(Bondarko 1971, Schwall 1991:28).

다음 절에서는 상특성을 표현하기 위해서 자연언어가 형성한 문법적인 장치/도구가 논의된다. 슬라브어에서 '상'(Aspekt)의 의미는 사태가 시제 (Tempus) 및 서법(敍法 Modus)과 상관없이 두 가지 동사형태를 통해서 상적으로 상이하게 표지되는 데 있다. 문법에서는 이 구별이 접두사화(전 철화 Präfigierung)와 접미사화(후철화 Suffigierung)를 통해서 이루어진다 (Dorfmüller-Karpusa 1983:28).

이 관계에서 세 가지 파생방법이 있는데, 이것을 다음에서 보다 자세 히 논의해 보기로 한다(Baric et al. 1990:133ff., 250ff.).

(1) 접미사 교체(Suffixwechsel)
이 방법에서는 특히 어간 접미사의 모음이 변화한다. 이 접미사 교체 는 종종 어간에서의 또 다른 변화를 초래한다.

보기: pruziti (완료상) - pruzati (미완료상) 'reichen'(건네주다)

추가적으로 자음도 교체된다.

---

vra*t*iti (완료상) - vracati (미완료상) 'zurückgeben' (돌려주다)

자음교체와 어간모음의 변화가 일어난다.

sje*c*ati (미완료상) - sje*t*iti (완료상) 'erinnern' (회상하다)
ra*d*ati (미완료상) - ro*d*iti (완료상) 'gebären' (분만하다)

---

(2) 접미사화(Suffigierung)
많은 경우에서 접미사를 첨가하여 완료상 동사로부터 미완료상 동사 를 형성할 수 있다. 이에 대한 보기는 다음과 같다.

i/iva: dobiti (완료상) - dobivati (미완료상) 'bekommen' (얻다)
i/ova: kupiti (완료상) - kupovati (미완료상) 'kaufen' (사다)
a/ava: obecati (완료상) - obecavati (미완료상) 'versprechen'(약속하다)

(3) 접두사화(Präfigierung)

이 방법에서는 대체로 고유의미를 가지고 있는 접두사를 미완료상 동사 앞에 붙여서 완료상 동사를 만든다. 따라서 일반적으로 접두사화를 통해서 미완료상 동사가 완료상 동사로 변화한다. 이에 대한 보기는 다음과 같다.

citati (미완료상) - **pro**citati (완료상) 'durch/zu Ende-lesen'
                                          (통독하다/끝까지 읽다)
gledati (미완료상) - **u**gledati (완료상) 'schauen - erblicken'
                                          (바라보다 - 보다)

이 세 가지 방법 중에서 이중상 동사(biaspekuales Verb)와 보충상 짝(suppletives Aspektpaar)은 제외된다.

(a) 이중상 동사

여기서는 상이 표지되어 있지 않은 몇몇 동사만이 문제된다. 이런 동사들은 동일한 표현형태에서 완료상 의미뿐만 아니라 미완료상 의미도 갖는다(예: vidjeti 'sehen' 보다/보게 되다).

Sto vidis? 'Was siehst du?'(뭘 보고 있느냐?)라는 질문에 대해서 우리는 Vidim dijete, auto idt. 'Ich sehe ein Kind, ein Auto usw.'(나는 아이를/자동차를 보고 있다)로 대답할 수 있다. 그러나 Vidis li dijete? 'Siehst du ein Kind?'(너는 아이를 보고 있느냐?)라는 질문에 대해서 우

리는 Ne, kad ga vidim, reci cu ti. 'Nein, wenn ich es sehe, sag' ich es dir.'(아니, 만일 내가 아이를 보게 되면 그것을 너에게 말해 줄께)라고 대답할 수 있다. 이 문장에서 우리는 물론 vidim 'ich sehe' 대신에 예컨대 ugledam(완료상) 'ich erblicke'를 사용할 수도 있다.

(b) 보충상 짝

여기서는 그 표현형태에서는 상이하지만 의미에서는 동일하거나 유사한 동사 쌍이 문제된다. 이 경우 모든 동사는 미완료상 의미만을 갖든지 또는 완료상 의미를 가질 수도 있다.

---

govoriti (미완료상) 'sprechen' (말하다/표현하다)
reci (완료상) 'sagen' (말하다/이야기하다)

---

4. 크로아티아어 시제체계에서 상의 적용

대부분의 슬라브어, 예컨대 크로아티아어에서는 몇몇 동사를 제외하고 대부분의 동사가 상적(aspektual)으로 표지되어 있다. 다시 말해서 모든 동사들이 완료상 또는 미완료상으로 배열될 수 있다(Engel/Mrazovic 1986:113ff.).

크로아티아어 문법에서는 '시제'(Tempus)라는 개념에서 다음과 같은 직설법 시제형태를 포괄한다: 현재, 과거, 不定과거(Aorist), 현재완료, 과거완료, 미래 I, 미래 II(Baric et al. 1990:279ff., Engel/Mrazovic 1986: 114ff.). 이 시제개념은 물론 제한적으로만 타당하다. 왜냐하면 몇몇 시제는 단지 간접적으로만 '시간'과 결합되기 때문이다.

(1) 현재시제(Präsens)

현재시제의 주의미는 '현실성+시간적인 비명시성+구속성'이다. 그래서 현재시제는 시간단계를 가장 다양하게 표현할 수 있다.

(1.1) 현재에 대한 관계

현재시제가 예컨대 발화시점(Sprechzeitpunkt)을 포함하는 과정을 표현하면, 현재시제는 미완료상 동사에 의해서만 형성될 수 있다.

예: Ivana pise zadatak. 'Ivana macht ihre Aufgabe.' (숙제를 한다)

(1.2) 미래에 대한 관계
미래관계는 일반적으로 미완료상 동사에 의해 표현된다.

예: Slijedece godine kupujemo novi auto.
'Nächstes Jahr kaufen wir ein neues Auto.'
(내년에 우리는 새 차를 살 것이다)

드물게 미래관계가 완료상 동사에 의해서도 표현된다. 그러면 이 동사는 종종 부사, 예컨대 mozda 'vielleicht'(아마도)와 결합한다.

예: Mozda se pronade i bolje rjesenje.
'Vielleicht findet sich auch noch eine bessere Lösung.'
(아마도 앞으로 보다 나은 해결책이 발견될 것이다)

(1.3) 보편성에 대한 관계
시간을 초월하는 내용에 대한 발화(예컨대 격언)는 완료상의 동사를 통해서 표현될 수 있다.

예: Voda sve opere do pogana jezika.
'Das Wasser wäscht alles sauber, außer einer schmutzigen Zunge.' (물은 더러운 혀를 빼고는 모든 것을 깨끗하게 씻어낸다)

(1.4) 과거에 대한 관계 (역사적인 현재)
완료상 동사뿐만 아니라 미완료상 동사도 이런 방식으로 생생하게 표현되는 과거를 표현할 수 있다.

예: Napoleon skuplja veliku vojsku i odlazi u Rusiju.

'Napoleon sammelt ein großes Heer und zieht nach Russland.'

(나폴레옹은 대군을 소집하여 러시아로 침공한다)

(2) 과거시제(Imperfekt)

과거시제의 의미는 '과거＋지속성/반복성'이다. 과거시제는 **미완료상** 동사에 의해서만 형성될 수 있다. 과거시제는 물론 일상어와 대중매체 언어에서는 나타나지 않는다. 여기서는 과거시제 대신에 현재완료가 사용된다. 과거시제는 (a) 문학어와 (b) 격언에서 가장 많이 나타난다.

예: (a) Seljaku drmahu noge i lulica.

　　　'Dem Bauern zitterten die Beine und das Pfeifchen.'

　　　(그 농부의 다리와 파이프가 떨고 있었다)

　　(b) Kad se sinovac zenjase, strica ne pitase, a kad se razenjase, i strinu pripitivase. 'Als sich der Neffe verheiratete, fragte er den Onkel nicht, als er sich aber scheiden ließ, fragte er die Tante.' (조카가 결혼했을 때는 삼촌에게 묻지 않았으나, 이혼 했을 때는 숙모에게 물었다)

(3) 부정과거(Aorist)

부정과거(=불한정과거)는 주로 **완료상** 동사에 의해서 형성된다. 일상 어와 대중매체 언어에서는 부정과거가 과거시제와 똑같이 현재완료에 의해 밀려났다. 부정과거는 물론 문학작품에서 과거시제보다 더 자주 사용되는데 여기서는 문체수단으로서 사용된다. 부정과거의 주의미는 '과 거＋순간성'이다.

예: Poceka neko vrijeme pa pokuca opet.

'Eine Zeit lang wartete er, dann klopfte er wieder.' (그는 얼마동안 기다리다가 다시 문을 두드렸다)

그러나 부정과거는 미래에 대한 관계를 통해서도 부수적인 의미를 갖는다.

예: Umrijeh od zedi! 'Ich sterbe vor Durst'.

(나는 갈증이 나서 죽을 지경이다)

Utopise se ako im odmah ne priskocimo u pomoc.

'Sie werden ertrinken, wenn wir ihnen nicht sofort zu Hilfe kommen.' (우리가 그들을 즉시 도와주지 않으면 그들은 익사할 것이다)

(4) 현재완료(Perfekt)

현재완료는 순수한 과거시제이다.

(4.1) 과거에 대한 관계

주의미는 '과거'이다. 현재완료는 과거의 의미로서 완료상 동사에서 뿐만 아니라 미완료상 동사에서도 나타날 수 있다.

예: Vatra je, doduse, *ostala* iza nas, ali je *pao* mrak i ponovo je *poceo* padati pepeo, koji je bio gust i tezak. Mi smo s vremena na vrijeme **ustajali** i **stresali** pepeo.

'Das Feuer *blieb* weit *hinter* uns, aber es wurde dunkel, und die Asche, die dicht und schwer war, *fing* wieder *an* zu fallen. Von

Zeit zu Zeit **standen** wir **auf** und **schüttelten** die Asche **ab.**'
(화재가 우리 뒤편에서 멀리 떨어져 일어났지만 날이 어두워졌다.
자욱하고 짙은 재가 다시 떨어지기 시작하였다. 가끔 우리는 일어
서서 재를 털어 버렸다)

(4.2) 현재에 대한 관계
여기서 현재완료는 '과거＋현재에 대한 중요성/구속성'이라는 의미를
갖는다. 이러한 의미에서 현재완료는 보통 **완료상** 동사에 의해서 형성된
다.

예: Preselio sam se u drugi grad.
'Ich bin in eine andere Stadt umgezogen.' (나는 다른 도시로 이사
하였다)

(4.3) 미래에 대한 관계
4.2에서 기술된 의미가 다른 사건의 적용시간 안에(예컨대 morgen) 이
미 확정되어 있거나 종결되어 있는 경우에는 미래의 사태에도 적용된다.
이때 현재완료는 종종 조건절의 **주문장**에서 나타난다.

예: Ako ne dodes na ispit, *propustio si i posljednju priliku.*
'Wenn du nicht zur Prüfung kommst, hast du auch die letzte
Gelegenheit versäumt.'
(네가 시험 보러 오지 않으면 너는 마지막 기회도 놓치게 될 것이다)

(5) 과거완료(Plusquamperfekt)
일상어에서는 과거완료 역시 대체로 현재완료로 대치된다. 과거완료는

미완료상 동사보다는 완료상 동사에 의해서 더 자주 형성된다. 그러나 의미차이는 중요하지 않다. 과거완료는 (a) '과거+종결', (b) '대과거'의 의미를 갖는다.

예: (a) Odgovarao je tocno onako kako je bio *naucio.* (완료상 동사)
    'Er antwortete genauso, wie er es gelernt hatte.' (그는 배웠
    었던 정확히 그대로 대답하였다)

(b) Ucinio je uparvo onako kako mu je majka uvijek bila
    savjetovala. (미완료상 동사)
    'Er handelte genauso, wie es ihm die Mutter immer geraten
    hatte.' (그는 어머니가 항상 그에게 충고하셨던 정확히 그대로
    행동하였다)

(6) 미래 I (Futur I)
미래 I은 모든 동사에 의해서 형성될 수 있다.

(6.1) 미래에 대한 관계
주의미는 '미래'이다.

예: Ja necu otputovati dok se vi ne vratite.
    'Ich werde nicht abreisen, solange ihr nicht zurück seid.' (나는
    너희들이 돌아오지 않는 한 출발하지 않을 것이다)

(6.2) 과거에 대한 관계
미래 I은 과거사건과 관련하여, 이 과거사건이 현재완료로 형식화되어 있는 경우에는 미래 사실도 역시 표현할 수 있다.

예: Jer sam dobro ucila, dobit cu sigurno dobru ocjenu.

'Weil ich gut gelernt habe, werde ich sicherlich eine gute Note bekommen.' (우리는 잘 배웠기 때문에 틀림없이 좋은 점수를 받을 것이다)

(7) 미래 II (Futur II)

미래 II는 보통 미완료상 동사에 의해 형성되고 주로 **부문장**에서 등장한다. 여기서 미래 II는 미래의 행위가 다른 미래의 행위 이전에 놓여 있다는 것을 표현한다.

예: *Ako bude rodila kcer*, svi ce se radovati.

'Wenn sie eine Tochter zur Welt bringt, werden sich alle freuen.'
(그녀가 딸을 출산하게 되면 모든 사람들이 기뻐할 것이다)

이러한 시간관계는 현재시제를 통해서도 동일하게 잘 표현할 수 있다. 그러나 미래 II의 하나의 중요한 의미는 '여전히 미래에까지 미치는 종결된 현재'이다.

예: *Kada budes dosao*, pomoci cu ti.

'Wenn du kommst, werde ich dir helfen.'
(네가 오게 되면 나는 너를 도와줄 것이다)

물론 시제문장에서는 동시성과 후시성에서도 미래 II가 올 수 있다. 다음의 예는 동시성에 대한 예이다.

예: *Kada budete vidjeli nase slike iz skolskih dana*, sigurno cete se sjetiti i mene.

'Wenn ihr die Bilder aus unserer Schulzeit angeschaut haben werdet, werdet ihr euch bestimmt an mich erinnern.'

(너희들이 우리 학창시절의 사진들을 보게 되면 틀림없이 나를 기억할 것이다)

참고문헌

Abraham, Werner/Janssen, Theo(1989): Einleitung. In: Abraham, Werner/ Janssen, Theo (Hrsg.): Tempus - Aspekt - Modus: die lexikalischen und grammatischen Formen in den germanischen Sprachen. Tübingen, S. 1-26.

Andersson, Sven-Gunnar(1989): Zur Interaktion von Temporalität, Modalität, Aspektualität und Aktionsart bei den nichtfuturischen Tempora im Deutschen, Englischen und Schwedischen. In: Abraham, Werner/ Janssen, Theo (Hrsg.): Tempus - Aspekt - Modus: die lexikalischen und grammatischen Formen in den germanischen Sprachen. Tübingen, S. 27-50.

Baric, Eugenija (et al.)(1990): Grammatika hrvatskog knjizevnog jezika. Zagreb.

Broschart, Jürgen(1992): Raum und Grammatik oder: Wie berechenbar ist die Sprache? (Mit Beispielen zu Kasusmarkierung, Aspekt, Tempus und Modus). In: Müller-Bardey, Thomas/Drossard, Werner (Hrsg.). Aspekte der Lokalisation: "Beiträge zur Arbeitsgruppe Lokalisation" bei der Tagung der Deutschen Gesellschaft für Sprachwissenschaft in Bremen, 1992. Bochum, 1993.

Dorfmüller-Karpusa, Käthi(1983): Temporalität, Theorie und Allge- meinwissen in der Textinterpretation. Eine sprachübergreifende Analyse. Hamburg.

Ehrich, Veronika/Vater, Heinz(1988): Vorwort. In: Ehrich, Veronika/Vater, Heinz (Hrsg.): Temporalsemantik: Beiträge zur Linguistik der Zeitreferenz. Tübingen, S. VII -XV.

Elser, Michael (Hrsg.)(1992): Enzyklopädie der Philosophie. Von der Antike bis zur Gegenwart. Denker und Philosophen, Begriffe und

Probleme, Theorien und Schulen. Augsburg.

Engel, Ulrich/Mrazovic, Pavica (Hrsg.)(1986): Kontrastive Grammatik deutsch-serbokroatisch. München.

Engel, Ulrich(1988): Deutsche Grammatik. Heidelberg.

Flasch, Kurt(1993): Was ist Zeit? Augustinus von Hippo: Das XI. Buch der Confessiones. Historisch-philosophische Studie. Text, Übersetzung, Kommentar. Frankfurt a.M.

Herweg, Michael(1990): Zeitaspekte. Die Bedeutung von Tempus, Aspekt und temporalen Konjunktionen. Wiesbaden.

Krifka, Manfred(1989): Nominalreferenz und Zeitkonstitution. Zur Semantik von Massentermen, Pluraltermen und Aspektklassen. München.

Löbner, Sebastian(1988): Ansätze zu einer integralen semantischen Theorie von Tempus, Aspekt und Aktionsarten. In: Ehrich, Veronika/Vater, Heinz (Hrsg.): Temporalsemantik: Beiträge zur Linguistik der Zeitreferenz. Tübingen, S. 163-191.

Mugler, Alfred(1988): Tempus und Aspekt als Zeitbeziehungen. München.

Schwall, Ulrike(1991): Aspektualität: Eine semantisch-funktionelle Kategorie. Tübingen.

한글색인

독문색인

(G)

generative Semantik 생성의미론 10
Geschehen 사건 172
Grammatikalisierung 문법화 160, 207, 242
grammatisch-semantische Kategorie 문법적-의미적 범주 209
grammatische Kategorie 문법범주 104, 116, 117, 194, 242
grammatisches Wort 문법적 단어 123
Grenzbezogen 제한성 198
Grenze 경계 57, 197, 258
Grundabmessung 기본척도 54
Grundordnung 기본순서 28

(H)

hinreichende Bedingung 충분조건 40
homogen 동질적 307

(I)

Identität 동질성 35
Imperfektiv 미완료상 173, 356
Implikation 함축 13, 40, 142
Inchoativ 기동상 173, 216
Inchoativ 기동성 21, 109, 142, 234
Inchoativum 기동동사 3, 26, 89, 101, 103, 108, 109, 167, 206

Indikator 척도 248, 254, 286
Individuen-Argument 개체논항 295
Individuum 개체 13
Ingressiv 시동상 173, 214, 260
Ingressiv 시동성 235
Ingressivum 시동동사 109
inhomogen 이질적 308
innerer Akkusativ 내재적인 대격 336
Intension 내포 297
Intensiv 강화상 174
Intensiv 강화성 234
Intensiv-Iterativ 강화상-반복상 222
Intensivierer 강화사 338
Intensivum 강화동사 257
Intransformativ 불변성 144
Intransformativum 비변형동사 275
Iterativ 반복상 174, 220, 333
Iterativ 반복성 121, 183, 235, 244, 245
Iterativum 반복동사 174, 178, 257

(K)

Kategorie 범주 240, 256, 266, 269
Kausativ 사역성 142, 244
Kausativum 사역동사 101, 120, 167, 207, 244, 278
Kernbedeutung 핵심의미 118, 151
kognitive Semantik 인지적 의미론 267
Komparativ 비교급 84

역자약력 •

1948년 경남 합천 출생
서울대학교 사범대학 독어교육과 및 동 대학원
뮌헨대학 수학 및 괴테인스티투트 수료 (Deutschlehrerdiplom)
서울대학교 인문대학원 (문학박사, 독어학 전공)
독일학술교류처(DAAD) 연구교수 (베를린 훔볼트대학)
현재, 중앙대학교 외국어대학 교수

[저서 및 역서]
언어학 개론 (역) : 한신문화사 1991.2 ('독어학 개론'(1996)으로 개칭)
의존문법 개론 (역) : 한신문화사 1991. 8
독일어 기능동사구 연구 : 중앙대학교 출판부 1994. 4
결합가이론과 격이론 : 중앙대학교 출판부 1996. 11
의존문법과 생성문법 : 한국문화사 1997. 2
실용 독일어 : 한국문화사 1999. 2
무역 독일어 : 한국문화사 1999. 2

독일어 동작상 연구

찍은날/ 2000년 12월 27일
펴낸날/ 2000년 12월 30일
옮긴이/ 이점출
펴낸이/ 김진수
펴낸곳/ 한국문화사
133-112
서울특별시 성동구 성수 1가 2동 13-156
등록빈호/ 제2-1276호
전화/ 02)464-7708, 3409-4488
팩스/ 02)499-0846
이메일/ hkm77@korea.com
홈페이지/ www.hankookmunhwasa.co.kr

값 17,000원

ISBN 89-7735-788-8 93750
Printed in Korea